Maya Angelou

Ich weiß, daß der gefangene Vogel singt

Aus dem Amerikanischen von
Harry Oberländer

Fischer
Taschenbuch
Verlag

Die Frau in der Gesellschaft
Lektorat: Ingeborg Mues

11.–20. Tausend: Juli 1989
Veröffentlicht im Fischer Taschenbuch Verlag GmbH,
Frankfurt am Main, Januar 1983

Lizenzausgabe mit freundlicher Genehmigung des
Verlages Stroemfeld / Roter Stern, Basel und Frankfurt am Main
Die Originalausgabe erschien 1969 unter dem Titel
»I Know Why the Caged Bird Sings«
bei Random House, Inc., New York
© 1969 by Maya Angelou
Deutschsprachige Rechte:
© 1980 by Stroemfeld / Roter Stern
Umschlaggestaltung: Susanne Berner
unter Verwendung eines Fotos von Jakob Holdt
Druck und Bindung: Clausen & Bosse, Leck
Printed in Germany
ISBN 3-596-24742-X

Dieses Buch ist meinem Sohn Guy Johnson
gewidmet und allen starken schwarzen
Vögeln der Hoffnung, die den Götzen
widerstehen und ihre Lieder singen

»Was siehst du mich an?
Ich kam nicht um zu bleiben...«

Ich hatte nichts vergessen, ich konnte mich nur nicht erinnern.
Andere Dinge waren wichtiger.

»Was siehst du mich an?
Ich kam nicht um zu bleiben...«

Ob ich mich an den Rest des Gedichts erinnern konnte oder nicht, war bedeutungslos. Der Sinn seiner Aussage wurde von dem triefend nassen, zerknüllten Taschentuch in meinen Fäusten kommentiert und je eher man akzeptierte, daß ich nicht weiterkam, desto schneller konnte ich sie wieder öffnen und die Luft meine Handflächen kühlen.
»Was siehst du mich an...?«
Die Kindergruppe der *Colored-Methodist-Episcopal*-Kirche gickelte und gackelte über meine allseits bekannte Vergeßlichkeit. Ich trug ein Kleid aus lavendelfarbenem Taft, das bei jedem Atemzug raschelte und jetzt, als ich Luft holte, weil ich mich schämte, hörte es sich an wie Kreppapier hinten auf Leichenwagen.
Als ich Momma den Saum kräuseln und kleine niedliche Falten um die Taille legen gesehen hatte, wußte ich, wenn ich es erst einmal angezogen hatte, würde ich aussehen wie ein Filmstar. (Es war aus Seide und dies entschädigte für die schreckliche Farbe.) Ich würde aussehen wie eines der kleinen süßen weißen Mädchen, die jedermanns Traum von dem waren, was an dieser Welt in Ordnung ist. Hing es über der schwarzen Singer-Nähmaschine, sah es aus wie ein Zauber, und wenn die Leute mich darin sähen, eilten sie bestimmt auf mich zu und sagten: »Marguerite (manchmal sogar ›liebe Marguerite‹), bitte verzeih uns, wir wußten nicht, wer du bist.« Und ich entgegnete großzügig: »Nein, ihr konntet es nicht wissen. Ich verzeihe euch.«
Allein der Gedanke daran verzauberte mich für Tage. Aber an Ostern, im Licht der frühen Morgensonne war das Kleid nichts

weiter als ein gewöhnlicher häßlicher Verschnitt aus dem weggeworfenen Purpur einer weißen Frau. Zudem hatte es eine Altdamenlänge, versteckte aber nicht meine mageren Beine, die mit blauer Seehund-Vaseline eingeschmiert und mit rotem Arkansas-Lehm gepudert waren. Die alterslose Farbe meiner Haut erinnerte an Schmutz und Schlamm, und jeder in der Kirche blickte auf meine dürren Beine.
Wären sie nicht überrascht, wenn ich eines Tages aus meinem häßlichen schwarzen Traum erwachte und mein wirkliches Haar, das lang und blond war, die Stelle der gekräuselten Masse einnehmen würde, die zu glätten Momma mir nicht erlaubte? Meine hellblauen Augen würden sie hypnotisieren; nach all dem, was sie gesagt hatten, etwa »mein Vater muß wohl aus China gewesen sein« (ich dachte, sie meinten aus Chinaporzellan, wie eine Tasse), weil meine Augen so schmal und schief waren. Dann würden sie verstehen, weshalb ich nie den Akzent des Südens angenommen hatte und nicht den üblichen Slang sprach und weshalb ich gezwungen werden mußte, Schweineschwänze und -schnauzen zu essen. Weil ich in Wirklichkeit weiß war, und eine böse Märchenstiefmutter, die verständlicherweise eifersüchtig auf meine Schönheit war, mich in ein zu großes schwarzes Mädchen verwandelt hatte, mit schwarzem Wuschelkopf, breiten Füßen und solchen Abständen zwischen den Zähnen, daß ein Bleistift bequem dazwischen gepaßt hätte.
»Was siehst du...« Die Frau des Geistlichen beugte sich zu mir herab, ihr langes gelbes Gesicht voller Mitleid. Sie flüsterte: »Ich kam nur, um dir zu sagen, daß Ostern ist.« Ich wiederholte so langsam wie möglich, die Wörter aneinanderklebend, »Ichkamnurumdirzusagendaßosternist«. Das Kichern hing in der Luft wie eine Wolke, die darauf wartete, sich über mir auszuregnen. Ich hob zwei Finger nah an meine Brust, und signalisierte, daß ich zur Toilette mußte, und trippelte auf Zehenspitzen zum Ausgang der Kirche. Schwach, irgendwo über meinem Kopf hörte ich Damenstimmen: »Herr, segne das Kind« und »Lobet den Herrn«. Ich hielt meinen Kopf hoch und meine Augen offen, konnte aber überhaupt nichts sehen. Auf dem halben Weg durch das Kirchenschiff brach die Gemeinde in den Gesang aus: »Wart ihr da, als sie meinen Herrn kreuzigten?« und ich stieß gegen einen aus der Kinderbank hervorgestreckten Fuß. Ich stolperte und wollte etwas sagen,

vielleicht auch schreien, aber eine grüne Dattelpflaume, vielleicht war es auch eine Zitrone, verfing sich zwischen meinen Beinen und wurde zerquetscht. Ich fühlte den sauren Geschmack in Mund und Rachen, und kurz bevor ich die Tür erreichte, brannte die Pein meine Beine hinunter bis in die Sonntagssocken. Ich versuchte es zurückzupressen, es nicht rausschießen zu lassen, aber als ich das Portal erreichte, wußte ich, daß ich es laufen lassen mußte, da es mir sonst vermutlich in den Kopf steigen würde, der dann wie eine heruntergefallene Wassermelone platzen würde, und Hirn und Zunge und Augen würden über den Boden kullern. Also rannte ich in den Hof und ließ es laufen. Pissend und weinend rannte ich, nicht nach hinten zur Toilette, sondern nach Hause. Ich würde dafür verdroschen werden, soviel war sicher, und die blöden Kinder hatten wieder einmal etwas Neues, um mich zu hänseln. Wie dem auch sei, ich lachte, einmal wegen der süßen Erlösung, aber auch weil es eine noch größere Freude war von der verrückten Kirche befreit zu sein und nicht mit einem zerplatzten Kopf sterben zu müssen.
Ist das Heranwachsen für das schwarze Mädchen im Süden schmerzhaft, das Wissen um ihre Deplaciertheit ist der Rost an der Klinge, die die Gurgel bedroht.
Es ist eine unnötige Beleidigung.

1

Als ich drei war und Bailey vier, waren wir in der muffigen kleinen Stadt angekommen. An unseren Handgelenken hingen Zettel, die jeden, den es etwas anging, davon in Kenntnis setzten, daß wir Marguerite und Bailey Johnson jun. aus Long Beach, Kalifornien waren, unterwegs nach Stamps, Arkansas, c/o Mrs. Annie Henderson.

Unsere Eltern hatten sich entschlossen, ihrer katastrophalen Ehe ein Ende zu setzen, und Vater schickte uns nach Hause zu seiner Mutter. Ein Gepäckträger sollte sich um uns kümmern – er verließ den Zug am nächsten Tag in Arizona – und unsere Fahrkarten waren an der Innentasche des Mantels meines Bruders festgemacht.

An viel von dieser Reise kann ich mich nicht erinnern, aber als wir den rassengetrennten Süden erreichten, müssen sich die Verhältnisse für uns wohl gebessert haben. Mitreisende Neger, die stets mit vollgepackten Eßpaketen fahren, hatten Mitleid mit »den armen kleinen mutterlosen Lieblingen« und versorgten uns mit kaltem Huhn und Kartoffelsalat.

Jahre später erfuhr ich, daß die Vereinigten Staaten tausendfach von verängstigten schwarzen Kindern durchquert worden waren, allein auf dem Weg zu ihren neuerdings wohlhabenden Eltern in den Metropolen des Nordens, oder, wenn der Norden seine Versprechen nicht gehalten hatte, zurück zu den Großmüttern in die Kleinstädte des Südens.

Die Kleinstadt verhielt sich zu uns, wie sie sich schon vor unserer Ankunft zu allem verhalten hatte, was neu war. Sie begutachtete uns eine Zeitlang ohne Neugier aber behutsam, und nachdem wir als harmlos (und Kinder) betrachtet wurden, umschloß sie uns, wie eine wirkliche Mutter ein fremdes Kind umarmt. Warm, aber nicht zu familiär.

Wir wohnten bei unserer Großmutter und einem Onkel, in den hinteren Räumen des Ladens (einfach immer: *der* Laden), den sie seit etwa fünfundzwanzig Jahren besaß.

Zu Beginn des Jahrhunderts hatte Momma (wir hatten schnell aufgehört, sie Großmutter zu nennen) Essen an die Arbeiter im

Sägewerk in Ost-Stamps und im Baumwoll-Egrenierwerk in West-Stamps verkauft. Ihre knusprigen Fleischpasteten und die kühle Limonade zusammen mit ihrer übernatürlichen Fähigkeit, an zwei Orten gleichzeitig zu sein, sicherten ihr geschäftlichen Erfolg. Sie begann mit einem mobilen Ladentisch, brachte es bald zu einem festen Stand zwischen den beiden lukrativen Orten und deckte so einige Jahre lang den Bedarf der Arbeiter. Dann richtete sie im Herzen des schwarzen Viertels einen richtigen Laden ein. Mit den Jahren wurde er zum Angelpunkt der städtischen Aktivitäten. Am Sonnabend setzten Barbiere ihre Kunden in den Schatten der Ladenveranda, und Sänger, auf ihren endlosen Wanderungen durch den Süden, lehnten sich ans Geländer, sangen ihre traurigen Lieder und spielten auf Kanister-Harfen und Zigarrenkisten-Gitarren.

Die offizielle Bezeichnung des Ladens lautete *Wm. Johnson General Merchandise Store*. Den Kunden wurden ganze Stapel von Nahrungsmitteln geboten, eine ordentliche Auswahl farbigen Garns, Mischfutter für die Mastschweine, Mais für die Hühner, Kohleöl für die Lampen, Glühbirnen für die Wohlhabenden, Schnürbänder, Haarwaschmittel, Luftballons und Blumensamen. Was nicht zu sehen war, mußte lediglich verlangt werden.

Ehe wir so heimisch waren, daß der Laden zu uns und wir zu ihm gehörten, waren wir eingeschlossen in einem Tollhaus der Waren, in dem seine Betreuer für immer eine Heimat fanden.

Jahr für Jahr beobachtete ich, wie sich das Feld gegenüber vom Laden raupengrün färbte und nach und nach in ein frostiges Weiß überging. Ich wußte genau, wie lange es noch dauerte, bis die großen Wagen auf den Vorplatz rollten und die Baumwollpflücker aufnahmen, um sie bei Tagesanbruch auf die Plantagen zu bringen.

Während der Erntezeit stand meine Großmutter um vier Uhr auf (sie benutzte nie einen Wecker), kniete als erstes auf dem knarrenden Fußboden nieder und sang mit schlaftrunkener Stimme: »Oh Vater, ich danke Dir, daß Du das Bett, in dem ich diese Nacht schlief, nicht zum Sarg werden ließest, noch die Decke zum Leichentuch. Führe meine Füße an diesem Tag auf dem schmalen geraden Pfad und hilf mir, meine Zunge im Zaum halten. Segne dies Haus und alle, die es beherbergt. Dank sei Dir im Namen des Sohnes Jesus Christus, Amen.«

Noch bevor sie sich ganz erhoben hatte, rief sie unsere Namen

und erteilte Befehle. Dann steckte sie ihre großen Füße in die selbstgemachten Latschen und überquerte den nackten ausgelaugten Holzfußboden um die Kohleölampe anzuzünden.
Das Lampenlicht im Laden gab unserer Welt eine sanfte Atmosphäre der Vertrautheit, in der ich nur flüstern und auf Zehenspitzen umherlaufen mochte. Die Gerüche von Zwiebeln und Kerosin und Orangen hatten sich über Nacht zusammengemischt und wurden nicht gestört, bis der hölzerne Verschlag aus der Tür geräumt war, und die frühe Morgenluft mit den Körpern der Menschen hereinströmte, die meilenweit gelaufen waren, um zur Sammelstelle zu kommen.
»Schwester, ich bekomm zwei Dosen Sardinen.«
»Heut arbeit ich so schnell, daß du aussiehst, als ob du still stehst.«
»Pack mir doch ein Ende Käse und ein paar Kekse ein.«
»Gib mir nur ein paar von diesen fetten Erdnußplätzchen.« Ein Pflücker, der sich sein Mittagessen besorgte. Die ölige braune Papiertüte steckte hinter dem Latz seiner Überhose. Die Süßigkeiten waren für zwischendurch bis die Mittagssonne die Arbeiter zur Rast rief.
In diesen zärtlichen Morgenstunden war der Laden voll von Gelächter und Späßen, Protzerei und Prahlerei. Der eine wollte zweihundert Pfund Baumwolle pflücken, ein anderer dreihundert. Selbst die Kinder versprachen ihren Teil nach Hause zu bringen.
Der beste Pflücker des Vortags war der Held des anbrechenden Tages. Wenn er prophezeite, daß im heutigen Feld die Baumwolle spärlich sein und wie Leim an den Kapseln kleben werde, stimmte ihm jeder Zuhörer eifrig zu.
Das Geräusch der leeren Baumwollsäcke, die über den Boden geschleift wurden, und das Gemurmel der erwachenden Menschen wurde vom Klingeln der Kasse durchschnitten, wenn wir unsere fünf-*cent* Umsätze tippten.
So sehr die Geräusche und Gerüche des Morgens mit dem Geheimnisvollen verknüpft waren, so sehr trug der Nachmittag alle Züge des gewöhnlichen Lebens in Arkansas. Im Licht der untergehenden Sonne schleppten die Leute dann eher sich selbst als ihre Baumwollsäcke.
Waren die Pflücker zum Laden zurückgebracht worden, stiegen sie hinten vom Lastwagen und sanken verdreckt und enttäuscht zu Boden. Wieviel sie auch gepflückt hatten, es war

nie genug. Mit ihren Löhnen konnten sie nicht einmal ihre Schulden bei meiner Großmutter begleichen, geschweige denn die schwindelerregende Rechnung, die unten in der Stadt beim weißen Händler auf sie wartete.
Die Geräusche des frühen Morgens waren dem Murren über Betrüger, gefälschte Gewichte, Schlangen, knappe Baumwolle und staubige Reihen gewichen. In späteren Jahren brachte mich das stereotype Bild fröhlicher singender Baumwollpflücker derart in Wut, daß selbst meine schwarzen Freunde mir sagten, meine Paranoia sei peinlich. Aber ich hatte die von armseligen kleinen Baumwollkapseln zerschnittenen Finger gesehen, die Rücken und Schultern und Arme und Beine, die jeden weiteren Dienst versagten.
Die meisten Arbeiter ließen ihre Säcke im Laden; nur wenige nahmen sie mit nach Hause, um sie zu flicken. Ich scheute die Vorstellung, wie sie das spröde Material mit vom Tagwerk steifen Fingern unter Kohleöllampen zusammenflickten. In zu wenigen Stunden mußten sie sich wieder auf den Weg zu Schwester Hendersons Laden machen, das Nötigste besorgen, und erneut auf die Lastwagen steigen. Wieder ein Tag, an dem sie versuchten, genug für das ganze Jahr zu verdienen, mit der erdrückenden Gewißheit, die Saison zu beenden, wie sie sie begannen. Ohne Geld und ohne Kredit, eine Familie drei Monate lang zu ernähren. In der Zeit der Baumwollernte enthüllten die frühen Abendstunden die Bitterkeit des schwarzen Lebens im Süden, die am Morgen von den Gaben der Natur, der Müdigkeit, dem Vergessen und sanftem Lampenlicht gemildert schien.

2

Als Bailey sechs war und ich ein Jahr jünger, leierten wir das Einmaleins mit einer Geschwindigkeit herunter, wie ich später nur die Chinesenkinder in San Francisco mit ihrem Abakus umgehen sah. Unser dickbauchiger Ofen, grau im Sommer, glühte während des Winters rosig und rot und wurde so zu einem ernsten disziplinarischen Drohmittel, wenn wir dumm genug waren, aus Unaufmerksamkeit Fehler zu machen.
Onkel Willie pflegte wie ein riesiges schwarzes Z dazusitzen (er war als Kind zum Krüppel geworden) und ließ uns Zeugnis

ablegen von den Fähigkeiten der *Lafayette County Training School*. Auf der linken Seite hing sein Gesicht herunter, als wäre es mit einem Flaschenzug am Unterkiefer befestigt. Seine linke Hand war kaum größer als Baileys, aber nach dem zweiten oder dritten Fehler oder dem dritten Zögern packte er mit seiner riesigen rechten Hand einen von uns am Kragen und schob den Übeltäter auf den teilnahmslosen roten Ofen zu, der wie ein Teufel mit Zahnschmerzen knirschte. Wir verbrannten uns nie, doch ich hatte einmal solche Angst, daß ich schon von selbst auf den Ofen springen wollte, um die Bedrohung abzuwenden. Denn wie die meisten Kinder glaubte ich, daß ich für immer Macht über die größte Gefahr erlangen würde, wenn ich mich ihr freiwillig stellte und sie meisterte. Aber in diesem Fall von Opfermut wurde mir ein Strich durch die Rechnung gemacht. Onkel Willie hielt mich an meinem Kleid fest, und ich kam nur nahe genug, um den sauberen und trockenen Geruch des heißen Eisens riechen zu können. Wir lernten das Einmaleins ohne dessen Grundprinzipien zu begreifen, lediglich weil wir dazu fähig waren und keine Wahl hatten.

Die Tragik des Lahmen erscheint Kindern derart ungerecht, daß sie dessen Gegenwart verstört. Gerade sie, die eben erst ihrer natürlichen Unschuld entwachsen sind, fühlen, daß sie selbst nur knapp dem Schicksal entgangen sind, ein ähnlicher Scherz der Natur zu werden. Erleichtert durch das knappe Entkommen, lassen sie ihre Gefühle in Ungeduld und Krittelei an dem unglücklichen Krüppel aus.

Momma erzählte wieder und wieder und ohne irgendwelche Gefühle zu zeigen, wie Onkel Willie im Alter von drei Jahren von einer Frau, die sich um ihn kümmerte, fallengelassen worden war. Sie schien weder über das Kindermädchen noch über ihren gerechten Gott, der den Unfall zugelassen hat, verbittert zu sein. Sie hielt es nur für nötig, allen, die die Geschichte längst auswendig kannten, immer wieder von neuem zu versichern, daß er nicht »so geboren« worden war.

In unserer Gesellschaft, in der zweibeinige, zweiarmige, starke, schwarze Männer sich im besten Fall gerade so durchschlagen konnten, war Onkel Willie mit seinen gestärkten Hemden, seinen blankpolierten Schuhen und seinen Regalen voll von Lebensmitteln der Prügelknabe und die Zielscheibe der Späße der Unterbeschäftigten und Unterbezahlten. Das Schicksal hatte ihn nicht nur behindert, es hatte ihm auch eine doppelt

gesicherte Sperre in den Weg gelegt. Er war sowohl stolz als auch sensibel. Daher konnte er weder sein Krüppeldasein leugnen noch sich einreden, die Leute seien von seinem Gebrechen nicht abgestoßen.
In all den langen Jahren, in denen ich versuchte, nicht auf seinen Zustand zu achten, erlebte ich ein einziges Mal, daß er vor sich und anderen so tat, als sei er nicht lahm.
Eines Tages, als ich von der Schule nach Hause kam, sah ich auf unserem Vorplatz ein dunkles Auto stehen. Ich eilte hinein und traf einen fremden Mann und eine fremde Frau (Onkel Willie sagte später, es seien Lehrer aus Little Rock gewesen), die in einer kühlen Ecke des Ladens *Dr. Pepper* tranken. Ich spürte, irgend etwas stimmte nicht; ein Alarmzustand, dessen Auslöser ich nicht kannte.
Von den Fremden konnte er nicht ausgehen. Nicht gerade regelmäßig, aber doch häufig genug, kamen Reisende von der Hauptstraße in den einzigen schwarzen Laden in Stamps und kauften Tabak oder Erfrischungsgetränke. Als ich Onkel Willie ansah, wußte ich, was mich an meinen Hirnwindungen zupfte. Er stand aufrecht hinter der Theke, ohne sich aufzustützen oder auf das schmale Regal zu lehnen, das extra für ihn gebaut worden war. Aufrecht! Seine Augen fixierten mich mit einer Mischung aus Drohen und Bitten.
Ich grüßte die Fremden artig und suchte mit den Augen nach seinem Stock. Er war nirgends zu sehen. Onkel Willie sagte: »O ... das ist ... ist ... na, meine Nichte. Sie ist ... na ... kommt grad aus der Schule.« Dann, zu dem Paar gewandt: »Wissen Sie ... wie, na, Kinder sind ... heu-heutzutage ... die spielen den g-ganzen Tag in der Schule und k-können nicht warten nach Hause zu kommen und n-noch mehr zu spielen.«
Die Leute lächelten freundlich.
Er fügte hinzu: »Geh schon raus u-und spiel, Schwester.«
Die Dame lachte und sagte mit einer sanften Arkansas-Stimme: »Na, Sie wissen ja, Mr. Johnson, man ist nur einmal Kind. Haben Sie selbst auch Kinder?«
Onkel Willie sah mich mit einer Ungeduld an, die ich bei ihm noch nie gesehen hatte, nicht einmal, wenn er eine halbe Stunde brauchte, um seine hohen Schuhe zu schnüren. »Ich ... hab ge-dacht, ich hätt gesagt, du sollst gehen ... geh hinaus und spiel!«

Bevor ich ging, sah ich, wie er sich an das Regal mit Garret Schnupftabak und Prince Albert und Spark Plug Kautabak zurücklehnte.
»Nein, Ma'am... weder Kinder noch Frau.« Er versuchte zu lachen. »Ich habe eine alte M-mutter und die zwei K-kinder meines Bruders zu v-versorgen.«
Es machte mir nichts aus, daß er uns verwendete, um gut dazustehen; für ihn hätte ich behauptet, seine Tochter zu sein. Ich hatte nicht nur keinerlei Beziehung zu meinem eigenen Vater, ich nahm auch an, daß ich als Kind Onkel Willies besser behandelt würde.
Das Pärchen ging nach ein paar Minuten, und von der Hinterseite des Hauses aus sah ich, wie der rote Wagen die Hühner verscheuchte, Staub aufwirbelte und in Richtung Magnolia verschwand.
Onkel Willie hatte sich auf den Weg gemacht, den langen schattigen Gang zwischen den Regalen und der Theke entlang, Hand um Hand, wie ein Mann, der aus einem Traum herauskletterte. Ich stand stumm und beobachtete, wie er von einer Seite taumelnd auf die andere stieß, bis er den Kohleöltank erreicht hatte. Er faßte in die dunkle Nische und zog mit seiner starken Faust den Stock hervor und verlagerte sein Gewicht wieder auf die hölzerne Stütze. Er glaubte, er hätte es geschafft.
Ich werde nie erfahren, warum es so wichtig für ihn war, daß dieses Pärchen (später sagte er, er habe die beiden nie zuvor gesehen) das Bild eines unversehrten Mr. Johnson mit nach Little Rock nahm.
Er wird es leid gewesen sein, ein Krüppel zu sein, wie Gefangene der Zuchthausstäbe und Schuldige des Tadels müde werden. Die hochgeschlossenen Schuhe und der Stock, seine unkontrollierbaren Muskeln und die schwere Zunge, die mitleidigen oder herausfordernden Blicke, denen er ausgesetzt war; nur einen Nachmittag, nur den Bruchteil eines Nachmittags lang wollte er von alldem nichts wissen.
Ich verstand ihn und fühlte mich ihm in diesem Augenblick näher als je zuvor und jemals danach.
Während dieser Jahre in Stamps begegnete mir William Shakespeare, und ich verliebte mich in ihn. Er war meine erste weiße Liebe. Obwohl ich Kipling, Poe, Butler, Thackeray und Henley schätzte und respektierte, hob ich meine junge und

treue Leidenschaft für Paul Lawrence Dunbar, Langston Hughes, James Waldon Johnson und W. E. B. Du Bois' »Litany of Atlanta« auf. Doch es war Shakespeare, der gesagt hatte: »Wenn im Zwiespalt mit dem Glück und der Männer Augen.« Das war ein Zustand, der mir äußerst vertraut war. Darüber, daß er weiß war, beruhigte ich mich, indem ich mir sagte, er sei schließlich schon so lange tot, daß es niemanden mehr stören konnte.

Bailey und ich wollten eine Szene aus dem Kaufmann von Venedig auswendig lernen, aber wir erkannten, daß Momma uns über den Autor ausfragen würde, und wir ihr sagen mußten, daß Shakespeare weiß war. Ihr wäre es sicher egal gewesen, ob er nun tot war oder nicht. Also entschieden wir uns statt dessen für »Die Schöpfung« von James Weldon Johnson.

3

Das Mehl in Portionen von einem halben Pfund abzuwiegen, die Kelle wegzuziehen und es ohne zu stäuben in die dünnen Papiertüten zu füllen, war für mich eine gewisse Art Abenteuer. Ich entwickelte ein gutes Auge dafür, wie voll eine silbrige Kelle mit Mehl, Maische, Schrot, Zucker oder Mais sein mußte, um den Zeiger auf der Skala bei acht Unzen, oder einem Pfund, landen zu lassen. Wenn ich absolut exakt das Maß traf, bewunderten mich unsere stets aufmerksamen Kunden: »Schwester Henderson hat wahrhaftig ein paar aufgeweckte Enkel.« Verfehlte ich es aber ein bißchen zu Gunsten des Ladens, so sagte die adleräugige Frau: »Tu noch etwas mehr in die Tüte, Kind. Versuch nicht, auf meine Kosten zu profitieren.«

Dafür bestrafte ich mich still aber beständig selbst. Für jedes schlechte Urteil war die Buße, keinen silberverpackten Kuß zu kriegen, die süßen Schokoladentaler, die ich liebte, wie sonst nichts auf dieser Welt, Bailey ausgenommen. Und vielleicht Ananas aus der Dose. Meine Ananasbesessenheit brachte mich fast um den Verstand. Ich träumte von dem Tag, an dem ich groß genug war, einen ganzen Karton voll, nur für mich alleine, zu kaufen.

Obwohl die goldenen, sirupgetränkten Ringe das ganze Jahr

über in ihren exotischen Dosen auf unseren Regalen standen, kosteten wir sie nur an Weihnachten. Momma verwendete den Saft, um beinahe schwarze Obstkuchen zu backen. Dann reihte sie die Ananasringe in die verrußten und verkrusteten Eisenpfannen zu einem reichen Sturzgebäck. Bailey und ich erhielten jeder eine Scheibe, und ich trug meine stundenlang mit mir herum und knabberte an der Frucht, bis nichts mehr da war außer ihrem Duft an meinen Fingern. Ich würde gerne glauben, mein Verlangen nach Ananas wäre mir so heilig gewesen, daß ich mir selbst nicht erlaubte, eine Dose zu stehlen (was möglich gewesen wäre) um sie allein im Garten aufzuessen; aber ich hatte sicher daran gedacht, daß mich ihr Geruch verraten könnte, und deshalb nicht die Nerven für den Versuch gehabt.

Bis ich dreizehn wurde und Arkansas für immer verließ, war der Laden mein Lieblingsspielplatz. Einsam und verlassen sah er am Morgen wie das ungeöffnete Geschenk eines Fremden aus. Die Eingangstür zu öffnen, war wie das Aufziehen der Schleife beim unerwarteten Geschenk. Das Licht strömte sanft herein (der Eingang lag nach Norden) und fiel auf die Regale, auf die Makrelen- und Lachsdosen, auf den Tabak und auf das Garn. Es fiel flach auf das große Schmalzfaß, und im Sommer gegen Mittag schmolz das Fett zu einer dicken Suppe. Immer wenn ich den Laden betrat, spürte ich, daß er müde war. Ich allein konnte den langsamen Puls seiner halbgetanen Arbeit fühlen. Aber vor dem Schlafengehen, nachdem unzählige Menschen ein und aus gegangen waren, über ihre Schulden diskutiert hatten, oder über ihre Nachbarn hergezogen waren, oder einfach nur hereingeschaut hatten, um Schwester Henderson guten Abend zu sagen, kehrte das Versprechen eines verzauberten Morgens in den Laden zurück und deckte die Familie mit den verebbenden Wellen des Treibens zu.

Momma öffnete Schachteln mit knusprigen Keksen und wir hockten im hinteren Teil des Ladens am Hackklotz. Ich schälte Zwiebeln, und Bailey öffnete zwei oder gar drei Sardinenbüchsen und ließ das Öl abfließen. Das war das Abendessen. Am Abend, wenn wir unter uns waren, mußte Onkel Willie nicht stottern, nicht zittern, noch sonst irgendwie darauf hinweisen, daß er ein »Gebrechen« hatte. Es schien, als ob der Friede des endenden Tages versicherte, daß der Bund, den Gott mit den Kindern, den Negern und den Krüppeln geschlossen hat, noch immer seine Gültigkeit besaß.

Unter anderem gehörte es zu unseren abendlichen Pflichten, die Hühner mit Mais zu füttern und trockene saure Maische mit Essensresten und dem öligen Abwaschwasser für die Schweine zu mischen. In der Dämmerung stapften Bailey und ich durch den Matsch zum Schweinepferch, stiegen auf die unterste Sprosse der Umzäunung und schütteten das Gebräu unseren dankbaren Schweinen hin. Sie steckten ihre sanften Schnauzen hinein und wühlten vor Zufriedenheit grunzend herum. Nur halb aus Spaß grunzten wir stets eine Antwort; denn wir waren froh, daß wir die schmutzige Aufgabe hinter uns und das stinkende Schweinefutter nur an Socken, Schuhen, Händen und Füßen hatten.

Eines frühen Abends als wir uns um die Schweine kümmerten, hörte ich ein Pferd auf dem Vorplatz und rannte hin um zu sehen, wer da gekommen war, an einem Donnerstag Abend, wo selbst Mr. Stewart, der ein Reitpferd besaß, sich bestimmt vor seinem warmen Feuer ausruhte, bis der Morgen ihn ins Freie rief, damit er sein Feld pflüge.

Der ehemalige Sheriff saß in verwegener Pose im Sattel. Die Lässigkeit sollte seiner Autorität und seiner Macht, selbst über das dümmste Vieh, Ausdruck geben. Wieviel fähiger mußte er erst im Umgang mit Negern sein. Das lief ohne ein Wort.

Seine näselnde Stimme fiel in die gespannte Stille. Von der Ecke des Ladens aus hörten Bailey und ich ihn zu Momma sprechen. »Annie, sag deinem Willie, er soll sich heute Nacht lieber verkriechen. Irgendein verrückter Nigger hats heut mit einer weißen Dame getrieben. Kann sein, daß ein paar von den Jungs später mal vorbeikommen.« Heute noch, nach all den langen Jahren, kann ich mich an die Angst erinnern, wie sie meinen Mund mit heißer trockener Luft füllte und meinen Körper in Flammen setzte.

Die »Jungs«? Diese haßerfüllten Zementgesichter mit Augen, die einem die Kleider vom Leib brannten, wenn man das Pech hatte, ihnen am Sonnabend unten auf der Hauptstraße zu begegnen. Jungs? Es schien, als wären sie nie jung gewesen. Jungs? Nein, eher schon Männer, aus Särgen entstiegen, ohne Alter, ohne Schönheit, ohne Bildung. Häßliche verrottete alte Scheusale.

Würde ich von Petrus am Tage des Letzten Gerichts vorgeladen, um die gute Tat des ehemaligen Sheriffs zu bezeugen, ich wäre unfähig irgend etwas zu seinen Gunsten zu sagen. Zu demüti-

gend klang die Gewißheit aus seinen Worten, daß mein Onkel und jeder andere schwarze Mann, der vom Kommen des Klans hörte, sich eiligst im Hühnerdreck unter dem Haus verstecken würde. Ohne auf Mommas Dank zu warten, ritt er davon, überzeugt, daß die Welt in Ordnung und er ein edler Ritter war, der die braven Leibeigenen vor den ungeschriebenen Gesetzen des Landes schützte, die er guthieß.
Augenblicklich, noch bevor das dumpfe Schlagen der Pferdehufe verklungen war, blies Momma die Kohleöllampe aus. Sie hatte eine leise ernste Unterredung mit Onkel Willie, dann rief sie Bailey und mich in den Laden.
Wir mußten die Kartoffeln und Zwiebeln aus ihren Kisten nehmen und die Trennwände herausschlagen. Dann reichte mir Onkel Willie enervierend langsam und angstvoll seinen gummibesohlten Stock und sank auf den Boden, um in das jetzt vergrößerte Innere des Kastens zu kriechen. Es dauerte ewig bis er am Boden lag und wir ihn mit Kartoffeln und Zwiebeln zudecken konnten, Schicht auf Schicht, wie eine Kasserolle. Großmutter kniete betend im verdunkelten Laden.
Glücklicherweise kamen die »Jungs« an jenem Abend nicht in unseren Hof geritten um zu verlangen, daß Momma den Laden öffnete. Sie hätten Onkel Willie sicher gefunden und ihn ebenso sicher gelyncht. Er wimmerte die ganze Nacht hindurch, als ob er tatsächlich irgendeines abscheulichen Verbrechens schuldig wäre. Die schweren Töne fanden ihren Weg durch die Decke aus Zwiebeln und Kartoffeln, und ich stellte mir vor, wie sein Mund auf der rechten Seite herunterhing und sein Speichel in die Augen der neuen Kartoffeln floß und dort, wie Tautropfen, auf die Wärme des Morgens wartete.

4

Was unterscheidet eine Stadt im Süden von einer anderen, von einer Stadt oder einem Dorf im Norden, oder von einer Großstadt? Die Antwort muß die gemeinsame Erfahrung der unwissenden Mehrheit (sie) und der wissenden Mehrheit (wir) sein. Alle unbeantworteten Fragen der Kindheit müssen schließlich in die Stadt zurückgetragen und dort beantwortet werden. Helden und Schurken, Werte und Abneigungen werden in diesem frühen Milieu zum erstenmal wahrgenommen

und eingeordnet. In späteren Jahren wechseln sie ihr Gesicht, vielleicht die Rasse, die Taktik, die Intensität und die Ziele, aber hinter den durchschaubaren Masken tragen sie für immer die wollbemützten Gesichter der Kindheit.
Mr. McElroy, der in dem großen langgestreckten Haus gleich neben dem Laden wohnte, war sehr groß und breit gebaut, und obwohl die Jahre das Fleisch von seinen Schultern genommen hatten, verschonten sie seinen gewölbten Bauch, seine Hände und seine Füße, zumindest solange ich ihn kannte.
Außer dem Schulvorsteher und den Gastlehrern war er der einzige Neger, den ich kannte, der Hose und Jacke passend zueinander trug. Als ich lernte, daß Männerkleidung gewöhnlich so verkauft wird und Anzug heißt, dachte ich, daß da jemand sehr schlau gewesen war, denn so sahen die Männer weniger männlich, weniger bedrohlich und etwas mehr wie Frauen aus.
Mr. McElroy lachte nie und lächelte selten; zu seinem Vorteil sprach, daß er sich gerne mit Onkel Willie unterhielt. Daß er nie zur Kirche ging, war für Bailey und mich ein Beweis seines Mutes. Es muß großartig sein, so aufzuwachsen, fähig zu sein, die Religion zu ignorieren (besonders als Nachbar einer Frau wie Momma).
Gespannt beobachtete ich ihn, dem ich zutraute, jederzeit zu allem fähig zu sein. Ich wurde dessen nie müde, nie enttäuschte oder ernüchterte er mich, obwohl ich ihn heute, in fortgeschrittenem Alter, als einen sehr einfachen, uninteressanten Mann ansehe, der Patentmedizin und Stärkungsmittel an die einfältigen Leute in den Städtchen und Dörfern rund um Stamps verkaufte.
Mr. McElroy und Großmutter schienen sich zu verstehen, denn er jagte uns nie von seinem Land. Im späten Sonnenschein des Sommers saß ich oft unter dem Chinaberry-Baum in seinem Hof, umgeben vom bitteren Aroma der Früchte und eingeschläfert vom Summen der Fliegen, die an den Beeren saugten. Er saß in einer zerschlissenen Hängematte auf seiner Veranda, schaukelte in seinem braunen Anzug hin und her und wedelte von Zeit zu Zeit mit seinem großen Panamahut nach den schwirrenden Insekten.
Mehr als ein Gruß am Tag war von Mr. McElroy nicht zu erwarten. Nach seinem »Guten Morgen, Kind« oder »Guten Tag, Kind« sprach er kein Wort mehr, selbst wenn ich ihm auf

der Straße vor seinem Haus begegnete, oder unten am Brunnen, oder wenn ich hinter dem Haus auf der Flucht in einem Versteckspiel mit ihm zusammenstieß.
In meiner Kindheit blieb er mir ein Rätsel. Ein Mann, der eigenes Land besaß und ein großes Haus mit vielen Fenstern und einer Veranda rundherum. Ein unabhängiger schwarzer Mann. Beinahe ein Anachronismus in Stamps.
Die wichtigste Person in meiner Welt war Bailey. Und die Tatsache, daß er mein Bruder war, mein einziger Bruder, daß ich keine Schwester hatte, mit der ich ihn hätte teilen müssen, war ein so großes Glück, daß ich bereit war, ein christliches Leben zu führen, nur um Gott meine Dankbarkeit zu beweisen. Ich war groß, kantig und schrill, er war klein, hübsch und sanft. Von mir sagten unsere Spielkameraden, meine Hautfarbe sei wie Scheiße, ihn lobten sie für seine samtschwarze Haut. Sein Haar fiel in schwarzen Locken herab, und mein Kopf war mit schwarzer Stahlwolle bedeckt. Und doch liebte er mich.
Wenn unsere Verwandten unfreundlich über meine Eigenschaften sprachen (meine Familie war so ansehnlich, daß es mir weh tat), gab Bailey mir aus der Entfernung ein Zeichen, und ich wußte, daß es nur eine Frage der Zeit war, bis er Rache nehmen würde. Er gestattete den alten Damen, sich zu Ende zu wundern, wie um alles in der Welt ich wohl zustandegekommen war, und fragte dann mit einer Stimme wie kalter Speck: »O, Mizeriz Coleman, wie geht es Ihrem Sohn? Ich habe ihn neulich gesehen, da sah er ja todkrank aus.«
Entgeistert fragten die Damen: »Todkrank? Wovon denn? Er ist nicht krank.«
Und mit einer Stimme noch öliger als vorher antwortete Bailey mit unbewegtem Gesicht: »Von seiner Häßlichkeit.«
Ich mußte mein Lachen zurückhalten, biß mir auf die Zunge und die Zähne zusammen, und ließ auch den Anflug eines Lächelns aus meinem Gesicht verschwinden. Später, hinter dem Haus unter dem großen Walnußbaum, lachten und lachten und johlten wir ohne Ende.
Bailey konnte damit rechnen, für sein ständiges freches Benehmen kaum bestraft zu werden, denn er war der Stolz der Familie Henderson/Johnson.
Seine Bewegungen waren so, wie er später einmal die eines Bekannten beschrieb, sie waren von geschmierter Präzision. Er war auch fähig, mehr Stunden am Tag zu finden, als ich für

möglich hielt. Er erledigte seine Pflichten und Hausaufgaben, las mehr Bücher als ich und spielte oben auf dem Hügel mit den Besten von allen. Er konnte in der Kirche laut drauflos beten und war geschickt genug, um aus dem Faß unter dem Obststand und unter Onkel Willies Nase Eingepökeltes zu klauen.
Einmal um die Mittagszeit, der Laden war voll von Kundschaft, langte er mit dem Sieb, das wir auch benutzten, um Kornkäfer aus Schrot und Mehl zu sieben, in das Faß und fischte nach zwei Gurken. Er erwischte sie, hakte das Sieb an den Rand des Fasses und ließ sie abtropfen, bis er bereit war. Mit dem letzten Läuten der Schulglocke nahm er die nun fast trockenen Gurken aus dem Sieb, stopfte sie in seine Hosentaschen und schmiß das Sieb hinter die Orangen. Wir rannten aus dem Laden. Es war Sommer und er hatte kurze Hosen an, und die Salzlake lief in deutlichen Streifen seine aschfarbenen Beine hinunter. Und er sprang in die Luft, die Beute in den Taschen, und seine Augen lachten ein: »Na, was sagst du dazu?« Er stank wie ein Essigfaß oder wie ein saurer Engel.
Wenn wir unsere Morgenpflichten erledigt hatten und Onkel Willie oder Momma sich um den Laden kümmerten, durften wir spielen; wir mußten nur in Rufweite bleiben. Beim Versteckenspielen war seine singende Stimme leicht zu erkennen: »Letzte Nacht, hab ich den Räubern die Tür aufgemacht. Wer ist wo? 24 Mann, was solls? Schlug ich auf den Kopf mit dem Nudelholz. Wer ist wo?«
Natürlich war er es, der die gewagtesten und interessantesten Aktionen erfand. Und wenn wir Hand in Hand umherwirbelten, und er am Ende der Kette war, konnte er sich fortschleudern lassen und zwirbeln und fallen und lachen, daß mir das Herz beinahe stillstand. Dann hängte er sich wieder an die Kette und lachte.
Von allen Bedürfnissen (es gibt keine imaginären) eines einsamen Kindes, gibt es eines, das unbedingt erfüllt werden muß, wenn die Hoffnung erhalten werden soll, die Hoffnung auf ein erfülltes Dasein; es ist das unerschütterliche Verlangen nach einem unerschütterlichen Gott. Mein hübscher schwarzer Bruder war das Königreich, das mir verheißen war.
In Stamps war es üblich, alles einzumachen, was irgendwie konservierbar war. In der Schlachtzeit, nach dem ersten Frost, halfen sich alle Nachbarn beim Schlachten der Schweine und

auch der ruhigen, großäugigen Kühe, wenn diese keine Milch mehr gaben.

Die Missionsschwestern der *Christian-Methodist-Episcopal-Kirche* halfen Momma beim Verwursten der Schweine. Sie quetschten ihre dicken Arme tief in die Fleischmassen, mischten grauen Salbei, Pfeffer und Salz dazu und formten kleine leckere Proben für alle artigen Kinder, die Holz für den schwarzen Ofen herbeitrugen. Die Männer hackten die größeren Fleichstücke ab und brachten sie in die Räucherkammer. Sie öffneten die Schinkenknochen mit ihren schärfsten Messern, entfernten einen bestimmten harmlosen Knochen (»Er könnte das Fleisch verderben«) und rieben das Fleisch mit Salz ein, grobes braunes Salz, das wie grober Kies aussah, und das Blut sickerte an die Oberfläche.

Das ganze Jahr über, bis zum nächsten Frost, holten wir unsere Mahlzeiten aus der Räucherkammer, aus dem kleinen Garten, der nicht weit vom Laden entfernt lag, und aus den Regalen mit Eingemachtem. Die Auswahl in den Regalen konnte einem hungrigen Kind den Mund wässerig machen. Grüne Bohnen, Kohl, dickflüssiges rotes Tomatenmark, das in dampfenden Butterhörnchen zur Entfaltung kam, Wurst, rote Rüben, Beeren und jede Frucht, die in Arkansas wuchs.

Aber wenigstens zweimal im Jahr bekam Momma das Gefühl, daß wir Kinder auch frisches Fleisch in unserer Kost haben sollten. Dann bekamen wir Geld – *Pennies, Nickels* und *Dimes**, die Bailey anvertraut wurden – und wurden in die Stadt geschickt, Leber zu kaufen. Seit die Weißen Kühltruhen hatten, kauften ihre Metzger das Fleisch von den Schlachthäusern in Texarkana und verkauften es sogar im Hochsommer an die Reichen.

Wenn wir durch den schwarzen Teil von Stamps gingen (in den engen kindlichen Maßstäben schien er die Welt zu sein), waren wir verpflichtet, bei jeder Person, die wir trafen, stehenzubleiben und mit ihr zu reden, und Bailey fühlte sich bemüßigt, mit jedem Freund ein paar Minuten zu spielen. Es war ein großer Spaß, mit Geld in der Tasche in die Stadt zu gehen (Baileys Taschen waren so gut wie meine) und Zeit zu haben. Aber das Vergnügen trübte sich, sobald wir den weißen Teil der Stadt erreichten. Wenn wir Mr. Willie Williams *Do Drop Inn*

---

* 1-Cent-, 5-Cent-, 10-Cent-Stücke (A. d. Ü.)

verlassen hatten, der letzte Halt vor der Weißeleutestadt, mußten wir den Teich und auf abenteuerlichen Wegen die Eisenbahnschienen überqueren. Wir waren Entdecker, die ohne Waffen das feindliche Gebiet der Menschenfresser betraten.
In Stamps war die Rassentrennung so total, daß die meisten schwarzen Kinder eigentlich nicht wirklich wußten, wie Weiße aussahen. Sie wußten nur, daß sie anders waren, daß man sie fürchten mußte, und diese Furcht schloß die Feindschaft der Machtlosen gegen die Mächtigen, der Armen gegen die Reichen, der Arbeiter gegen die Besitzenden und der Zerlumpten gegen die Wohlgekleideten mit ein.
Ich erinnere mich, nie geglaubt zu haben, daß die Weißen tatsächlich wirklich waren.
Viele Frauen, die bei ihnen in der Küche arbeiteten, kauften bei uns im Laden, und wenn sie die saubere Wäsche zurück in die Stadt trugen, stellten sie oft die großen Körbe auf unsere Veranda und zogen einzelne Stücke der auserlesenen Kollektionen hervor, um zu zeigen, wie geschickt ihre Hände beim Bügeln waren oder wie gewaltig der Wohlstand ihrer Herrschaften war.
Ich sah mir jedenfalls die Stücke an, die nicht vorgezeigt wurden. Ich wußte zum Beispiel, daß weiße Männer Kniehosen trugen, so wie Onkel Willie, und daß diese einen Schlitz hatten, durch den sie ihr »Ding« zum Pinkeln herausnehmen konnten. Ich wußte, daß die Brüste der weißen Frauen nicht, wie manche behaupteten, in die Kleider eingebaut waren, denn ich sah ihre Büstenhalter in den Körben. Ich war aber unfähig, sie mir als Menschen vorzustellen. Menschen, das waren Mrs. LaGrone, Mrs. Henricks, Momma, Reverend Sneed, Lilie B., Louise und Rex. Weiße konnten keine Menschen sein, denn ihre Füße waren zu klein und ihre Haut zu weiß und durchsichtig, und weil sie nicht wie Menschen auf ihren Fußsohlen, sondern wie Pferde auf ihren Absätzen liefen.
Menschen waren diejenigen, die auf meiner Seite der Stadt lebten. Ich konnte sie nicht alle leiden, oder besser gesagt, ich mochte niemand von ihnen besonders, aber sie waren Menschen. Die andern, die seltsamen bleichen Kreaturen, die ihr fremdes Unleben lebten, waren keine Menschen. Sie waren Weiße.

5

»Du sollst dich nicht schmutzig machen« und »Du sollst nicht unverschämt sein« waren die beiden Gebote von Großmutter Henderson, an denen unser ganzes Heil hing.
Jede Nacht, selbst im bittersten Winter, mußten wir uns vor dem Zubettgehen Arme, Nacken, Beine und Füße waschen. Mit einem Schmunzeln, das gottesfürchtige Menschen nicht vermeiden können, wenn sie sich mit weltlichen Dingen abgeben, pflegte sie hinzuzufügen: »Und je mehr ihr euch wascht, um so erträglicher wird es.«
Wir gingen zum Brunnen und wuschen uns mit dem eiskalten klaren Wasser, schmierten uns die Beine mit ebenso kalter und steifer Vaseline ein und liefen auf den Zehenspitzen zurück ins Haus. Wir wischten den Staub von unseren Zehen und setzten uns an die Schularbeiten; dann Maisbrot, schlabbrige Milch, Beten und ins Bett, immer in dieser Reihenfolge. Momma war dafür berüchtigt, daß sie die Steppdecke wegzog, wenn wir eingeschlafen waren, um unsere Füße zu kontrollieren. Wenn sie ihr nicht sauber genug waren, holte sie die Rute (sie hatte eine hinter der Schlafzimmertür deponiert, für Notfälle) und weckte den Übeltäter mit ein paar gezielten brennenden Erinnerungshilfen.
Der Platz um den Brunnen war nachts dunkel und glitschig, und die Jungen sprachen davon, wie sehr Schlangen das Wasser liebten, und wer nachts Wasser schöpfen mußte und allein dort stand und sich wusch, wußte genau, daß Mokassin- und Klapperschlangen, Puffottern und Königsschlangen auf den Brunnen zuschlängelten, und gerade dann ankommen würden, wenn man Seife in den Augen hatte. Aber Momma überzeugte uns davon, daß Sauberkeit gleich nach der Frömmigkeit kam, und auch, daß Schmutz der Anfang allen Elends war.
Ein ungezogenes Kind wurde von Gott verabscheut, war eine Schande für seine Eltern und konnte seinem Haus und seiner Sippe die Vernichtung bringen. Alle Erwachsenen mußten angeredet werden mit Mister, Missus, Miss, Auntie, Cousin, Unk, Uncle, Buhbah, Sister, Brother und tausend anderen Titeln, die den Verwandtschaftsgrad und die untergeordnete Stellung des Kindes bezeichneten.
Alle, die ich kannte, respektierten diese Umgangsformen, nur nicht Armweißlumpen-Kinder.

Einige Armweißlumpen-Familien lebten auf Mommas Ackerland hinter der Schule. Manchmal kam eine Schar von ihnen in den Laden und füllte den ganzen Raum, vertrieb die Luft und verwandelte selbst die Gerüche. Die Kinder kletterten über die Theke und in die Kartoffel- und Zwiebelkisten, unaufhörlich mit ihren scharfen Stimmen wie Zigarrenkistengitarren schnatternd. Sie nahmen sich in meinem Laden Freiheiten heraus, was ich mich nie getraut hätte. Da Momma uns eingeschärft hatte, daß je weniger man mit Weißen (auch Armweißlumpen) sprach, um so besser, standen Bailey und ich ernst und still in der verdorbenen Luft. Aber wenn eines der verspielten Gespenster uns zu nahe kam, kniff ich es. Teils aus Wut und Enttäuschung, teils, weil ich nicht glaubte, daß es wirklich aus Fleisch und Blut war.
Sie redeten meinen Onkel mit seinem Vornamen an und scheuchten ihn im Laden herum. Zu meiner heulenden Beschämung gehorchte er ihnen auf seine hinkende gebückt-aufrecht-gebückte Art.
Meine Großmutter befolgte ebenfalls ihre Anweisungen, nur machte sie nicht einen derart servilen Eindruck, weil sie deren Wünsche vorwegnahm.
»Hier ist Zucker, Miz Potter, und hier Backpulver. Sie haben letzten Monat kein Soda gekauft, vermutlich brauchen sie welches.«
Momma richtete ihre Worte stets an die Erwachsenen, aber manchmal, o schmerzliches Manchmal, antwortete einer der dreckigen Rotznasen.
»Nee, Annie...« – das zu Momma? Wem gehörte das Land, auf dem sie lebten? Wer mußte mehr vergessen, als sie jemals lernen würden? Wenn es Gerechtigkeit auf dieser Welt gab, mußte Gott sie auf der Stelle taub schlagen! –
»Ach, gib uns noch ein paar Extrasoda-Crackers und 'n paar Makrelen.«
Wenigstens blickten sie ihr nie ins Gesicht, jedenfalls konnte ich das nie beobachten. Auch der verwegenste Taugenichts sah einem Erwachsenen nie direkt ins Gesicht. Es hätte bedeutet, daß er versuchte, die Worte des anderen zu stehlen, noch ehe sie geformt waren. Die schmutzigen Kinder taten es auch nicht, aber sie schleuderten ihre Bestellungen durch den Laden wie Hiebe einer neunschwänzigen Katze.
Als ich ungefähr zehn Jahre alt war, bereiteten diese verkom-

menen Gören mir die schmerzvollste und verwirrendste Erfahrung, die ich je mit meiner Großmutter machte.
Eines Sommermorgens, als ich Blätter, Kaugummipapierchen und Wienerwürstchenetiketten vom Hof gewischt hatte, harkte ich sorgfältig den gelbroten Boden zu einem Halbmondmuster, das klar und deutlich hervorstach. Ich versorgte den Rechen hinter dem Laden und betrat das Haus durch den Hintereingang. Ich fand Großmutter auf der vorderen Veranda in ihrer großen, weiten und weißen Schürze, die so gründlich gestärkt war, daß sie allein hätte stehen können. Momma bewunderte den Hof, und so stellte ich mich neben sie. Er sah wirklich aus wie der flache Kopf eines Rothaarigen, der mit einem großzahnigen Kamm gestriegelt worden war. Momma sagte nichts, aber ich wußte, er gefiel ihr. Sie sah hinüber zum Haus des Schulvorstehers und dann nach rechts zum Haus von Mr. McElroy. Sie hoffte, eine dieser Säulen der Gemeinschaft entdeckte das Muster, bevor das Tagesgeschäft es weggewischt hatte. Dann sah sie zur Schule hinauf. Mein Kopf folgte dem ihren; so sahen wir fast gleichzeitig einen Trupp Armweißlumpen-Kinder den Hügel herab und an der Schule vorbeimarschieren.
Ich blickte zu Momma und erwartete eine Anweisung. Sie bot einen großartigen Anblick, wie ihr Körper von der Hüfte an abwärts fest verankert blieb, sich aber ihr Oberkörper auf die Spitze der Eiche an der anderen Straßenseite zu streckte. Dann begann sie, eine Hymne zu stöhnen. Vielleicht war es kein Stöhnen, aber die Melodie war so langsam und der Rhythmus so fremdartig, daß es ein Stöhnen hätte sein können. Sie sah mich nicht mehr an. Als die Kinder den halben Weg zum Laden zurückgelegt hatten, sagte sie, ohne sich zu mir zu wenden: »Schwester, geh rein.«
Ich wollte sie bitten: »Momma, warte nicht auf sie. Komm mit mir hinein. Wenn sie in den Laden kommen, geh ins Schlafzimmer. Ich will auf sie warten. Sie machen mir nur Angst, wenn du dabei bist. Alleine weiß ich, wie ich mit ihnen umgehen muß.« Aber natürlich sagte ich kein Wort und ging hinein und stellte mich hinter die Fliegengittertür.
Bevor die Mädchen die Veranda erreichten, hörte ich ihr Lachen, berstend und krachend wie Kiefernholz im Küchenherd. Ich vermute, meine lebenslange Paranoia wurde in diesen kalten, melassezähen Minuten geboren. Sie kamen herüber und stellten sich vor Momma hin. Zuerst schützten sie Ernst-

haftigkeit vor. Dann aber verschränkte die eine ihre Arme, stülpte ihre Lippen vor und begann zu summen. Ich begriff, daß sie meine Großmutter nachäffte. Eine andere sagte: »Nee, Helen, du stehst nicht wie sie. Mußt es so machen.« Sie hob ihre Brust, verschränkte ihre Arme und führte Annie Hendersons Spottgestalt vor. Eine andere lachte: »Nee, du kannst es auch nicht. Dein Maul ist nicht weit genug vorgestülpt. Es geht so.«
Ich dachte an das Gewehr hinter der Tür, aber ich wußte, daß ich es nicht gerade halten konnte, und die 410, die mit dem abgesägten Lauf, die immer geladen war und jedes Jahr an Silvester abgefeuert wurde, war in der Truhe eingeschlossen, und Onkel Willie trug den Schlüssel an seiner Kette. Durch die fliegenverdreckte Tür konnte ich sehen, wie die Ärmel von Mommas Schürze von der Vibration ihres Summens wackelten. Aber ihre Knie schienen gesperrt, als ob sie sich niemals wieder beugen würden.
Sie sang weiter, nicht lauter als zuvor, aber auch nicht leiser.
Der Dreck auf den Baumwollkleidern der Mädchen setzte sich auf ihren Beinen, Füßen und Armen fort, so daß sie wie aus einem Stück aussahen. Ihr schmieriges farbloses Haar hing ungekämmt und mit grimmiger Bestimmtheit herab. Ich kniete nieder, um sie besser zu sehen, um mich für alle Zeiten an sie erinnern zu können. Die Tränen, die an meinem Kleid hinuntergelaufen waren, hinterließen dunkle Flecken, und der Hof verschwamm vor meinen Augen und wurde noch unwirklicher. Die Welt hatte tief Atem geholt und zögerte, sich weiter zu drehen.
Die Mädchen waren es leid geworden, Momma zu verspotten, und wandten sich anderen Unterhaltungen zu. Eine verdrehte die Augen, steckte beide Daumen in den Mund und rief: »Guck, Annie.« Großmutter summte weiter und die Schürzenbänder zitterten. Ich wollte ihnen eine Handvoll schwarzen Pfeffer ins Gesicht schmeißen, sie mit Seifenlauge überschütten, schreien, daß sie dreckige fiese Schwanzliesen wären; aber ich wußte, daß ich hinter der Bühne gefangen war, so wie sie, die Schauspieler, draußen an ihre Rollen gefesselt waren.
Eines der kleinen Mädchen führte eine Art Puppentanz vor, und die anderen Tölpel lachten dazu. Die Große, die schon fast eine Frau war, sagte etwas sehr leise, das ich nicht verstehen konnte. Sie wichen alle von der Veranda zurück, Momma

unablässig beobachtend. Eine Schrecksekunde lang dachte ich, sie würden einen Stein nach Momma werfen, die sich selbst (abgesehen von den Schürzenbändern) in einen Stein verwandelt zu haben schien. Aber das große Mädchen drehte sich um, und bückte sich, und setzte ihre Hände flach auf den Boden – sie hob nichts auf. Sie verlagerte einfach ihr Gewicht und machte einen Handstand.
Ihre schmutzigen nackten Füße und langen Beine zeigten geradewegs in den Himmel. Ihr Kleid fiel über ihre Schultern herunter, und sie trug keine Unterhose. Die glatten Schamhaare bildeten, wo ihre Beine zusammenkamen, ein braunes Dreieck. Sie hing nur wenige Sekunden lang im Vakuum jenes leblosen Morgens, dann schwankte sie und fiel zu Boden. Die anderen Mädchen klopften ihr auf den Rücken und klatschten in die Hände.
Momma begann ein neues Lied zu singen. »Brot des Himmels, Brot des Himmels, sättige mich, bis ich nichts mehr will.«
Ich merkte, daß auch ich betete. Wie lange konnte Momma das aushalten? Welche neuen Beleidigungen dachten sie sich für Momma aus? Würde ich mich da draushalten können? Was möchte Momma wirklich, was soll ich tun?
Sie bewegten sich aus dem Hof und machten sich auf den Weg in die Stadt. Sie wackelten mit den Köpfen und schüttelten ihre schlaffen Hintern. Und eine nach der anderen drehte sich um:
»Bye, Annie.«
»Bye, Annie.«
»Bye, Annie.«
Momma wandte weder den Kopf, noch entfaltete sie ihre verschränkten Arme, aber sie hörte auf zu singen und sagte: »Bye, Miz Helen. Bye, Miz Ruth. Bye, Miz Eloise.«
Ich explodierte. Wie ein Kracher am 4. Juli explodierte ich. Wie konnte Momma sie Miz nennen? Diese schäbigen widerlichen Dinger. Warum konnte sie nicht in den süßen, kühlen Laden kommen, als wir sie den Hügel herunterkommen sahen? Was hatte sie bewiesen? Und dann, wo sie doch schmutzig, schäbig und unverschämt waren, warum mußte sie sie Miz nennen?
Sie blieb ein weiteres Lied lang stehen, dann öffnete sie die Fliegentür und sah mich vor Wut weinen. Sie sah auf mich herab, bis ich aufsah. Sie war schön. Dort draußen war irgend etwas geschehen. Ich konnte es nicht völlig verstehen,

aber ich konnte sehen, daß sie glücklich war. Dann beugte sie sich nieder und berührte wie die Mütter der Kirche »die Hand auf die Mühseligen und Beladenen legten« und beruhigte mich.
»Geh dein Gesicht waschen, Schwester.« Und sie ging hinter den Tisch mit den Süßigkeiten und summte: »Glory, glory, halleluja, wenn ich meine Last ablege.«
Ich schüttete mir das Brunnenwasser ins Gesicht und nahm das Taschentuch für die Wochentage und putzte mir die Nase. Was auch immer das für ein Wettkampf dort draußen gewesen war, ich wußte, Momma hatte ihn gewonnen.
Ich nahm den Rechen zurück auf den Vorplatz. Die schmutzigen Fußabdrücke waren leicht zu beseitigen. Ich arbeitete lange an meinem neuen Muster. Dann legte ich den Rechen hinter den Waschtrog. Als ich in den Laden zurückkam, ergriff ich Mommas Hand, und wir gingen zusammen hinaus, um uns das Muster anzusehen.
Es war ein großes Herz, darin viele immer kleiner werdende Herzen, und ein Pfeil durchbohrte sie vom äußersten Rand bis zum innersten Herzen. Momma sagte: »Schwester, das ist richtig hübsch.« Dann ging sie zurück in den Laden und resümierte: »Glory, glory, halleluja, wenn ich meine Last ablege.«

6

Stamps gehörte zu dem Kirchendistrikt in Arkansas von Reverend Howard Thomas. Alle drei Monate besuchte er unsere Kirche, verbrachte die Nacht vom Samstag auf den Sonntag bei Momma und hielt am Sonntag eine laute und leidenschaftliche Predigt. Er übernahm das in den vergangenen Monaten gesammelte Geld, hörte sich die Berichte aller kirchlichen Gruppen an, schüttelte den Erwachsenen die Hand und küßte alle kleinen Kinder. Dann verließ er uns wieder. (Ich glaubte immer, er fahre nach Westen geradewegs in den Himmel, aber Momma stellte das richtig. Er fuhr lediglich nach Texarkana.)
Bailey und ich haßten ihn ohne Einschränkung. Er war häßlich und fett und lachte wie ein Schwein mit einer Kolik. Wir konnten einander bersten lassen vor Lachen, wenn wir den

dickhäutigen Prediger nachmachten. Bailey konnte es besonders gut. Er konnte Reverend Thomas im Beisein von Onkel Willie nachmachen und wurde dabei nie erwischt, weil er es lautlos tat. Er blies die Backen auf, bis sie aussahen wie nasse braune Steine, und wackelte mit dem Kopf. Nur er und ich wußten: das war der alte Reverend Thomas beim Tee.
Seine Korpulenz war zwar abstoßend, aber kein ausreichender Grund für unseren tiefempfundenen Haß. Die Tatsache, daß er sich nie bemühte, unsere Namen zu erinnern, war beleidigend, aber auch diese Kränkung allein war es nicht, die uns ihn so sehr verachten ließ. Das Verbrechen, das den Ausschlag gab und unseren Haß nicht nur rechtfertigte, sondern auch zwingend machte, war sein Verhalten bei Tisch. Bei jedem Sonntagsmahl aß er die größten und knusprigsten und besten Stücke vom Huhn.
Das einzig Gute an seinen Besuchen war, daß er immer spät am Sonnabend ankam, wenn das Abendessen schon vorbei war. Ich fragte mich oft, ob er nicht versuchte, uns noch am Tisch zu erwischen. Ich glaube schon, denn wenn er die Veranda erreichte, funkelten seine kleinen Augen in das leere Eßzimmer, und dann fielen seine Gesichtszüge vor Enttäuschung. Ein dünner Vorhang legte sich über sein Gesicht, und er brach in ein bellendes Lachen aus. »Uh, huh, uh, huh, Schwester Henderson, wie eine Katze, ich falle immer auf die Füße.«
Auf das Stichwort hin antwortete Momma jedesmal: »Das ist richtig, Elder Thomas, Jesus, dem Herrn, sei Dank. Tritt ein.«
Er trat durch die Tür, legte seinen Gladstone ab (so nannte er ihn) und sah sich nach Bailey und mir um. Dann breitete er seine schrecklichen Arme aus und ächzte: »Lasset die Kindlein zu mir kommen, denn ihrer ist das Reich Gottes.«
Bailey ging jedesmal mit ausgestreckter Hand auf ihn zu, um ihn wie ein Mann zu begrüßen, aber Reverend Thomas schob die Hand beiseite und umarmte ihn ein paar Sekunden lang. »Du bist noch ein Junge, Buddy, vergiß das nicht. Wie ich hörte, sagt die Heilige Schrift: ›Da ich ein Kind war, dachte ich wie ein Kind, aber da ich ein Mann wurde, legte ich meine Kindheit ab.‹« Erst dann öffnete er die Arme und entließ Bailey.
Ich hatte nie die Nerven, auf ihn zuzugehen. Ich hatte Angst, mich an ihm zu versündigen, ihn zu verspotten, wenn ich einfach »Hallo, Reverend Thomas« rief. Schließlich hieß es in

der Bibel: »Du sollst Gottes nicht spotten«, und dieser Mann war Gottes Vertreter. Er sagte immer zu mir: »Komm her, kleine Schwester, komm her und laß dich segnen.« Aber ich haßte ihn so sehr und hatte solche Angst, daß meine Verwirrung mich zum Weinen brachte. Momma sagte ihm jedesmal: »Beachte das nicht, Elder Thomas, du weißt, wie empfindsam sie ist.«

Er aß die Reste des Abendessens und diskutierte mit Onkel Willie die Entwicklung der kirchlichen Programme. Sie sprachen darüber, wie der derzeitige Pfarrer mit seiner Herde zurechtkam, wer geheiratet hatte, wer gestorben war und wieviel Kinder seit seinem letzten Besuch geboren worden waren.

Bailey und ich standen wie Schatten im hinteren Teil des Ladens, in der Nähe des Kohleöltanks, und warteten auf die schlüpfrigen Themen. Aber wenn sie soweit waren, den letzten Skandal zu bereden, schickte uns Momma ins Schlafzimmer und schärfte uns ein, unsere Lektionen für die Sonntagsschule gut zu lernen, sonst wüßten wir, was wir zu erwarten hätten.

Wir hatten ein unschlagbares System entwickelt. Ich setzte mich in den großen Schaukelstuhl neben dem Ofen, schaukelte ein bißchen und stampfte mit dem Fuß. Ich änderte meine Stimme, redete einmal hell und mädchenhaft, dann wieder etwas tiefer, so wie Bailey. Oft kam er zurückgerannt, sprang aufs Bett und nahm den Katechismus in die Hand, gerade noch rechtzeitig bevor Momma plötzlich in der Tür auftauchte.

»Kinder, lernt nur gründlich eure Lektion. Ihr wißt, alle anderen Kinder sehen zu euch auf.« Wenn sie dann in den Laden zurückging, folgte ihr Bailey auf den Fersen, um in den Schatten zu kriechen und den verbotenen Klatsch zu hören.

Einmal erfuhren wir, daß Mr. Coley Washington ein Mädchen aus Lewisville in seinem Haus hatte. Ich dachte, das wäre nicht so schlimm; aber Bailey erklärte mir, daß Mr. Washington »es« vermutlich »mit ihr machte«. Er sagte, daß, obwohl »es machen« schlecht war, fast jeder auf der Welt es mit jemandem machte, nur durfte niemand davon erfahren. Ein anderes Mal hörten wir von einem Mann, der von Weißen ermordet und in den Teich geworfen worden war. Bailey sagte, sie hätten ihm das Ding abgeschnitten und in seine Tasche gesteckt, und ihm in den Kopf geschossen, und das alles, weil die Weißen behaupteten, er hätte »es« mit einer weißen Frau gemacht.

Durch die Art von Neuigkeiten, die wir jenen geheimen Unterhaltungen entnahmen, war ich überzeugt, daß wenn immer Reverend Thomas kam und Momma uns ins Hinterzimmer schickte, von Weißen und davon, wer »es« mit wem gemacht hatte, die Rede war. Zwei Themen, die für mich sehr dunkel waren.

Am Sonntagmorgen trug Momma ein Frühstück auf, das dazu bestimmt war, uns von halbzehn bis Nachmittags drei ruhig zu stellen. Sie briet dicke rosa Scheiben von selbstgeräucherten Schinken und goß das Fett über rote Tomatenscheiben. Eier über angebratene Kartoffeln und Zwiebeln, gelben Maisbrei und knusprigen Flußbarsch, so hart gebraten, daß wir ihn ganz in den Mund schoben und mit Gräten, Flossen und allem Drum und Dran aßen. Ihre Katzenkopfbiskuits waren fast zehn Zentimeter lang und fünf dick. Der Trick beim Essen der Katzenköpfe war, die Butter draufzutun bevor sie kalt wurden – dann schmeckten sie köstlich. Wenn man sie, unglücklicherweise, kalt werden ließ, wurden sie zäh, so ähnlich wie ein altes Stück Gummi.

Wir konnten unsere Erfahrungen mit Katzenköpfen an jedem Sonntag bestätigt sehen, den Reverend Thomas bei uns verbrachte. Selbstverständlich wurde er gebeten, die Mahlzeit zu segnen. Wir standen alle: Onkel Willie lehnte seinen Stock an die Wand und stützte sich mit seinem ganzen Gewicht auf den Tisch. Dann fing Reverend Thomas an: »Vater unser, wir danken dir für diesen Morgen...« und so weiter und so weiter. Nach einer Weile schaltete ich mein Gehör ab, bis Bailey mich anstieß, und ich die Augenlider hochzog um nach dem Essen zu sehen, das einen stolzen Sonntag auszumachen versprach. Aber während der Reverend weiter und weiter seinen Sermon leierte, zu einem Gott, von dem ich dachte, er müsse sich längst langweilen, immer und immer wieder dasselbe zu hören, konnte ich sehen, daß das Fett vom Schinken auf den Tomaten schon weiß geworden war. Die Eier hatten sich vom Rand der Platte in die Mitte zusammengezogen, wie Kinder, die draußen in der Kälte stehengelassen worden waren. Und die Katzenköpfe waren mit der Bestimmtheit einer dicken Frau im Lehnstuhl in sich zusammengesunken. Und noch immer redete er weiter. Als er endlich aufhörte, war uns der Appetit vergangen, er jedoch schwelgte in dem kalten Essen mit wortlosem, aber geräuschvollem Behagen.

In der *Christian-Methodist-Episcopal*-Kirche befand sich die Kinderabteilung auf der rechten Seite, eingeengt von der Kirchenbank, in der jene bedrohlichen Frauen saßen, die Mütter der Kirche hießen. Die Bänke der Kinderabteilung standen eng hintereinander, und wenn die Beine eines Kindes nicht mehr bequem in den knappen Raum paßten, war dies das Zeichen für die Alten, die betreffende Person von nun an im Mittelteil Platz nehmen zu lassen. Bailey und mir war es nur bei nichtformellen Treffen, sozialen Kirchenangelegenheiten und ähnlichem erlaubt, bei den anderen Kindern zu sitzen. Aber an Sonntagen, an denen Reverend Thomas predigte, wurden wir in die erste Reihe, Klagebank genannt, beordert. Ich dachte, wir müßten vorne sitzen, weil Momma stolz auf uns war; aber Bailey versicherte mir, daß sie ihre Enkel im Auge und unter dem Daumen haben wollte.

Reverend Thomas hatte einen Text aus dem fünften Buch Mose gewählt. Ich war hin und her gerissen zwischen dem Widerwillen gegen seine Stimme und dem Wunsch, die Predigt zu hören. Das Deuteronomium war mein liebstes Buch in der Bibel. Die Gesetze waren so absolut klar niedergelegt, daß ich wußte, wenn jemand wirklich Hölle und Fegefeuer vermeiden und dem Teufel vom Rost springen wollte, er nur das Deutoronomium auswendig lernen und seiner Lehre folgen mußte, Wort für Wort. Ich mochte auch die Art, wie das Wort von der Zunge rollte.

Bailey und ich saßen allein in der vordersten Bank, und die Holzleisten drückten hart gegen unsere Hintern und Oberschenkel. Ich wäre gern ein bißchen hin und her gerutscht, aber jedesmal, wenn ich zu Momma hinüber sah, schien sie mir zu drohen: »Beweg dich und ich zerreiß dich.« Also saß ich, dem wortlosen Befehl gehorchend, still. Die Kirchendamen hinter mir wärmten sich mit ein paar Hallelujas, Lobet den Herrn und Amens auf, und der Prediger war noch nicht zum eigentlichen Kern der Predigt vorgedrungen.

Es sollte ein heißer Gottesdienst werden.

Auf dem Weg zur Kirche sah ich Schwester Monroe und ihre glitzernden Goldkronen, wenn sie den Mund aufmachte, um einen nachbarlichen Gruß zu erwidern. Sie lebte auf dem Lande und konnte nicht jeden Sonntag in die Kirche kommen, daher glich sie ihre zeitweilige Abwesenheit durch eine Lautstärke aus, die die ganze Kirche erschütterte. Kaum hatte sie ihren

Platz eingenommen, postierten sich alle Sakristane in ihre Nähe, denn es brauchte drei Frauen und manchmal ein oder zwei Männer, sie festzuhalten.
Einmal, als sie einige Monate lang nicht in der Kirche gewesen war (sie hatte freigenommen, um ein Kind zu bekommen), überkam sie der Geist, und sie schrie und warf ihre Arme in die Luft und schüttelte ihren Körper. Die Sakristane versuchten sie festzuhalten, aber sie riß sich los und rannte zur Kanzel. Sie stellte sich vor den Altar und zuckte wie eine frisch gefangene Forelle. Sie schrie zu Reverend Taylor: »Predige es ja, sag ich, predige es!« Natürlich predigte er weiter, als ob sie nicht dastünde und ihm sagte, was er zu tun habe. Dann schrie sie mit äußerster Kraft: »Ich sagte, predige es!« und stieg auf den Altar. Der Reverend fuhr fort, Sätze wie Elfmeterbälle auszustoßen. Schwester Monroe unterbrach kurz und versuchte ihn zu packen. Eine Sekunde lang hing alles und jeder in der Kirche – Reverend Taylor und Schwester Monroe ausgenommen – schlaff, wie Strümpfe an der Wäscheleine. Dann erwischte sie den Pfarrer bei den Rockschößen und am Gürtel und schaukelte ihn hin und her.
Eines muß ich zur Ehre unseres Pfarrers sagen, er unterbrach seine Predigt nicht einen Augenblick lang. Die Sakristane drängten sich durch die beiden Chorgänge und in einer etwas größeren Eile als in einer Kirche üblich, nach vorne zur Kanzel. Um die Wahrheit zu sagen, sie rannten, dem Pfarrer zu Hilfe. Zwei Diakone folgten in ihren glänzenden Sonntagskleidern den Damen in Weiß auf die Kanzel, und jedesmal, wenn sie Schwester Monroe vom Prediger losgerissen hatten, holte er tief Luft und predigte weiter, und Schwester Monroe packte ihn woanders und jedesmal fester. Reverend Taylor unterstützte seine Retter so gut er konnte, indem er umher sprang, wann immer es möglich war. An einem Punkt wurde seine Stimme so tief, daß sie wie Donnergrollen klang. Dann schallte wieder Schwester Monroes »Predige es!« durch das Schiff, und wir alle fragten uns (ich mich jedenfalls), ob das jemals enden würde. Würden sie ewig weitermachen, oder allmählich ermüden, wie bei einem Blindekuhspiel, das zu lange dauert und bei dem es niemanden mehr interessiert, wer wen gefangen hat.
Ich werde nie erfahren, was alles hätte passieren können, denn auf einmal ging die Hölle los. Der Geist überwältigte Diakon Jackson und Schwester Willson, die Vorsitzende der Sakristan-

gruppe, und zwar gleichzeitig. Diakon Jackson, ein großer, schmaler und ruhiger Mann, der zeitweise auch in der Sonntagsschule unterrichtete, stieß einen Schrei aus, wie ein umstürzender Baum, lehnte sich zurück, um Luft zu holen, und schlug Reverend Taylor auf den Arm. Es muß den Reverend so schmerzhaft wie unerwartet getroffen haben. Einen Augenblick lang war der flutende Lärm unterbrochen. Reverend Taylor sprang überrascht umher und zerrte und schlug Diakon Jackson. In der gleichen Sekunde fing Schwester Willson seinen Schlips, wickelte ihn ein paarmal um ihre Faust und zerrte ihn nach unten. Es war weder Zeit zum Lachen noch zum Weinen, bis alle drei auf dem Boden hinter dem Altar lagen. Ihre Beine staken wie Brennholz hervor. Schwester Monroe, die die ganze Aufregung verursacht hatte, verließ kühl und erschöpft das Podium. Sie erhob ihre rauhe Stimme und begann eine Hymne zu singen. »Ich kam zu Jesus wie ich war, erschreckt und wund und traurig. In Ihm fand ich die Ruh' und Er hat mich froh gemacht.«
Der Pfarrer nutzte den Umstand, daß er am Boden lag, und bat die Gemeinde mit kleinlauter Stimme, mit ihm zu einem Dankgebet niederzuknien. Er erklärte, ein mächtiger Geist habe uns heimgesucht, und ließ die ganze Kirche ein Amen singen.
Am nächsten Sonntag wählte er einen Text aus dem 18. Kapitel des Lukasevangeliums und sprach ruhig, aber ernst über die Pharisäer, die auf der Straße beteten, um die Öffentlichkeit mit ihrer religiösen Hingabe zu beeindrucken. Ich bezweifle, daß irgend jemand seine Botschaft verstand – bestimmt nicht diejenigen, an die sie gerichtet war. Die Diakone jedenfalls richteten einen Fonds ein, um ihm einen neuen Talar zu kaufen. Der alte war völlig hinüber.
Unser Vorsitzender Ältester hatte von der Geschichte von Reverend Taylor und Schwester Monroe gehört, aber ich war sicher, daß er die Frau nicht von Angesicht kannte. So konzentrierte sich mein ganzes Interesse an den Möglichkeiten des Gottesdienstes und meine Abneigung gegen Reverend Thomas darauf, ihn aus dem Konzept zu bringen. Die Kunst, Menschen aus dem Konzept zu bringen oder sie aufzustacheln, hatte ich hoch entwickelt. Die Sitte, gehorsame Kinder vorzuzeigen, sie aber nicht zu Wort kommen zu lassen, war mir so genehm, daß ich noch einen Schritt weiter ging: Gehorsame Kinder sollen weder sehen noch hören, außer wenn sie wollen. Ich legte mir

einen aufmerksamen Gesichtsausdruck zu und kurbelte die Geräuschkulisse der Kirche an.
Schwester Monroes Sicherung war bereits angeschmort, und ich hörte sie irgendwo rechts hinter mir zischeln. Elder Thomas stürzte sich in seine Predigt, vermutlich in der Absicht, der Gemeinde das zu bieten, wofür sie gekommen war. Ich sah, wie die Sakristane sich von der linken Seite der Kirche, nahe dem großen Fenster, unauffällig, wie Sargträger, auf Schwester Monroes Bank zubewegten. Bailey stieß mich ans Knie. Als sich der Zwischenfall mit Schwester Monroe ereignet hatte – wir sagten immer nur »der Zwischenfall« – waren wir zu verblüfft gewesen, um zu lachen. Aber noch Wochen später war alles, was wir brauchten, um in ein wildes Lachen auszubrechen, ein geflüstertes »Predige es!«. Also, er stieß mich ans Knie und flüsterte: »Ich sage, predige es!«
Ich sah über den Gang aus gebeizten Brettern und über den Kollektetisch hin zu Momma, in der Hoffnung, ein Blick von ihr würde mich zur Vernunft bringen. Aber zum erstenmal, seit ich mich erinnern konnte, starrte Momma hinter mich, auf Schwester Monroe. Ich vermutete, sie versuchte die gefühlsgeladene Dame mit ein oder zwei strengen Blicken zur Ordnung zu rufen. Aber Schwester Monroes Stimme hatte bereits den kritischen Punkt erreicht. »Predige es!«
Aus der Kinderabteilung kam ein unterdrücktes Kichern, und Bailey gab mir wieder einen Stubs. »Ich sage, predige es!« – flüsternd. Und von Schwester Monroe kam das laute Echo. »Ich sage, predige es!«
Als vorbeugende Maßnahme keilten zwei Diakone Bruder Jackson ein, und zwei entschlossen dreinblickende Männer eilten den Chorgang hinunter auf Schwester Monroe zu.
Während der Geräuschpegel in der Kirche anstieg, beging Elder Thomas den bedauerlichen Fehler, seine Stimme ebenfalls anzuheben. Plötzlich, wie ein sommerlicher Platzregen, brach Schwester Monroe durch die Wolke von Menschen, die sie zu halten versucht hatte, und strebte der Kanzel zu. Diesmal hielt sie nirgends, sondern ging geradewegs zum Altar und auf Elder Thomas los und schrie: »Ich sage, predige es!«
Bailey sagte laut: »Hot Dog« und »Verdammt« und »Sie wird ihm in die Eier hauen«.
Aber Reverend Thomas war nicht geneigt, diese Möglichkeit abzuwarten. Als Schwester Monroe sich von rechts der Kanzel

näherte, begann er auf der linken Seite hinabzusteigen. Er ließ sich vom Wechsel des Schauplatzes nicht einschüchtern; während er sich hinabbewegte, setzte er unbeirrt seine Predigt fort. Schließlich kam er genau vor dem Kollektetisch zu stehen, so daß er uns fast auf dem Schoß saß, und Schwester Monroe umging den Altar und stürzte auf ihn zu, gefolgt von Diakonen und Sakristanen und einigen Gemeindemitgliedern und ein paar der größeren Kinder.

In dem Moment, als der Reverend den Mund aufmachte, mit seiner rosa Zunge winkte und sagte, »Großer Gott des Berges Nebo«, schlug ihm Schwester Monroe mit der Handtasche auf den Hinterkopf. Zweimal. Bevor er seine Lippen wieder zusammenbrachte, fielen seine Zähne, nein, sprangen seine Zähne aus seinem Mund.

Das grinsende Gebiß lag neben meinem rechten Schuh; es sah leer aus, und gleichzeitig schien es die ganze Leere dieser Welt zu enthalten. Ich hätte den Fuß ausstrecken und es unter die Bank oder hinter den Kollektetisch kicken können.

Schwester Monroe rang mit seinem Talar, und die Männer taten alles, nur nicht sie fassen und hinaus bringen. Bailey stieß mich an und sagte ohne die Lippen zu bewegen: »Jetzt möchte ich ihn beim Essen sehen.«

Ich sah Reverend Thomas verzweifelt an. Hätte er auch nur ein bißchen traurig oder verlegen ausgesehen, ich hätte Mitleid für ihn empfinden können und wäre nicht fähig gewesen zu lachen. Meine Gefühle hätten mich vom Lachen abgehalten. Mir graute davor, in der Kirche zu lachen. Wenn ich die Kontrolle verlor, drohte mit Sicherheit zweierlei. Ich würde pinkeln müssen und ich würde verdroschen werden. Und diesmal würde ich vermutlich sterben, weil alles so komisch war – Schwester Monroe und Momma, die versuchte, sie mit ihren drohenden Blicken zur Vernunft zu bringen, und Bailey, der flüsterte »Predige es!«, und Elder Thomas, dessen Lippen wie ausgeleierte Gummibänder herunterhingen.

Aber Reverend Thomas schüttelte Schwester Monroes schwächer werdenden Griff ab, zog ein extragroßes Taschentuch hervor, breitete es über seine fiesen kleinen Zähne. Während er sie in die Tasche steckte, mampfte er: »Nackt kam ich auf die Welt, und nackt werde ich von ihr gehen.«

Baileys Lachen hatte sich einen Weg durch seinen Körper hinauf gebahnt und brach aus seiner Nase hervor, wie schnelles

Pferdeschnauben. Ich versuchte nicht länger, mein Lachen zurückzuhalten, ich öffnete einfach meinen Mund und entließ die Töne. Ich hörte das erste Kichern in die Luft über meinem Kopf springen, es flog über die Kanzel und zum Fenster hinaus. Momma sagte laut und deutlich: »Schwester!« aber die Bank war glitschig und ich rutschte auf den Boden. Es war noch mehr Lachen in mir, das nach draußen wollte. Ich wußte nicht, daß es soviel davon auf der Welt gab. Es drängte aus allen meinen Körperöffnungen, zwängte alles in seine Bahnen. Ich weinte und brüllte, entließ Gas und Urin. Ich sah Bailey nicht auf den Boden sinken, aber als ich auf die Seite kugelte, lachte auch er mit Händen und Füßen am Boden. Jedesmal wenn wir uns ansahen, heulten wir lauter als zuvor, und wenn er versuchte, etwas zu sagen, packte ihn ein neuer Lachanfall, und das einzige, was er hervorbrachte war: »Ich sage, predige es!« Ich kugelte zu Onkel Willies Stock mit dem Gummiende hinüber. Mein Blick glitt den Stock hinauf bis zum Griff und am langen weißen Ärmel entlang zu seinem Gesicht. Die eine Seite hing herab, wie üblich, wenn er weinte oder lachte. Er stammelte: »Diesmal peitsche ich dich selber aus.«

Ich kann mich nicht erinnern, wie wir aus der Kirche ins Pfarrhaus nebenan kamen. Dort, in einem mit Mobiliar überladenen Flur, bekamen Bailey und ich die schlimmste Abreibung unseres Lebens. Onkel Willie befahl uns zwischen den Schlägen, mit der Heulerei aufzuhören. Ich versuchte es wenigstens, aber Bailey verweigerte jede Zusammenarbeit. Später erklärte er mir, wenn man geschlagen werde, müsse man so laut wie möglich schreien. Möglich, daß es dem Schläger auf die Nerven geht oder irgendeine hilfreiche Seele herbeikommt und einen rettet. Unser Retter kam allerdings aus anderen Gründen. Bailey brüllte so laut, daß er störte, was vom Gottesdienst noch übrig war. So kam die Frau des Pfarrers und bat Onkel Willie, für Ruhe zu sorgen.

So leicht schlägt bei fantasiebegabten Kindern Gelächter in Hysterie um. Noch Wochen danach fühlte ich mich wie nach einer schweren Krankheit, und bis ich meine Kräfte völlig zurückerlangt hatte, stand ich wie auf Klippen über einem Meer aus Gelächter, und jeder lustige Anlaß hätte mich in den Tod stürzen können.

Jedesmal, wenn Bailey zu mir sagte: »Predige es!«, schlug ich, so fest ich konnte, auf ihn ein und begann zu weinen.

7

Momma hatte dreimal geheiratet: Mr. Johnson, mein Großvater, verließ sie um die Jahrhundertwende und ließ zwei kleine Söhne zurück, die sie großziehen mußte; Mr. Henderson, von dem ich gar nichts weiß (Momma beantwortete Fragen zu keinem Thema direkt, von religiösen abgesehen); schließlich Mr. Murphy, den ich ein einziges Mal flüchtig kennenlernte. Eines Sonnabends, es war schon Nacht, kam er auf der Durchreise nach Stamps, und Großmutter beauftragte mich, ihm ein Lager auf dem Boden zu machen. Er war ein finsterer, stämmiger Mann und trug einen Schlapphut wie George Raft. Am nächsten Morgen lungerte er im Laden herum, bis wir aus der Kirche kamen. Es war der erste Sonntag, an dem Onkel Willie den Gottesdienst versäumte. Bailey behauptete, er sei zuhause geblieben, damit Mr. Murphy uns nicht bis aufs Hemd ausplündern konnte. Am späten Nachmittag, nach einer von Mommas reichhaltigen Sonntagsmahlzeiten verließ er uns wieder. Den Hut im Nacken ging er pfeifend die Straße hinunter. Ich betrachtete seinen breiten Rücken, bis er an der großen weißen Kirche um die Ecke bog.

Die Leute hielten Momma für eine gutaussehende Frau, und einige, die sie schon in ihrer Jugend gekannt hatten, sagten, sie sei recht hübsch gewesen. Ich sah an ihr nur Macht und Stärke. Sie war größer als jede Frau in der Umgebung und ihre Hände waren groß genug, daß sie meinen Kopf von Ohr zu Ohr umfassen konnten. Ihre Stimme war nur dann sanft, wenn sie wollte. Wurde sie in der Kirche zum Vorsingen aufgerufen, schien sie sich einen Pfropfen aus der Kehle zu ziehen, und die gewaltigen, fast rauhen Töne ergossen sich über die Zuhörer und ließen die Luft erbeben.

Jeden Sonntag, wenn sie ihren Platz eingenommen hatte, kündigte der Pfarrer ihren Auftritt an: »Schwester Henderson wird nun den nächsten Choral anstimmen.« Und jeden Sonntag sah sie den Prediger aufgeregt an und fragte leise: »Ich?« Nachdem sie sich vergewissert hatte, daß tatsächlich sie es war, die aufgerufen worden war, legte sie ihre Handtasche weg und faltete sorgfältig ihr Taschentuch zusammen. Sie legte es oben auf die Tasche, damit alles seine Ordnung hatte, lehnte sich gegen die Bank und richtete sich auf. Dann öffnete sie den

Mund und das Lied kam heraus, als habe es nur auf den richtigen Moment gewartet. Woche für Woche, Jahr für Jahr änderte sich an dieser Szene nicht das geringste. Ich kann mich nicht erinnern, daß ihre Bereitschaft zu singen und ihre Gewissenhaftigkeit je in Zweifel gezogen wurden.
Momma wollte Bailey und mich auf den Lebensweg führen, den sie und ihre Generation, ja alle Neger vor uns, als sicher erfahren hatten. Der Gedanke, daß man überhaupt mit Weißen sprechen könnte ohne sein Leben aufs Spiel zu setzen, war ihr fremd. Und offen durfte man ganz sicher nicht mit ihnen reden. Selbst in ihrer Abwesenheit war es besser, nur Andeutungen zu verwenden, »die da«. Auf die Frage, ob sie feige sei oder nicht, hätte Momma geantwortet, sie sei Realistin. Stand sie doch »denen« Jahr für Jahr gegenüber, die einzige schwarze Frau in Stamps die einmal mit »Missis« angeredet worden war.
Der betreffende Vorfall war eine der kleinen Legenden von Stamps. Einige Jahre bevor Bailey und ich in die Stadt gekommen waren, wurde ein Mann gejagt, der die Ehre einer weißen Frau verletzt hatte. Er flüchtete in den Laden. Momma und Onkel Willie versteckten ihn bis zur Nacht hinter dem Chiffonvorhang, rüsteten ihn für eine Überlandreise aus und brachten ihn auf den Weg. Er wurde jedoch gefaßt. Als er vor Gericht über seinen Fluchtweg am Tag des Verbrechens vernommen wurde, sagte er aus, er sei, als er gehört habe, daß man ihn suche, zu Mrs. Henderson in den Laden geflohen.
Der Richter ließ Mrs. Henderson vorladen. Als Momma ankam und erklärte, sie sei diese Mrs. Henderson, brachen Richter, Gerichtsdiener und alle weißen Zuschauer in Gelächter aus. Es war wirklich ein Fehler des Richters, daß er eine schwarze Frau mit »Missis« anreden ließ, aber er kam aus Pine Bluff und konnte nicht ahnen, daß eine Ladenbesitzerin eine Farbige war. Die Weißen amüsierten sich noch lange über diesen Vorfall, während die Neger Rang und Würde meiner Großmutter bestätigt fanden.

8

Stamps, Arkansas, war Chitlin Switch, Georgia; Hang 'Em High, Alabama; hier laß die Sonne nicht auf dich scheinen Nigger, Mississippi; oder jeder andere Satz, der ähnliches aussagte. Die Leute in Stamps pflegten zu sagen, die Weißen unserer Stadt seien so voreingenommen, daß außer am 4. Juli kein Neger Vanilleeis kaufen durfte. An anderen Tagen mußten sie sich mit Schokolade begnügen.
Ein leichter Schleier hing zwischen der schwarzen Gemeinschaft und allem, was weiß war. Aber man konnte hindurchsehen und entwickelte ein Gefühl aus Furcht, Bewunderung und Versuchung für die weißen Dinge – die Autos, die strahlend weißen Häuser, ihre Kinder und Frauen. Ihr Reichtum und die Verschwendung lösten Neid aus. Sie hatten soviel Kleidung, daß sie sie, kaum getragen, an die Nähklasse unserer Schule weitergaben, wo die größeren Mädchen sie als Unterrichtsmaterial benutzten.
Obwohl die Nachbarschaftsbeziehungen der Neger von Großzügigkeit geprägt waren, handelte es sich doch um schmerzliche Opfer. Was immer Schwarze anderen Schwarzen gaben, der Spender hatte es so bitter nötig wie der Empfänger. Jede Gabe, jedes Geschenk wurde so ein Tausch von Werten.
Ich konnte nicht verstehen, woher die Weißen das Recht nahmen, ihr Geld so verschwenderisch auszugeben. Natürlich war mir klar, daß auch Gott ein Weißer war, doch niemand konnte mir einreden, daß er Vorurteile hatte. Meine Großmutter besaß mehr Geld als alle Armweißlumpen. Wir hatten Land und Häuser, aber Bailey und ich wurden täglich ermahnt: »Verschwendet nichts! Seid bescheiden!«
Jedes Jahr kaufte Momma zwei Rollen Stoff, für Winter und Sommer. Sie schneiderte daraus meine Schulkleider, Unterwäsche, Pumphosen, Taschentücher, Baileys Hemden, Shorts, ihre eigenen Schürzen, Hauskleider und Blusen. Die Rollen kamen mit dem Schiff von Sears & Roebuck. Der einzige in der Familie, der Konfektionskleidung trug, war Onkel Willie. Jeden Tag zog er ein frisches weißes Hemd an, geblümte Hosenträger und seine Spezialschuhe, die 20 Dollar kosteten. Ich hielt Onkel Willie für sündhaft eitel, besonders, wenn ich seine gestärkten Hemden bügeln mußte und kein Fältchen machen durfte.

Im Sommer liefen wir barfuß – außer sonntags – und lernten, unsere Schuhe selbst zu besohlen, wenn sie »den Geist aufgaben«, wie Momma sagte. Die Depressionszeit muß den weißen Teil von Stamps mit zyklopenhafter Wucht getroffen haben, aber auch in das schwarze Gebiet sickerte sie langsam ein, begleitet von bösen Vorahnungen, wie ein Räuber. Das Land wurde schon zwei Jahre lang von den Wehen der Depression geschüttelt, bis die Neger in Stamps davon erfuhren. Ich glaubte, alle dachten, die Depression sei wie vieles andere eine Angelegenheit der Weißen, die mit ihnen nichts zu tun hatte. Unsere Leute lebten von dem, was das Land ihnen gab; wenn sie Bargeld brauchten, rechneten sie mit der Baumwollernte oder dem Unkrautjäten. Damit finanzierten sie Schuhe, Kleider und ihre einfache bäuerliche Ausrüstung. Erst als die Besitzer der Baumwollfelder den Lohn für ein Pfund Wolle von zehn auf acht Cents senkten, dann auf sieben, schließlich auf fünf, erkannte die Negergemeinde, daß wenigstens die Depression die übliche Diskriminierung nicht mitmachte.

Wohlfahrtsorganisationen verteilten Lebensmittel an arme Familien, schwarze wie weiße. Gallonen Schmalz, Mehl, Salz, Ei- und Milchpulver. Die Leute hörten auf, Schweine zu mästen, denn es wurde schwierig, das Breifutter anzureichern, niemand hatte Geld für Kleie oder Fischmehl.

Momma verbrachte manche Nacht damit, unsere Bilanzen sorgfältig durchzugehen. Sie suchte nach einem Weg, das Geschäft in Gang zu halten, obwohl unsere Kunden kein Geld hatten. Und sie fand eine Lösung. Sie sagte: »Bailey, du sollst mir ein schönes deutliches Schild machen. Hübsch und ordentlich. Und du, Schwester, kannst es mit deinen Buntstiften ausmalen. Und da soll draufstehen:

1 DOSE MILCHPULVER WIRD MIT 50 CENTS VERRECHNET
1 DOSE EIPULVER WIRD MIT 1 DOLLAR VERRECHNET
10 DOPPELDOSEN MAKRELEN WERDEN MIT 1 DOLLAR VERRECHNET«

Und so weiter. Auf diese Weise hielt Momma den Laden in Gang. Unsere Kunden brauchten ihre Wohlfahrtsrationen gar nicht erst nach Hause zu tragen. Sie holten sie aus dem Wohlfahrtszentrum in der Stadt und lieferten sie im Laden ab. Wenn sie unmittelbar nichts eintauschen wollten, ließen sie ihr

Guthaben in eins der großen Kontobücher eintragen. Wir gehörten zu den wenigen schwarzen Familien, die selbst keine Wohlfahrtsunterstützung erhielten, aber Bailey und ich waren die einzigen Kinder in der Stadt, denen die tägliche Mahlzeit aus Eipulver und Pulvermilch sicher war.

Die Familien unserer Spielkameraden tauschten die Nahrungsmittel, die sie nicht brauchten, gegen Zucker, Kohleöl, Kräuter, Büchsenfleisch, Wiener Würstchen, Erdnußbutter, Sodacracker, Toiletten- und sogar Wäscheseife. Wir bekamen immer genug zu essen, haßten aber die klumpige Milch und den Eierbrei und manchmal besuchten wir eine der ärmeren Familien, nur um etwas Erdnußbutter und ein paar Cracker zu bekommen. Stamps kam so langsam aus der Depression heraus wie es hineingeraten war. Der Zweite Weltkrieg war schon eine Weile in Gang, bis ein spürbarer Wandel in der Ökonomie dieses halbvergessenen Fleckens eintrat.

Einmal erhielten wir Weihnachten Geschenke von Mutter und Vater. Sie lebten getrennt voneinander in einem Himmel namens Kalifornien, von dem es hieß, daß man dort soviel Orangen bekam, wie man essen konnte. Und die Sonne hörte nie auf, zu scheinen. Ich war sicher, daß das nicht stimmte. Ich konnte nicht glauben, daß unsere Mutter lachend in der Sonne Orangen aß, ohne ihre Kinder. Bis zu diesem Weihnachtsabend, als wir die Geschenke erhielten, war ich überzeugt gewesen, daß unsere Eltern tot waren. Wenn ich mir meine Mutter im Sarg vorstellte, konnte ich immer weinen (ich wußte nicht einmal, wie sie aussah). Ihr schwarzes Haar lag ausgebreitet auf einem winzigen weißen Kissen und ihr Körper war mit einem weißen Leichentuch bedeckt. Ihr braunes Gesicht hatte die Form eines großen O und weil ich mir ihre Züge nicht ausmalen konnte, schrieb ich mit Großbuchstaben MUTTER quer über das O. Tränen kullerten wie warme Milch über meine Backen.

Dann kam das schreckliche Weihnachtsfest mit den fürchterlichen Geschenken. Unser Vater in seiner typischen Hohlheit schenkte uns sein Konterfei, ein Foto. Das Geschenk meiner Mutter war ein Teeservice – Kanne, vier Tassen und Untertassen, winzige Löffel. Dazu eine Puppe mit blauen Augen, rosigen Backen und gelbem, aufgemaltem Haar. Ich hatte keine Ahnung, was Bailey bekommen hatte. Als ich meine Schachteln ausgepackt hatte, ging ich in den Hof, hinter den Chinaberry-Baum. Der Tag war kalt und die Luft klar wie Wasser. Die Bank war überfroren, ich setzte mich trotzdem hin und weinte. Als ich aufsah, kam Bailey aus dem Schuppen und rieb sich die Augen. Er hatte auch geweint. Vielleicht hatte auch er geglaubt, daß unsere Eltern tot seien, und war genauso brutal wie ich auf die Wahrheit gestoßen. Vielleicht fühlte er sich einfach nur einsam. Solche Geschenke warfen Fragen auf, die keiner von uns sich stellen wollte. Warum hatten sie uns weggeschickt? Was hatten wir Böses getan? So Böses? Warum hatte man uns, als wir drei und vier Jahre alt waren, Zettel an den Arm gehängt und von Long Beach, Kalifornien, nach Stamps, Arkansas, geschickt, mutterseelenallein in einem Zug, wo sich außer dem Schaffner keiner um uns kümmerte? (Außerdem stieg der schon in Arizona aus.) Bailey setzte sich neben mich, doch ohne mir gut zuzureden, mit dem Heulen aufzuhören. So weinte ich weiter, er seufzte und wir sprachen kein Wort. Schließlich rief uns Momma ins Haus zurück.

Sie stand vor dem Baum, den wir mit silbernen Bändern und hübschen farbigen Kugeln geschmückt hatten und sagte: »Ihr Kinder seid die undankbarsten Geschöpfe, die ich je gesehen habe. Meint ihr etwa, eure Mama und euer Papa haben sich die Mühe gemacht, euch diese schönen Spielsachen zu schicken, damit ihr in die Kälte rausgeht und flennt?«

Keiner von uns antwortete. Momma fuhr fort: »Schwester, ich weiß, daß du empfindsam bist, aber für dich, Bailey Junior, gibt es keinen Grund, draußen wie eine Miezekatze rumzujaulen, nur weil Vivian und Big Bailey dir was geschenkt haben.« Als wir immer noch keine Anstalten machten, etwas zu sagen, fragte sie: »Soll ich Santa Claus fragen, ob er die Sachen zurücknimmt?« Ich fühlte mich ganz erbärmlich verletzt. Ich wollte schreien: »Ja, sag ihm, er soll sie zurücknehmen.« Aber ich rührte mich nicht.

Später sprach ich mit Bailey. Er meinte, wenn diese Sachen tatsächlich von Mutter kämen, bestünde die Möglichkeit, daß sie uns holen würde. Vielleicht hatten wir damals etwas angestellt, sie war wütend gewesen und nun hatte sie uns verziehen und würde nach uns schicken. Am Tag nach Weihnachten rissen wir die Holzwolle aus der Puppe. Das Teeservice jedoch, sagte Bailey, solle ich gut aufbewahren, denn eines Tages könne sie bei uns auftauchen.

9

Ohne Vorwarnung kam ein Jahr später unser Vater nach Stamps. Für Bailey und mich war es schrecklich, eines Morgens mit der nackten Wirklichkeit konfrontiert zu werden. Wir, oder jedenfalls ich, hatten uns ihn und die imaginäre Mutter so genau ausgemalt, daß meine Erfindungen bei seinem Anblick aus Fleisch und Blut zerfetzt wurden wie Papier im Reißwolf. Er kam mit einem sauberen grauen Auto vor dem Laden an. (Offenbar hatte er vor der Stadt angehalten und es auf Hochglanz gebracht, um seinen »großen Auftritt« vorzubereiten.) Bailey, der sich auskannte, sagte, der Wagen sei ein De Soto. An meinem Vater schockierte mich die Größe. Seine Schultern waren so breit, daß ich fürchtete, er werde Schwierigkeiten mit der Tür bekommen. Einen so großen Menschen hatte ich noch nie gesehen und wenn er schon nicht fett war – ich wußte, er war es nicht – so sah er doch zumindest fett aus. Außerdem waren ihm seine Kleider zu eng. Sie waren knapper geschnitten und aus besserem Material als die übliche Kleidung in Stamps. Er war, alles in allem, eine stattliche, blendende Erscheinung. Momma schrie: »Bailey, mein Baby. Großer Gott, Bailey.« Onkel Willie stotterte: »Bu-Bu-Bailey.« Mein Bruder sagte: »Verdammter Hot-dog. Er ist es. Es ist unser Daddy.« Mir ging meine siebenjahralte Welt in Brüche und ließ sich nicht wieder zusammenleimen.

Seine Stimme klang wie ein Bagger, der gegen Metall stößt und er sprach Englisch. Sauberes Englisch wie ein Schuldirektor, wenn nicht noch besser. Unser Vater streute in seine Sätze *er* ein und sogar *errer*, ebenso freimütig wie er mit verzerrtem Mund lächelte. Seine Lippen hingen nicht gerade herunter, wie die Onkel Willies, sondern zur Seite hin und sein Kopf neigte sich immer zur einen oder anderen Seite, nie hielt er ihn gerade im Nacken. Seine Ausstrahlung war die eines Mannes, der weder glaubt, was er hört, noch was er selbst sagt. Er war der erste Zyniker, den ich kennenlernte. »So, so, *er*, das hier ist also Daddys kleiner Mann? Junge, hat dir, *er*, schonmal wer gesagt, daß du, *errer*, aussiehst wie ich?« Er hielt Bailey in einem, mich in dem anderen Arm. »Und Daddys kleines Mädchen. Ihr wart, *errer*, doch immer brave Kinder, nicht war? Sonst, *er*, hätte mir Santa Claus, *errer*, sicher Bescheid gesagt.« Ich war so stolz auf ihn, daß es mir schwerfiel abzuwarten, bis sich seine Ankunft

in der Stadt herumgesprochen hatte. Ob die Kinder überrascht waren über unseren stattlichen Daddy? Und daß er uns so sehr liebte, daß er zu Besuch kam? Jeder konnte an der Art wie er sprach, am Auto und an der Kleidung sehen, daß er reich war, ja vielleicht da draußen in Kalifornien sogar ein Schloß besaß. (Später erfuhr ich, daß er in einem Luxushotel in Santa Monica Portier gewesen war.) Dann kam mir jedoch die Möglichkeit in den Sinn, ich könnte mit ihm verglichen werden. Nun wollte ich nicht, daß er überhaupt gesehen wurde. Vielleicht war er gar nicht mein richtiger Vater. Bailey war sein Sohn, soviel war sicher, aber ich war eine Waise, die sie irgendwo aufgelesen hatten, damit Bailey Gesellschaft bekam.
Jedesmal, wenn er mich ansah, fürchtete ich mich und wünschte mir, so klein zu sein wie *Tiny Tim*. Einmal saßen wir am Tisch und ich spießte gerade ein Stück Brathuhn auf die Gabel. Ich steckte das Messer durch die Zinken und begann, so wie ich es gelernt hatte, den Knochen durchzusäbeln. Mein Vater ließ ein lautes rollendes Lachen los und sah mich an. Er äffte mich nach, bewegte die angewinkelten Ellbogen. »Will Daddys Baby wegfliegen?« Momma lachte, Onkel Willie auch, sogar Bailey kicherte ein wenig. Auf seinen Humor war unser Vater mächtig stolz.
Drei Wochen lang wimmelte es im Laden vor Leuten, die mit ihm zur Schule gegangen waren oder nur von ihm gehört hatten. Neugierige und Neider trieben sich bei uns rum und er setzte sich in Szene, warf unter den traurigen Augen Onkel Willies seine *ers* und *errers* durch die Gegend. Bis er eines schönen Tages erklärte, nun müsse er zurück nach Kalifornien. Ich war erlöst. Meine Welt würde leerer und trockener werden, doch würde auch die Agonie, die er, der in jede private Nische eingedrungen war, ausgelöst hatte, wieder schwinden. Die stille Drohung, die seit seiner Ankunft in der Luft lag, die Drohung seiner Abreise, war dahin. Ich mußte mich nicht mehr mit Zweifeln quälen, ob ich ihn liebte oder nicht, mußte seine Frage nicht mehr beantworten: »Will Daddys Baby mit nach Kalifornien kommen?« Bailey hatte erklärt, er wolle mit, aber ich war still geblieben. Auch Mommy war erleichtert, obwohl es eine schöne Zeit für sie war, ihm alle Lieblingsgerichte zu kochen und den Bauern von Arkansas ihren kalifornischen Sohn vorzuführen. Nur Onkel Willie erlebte unseren Vater als gewaltige Bedrückung und Momma kümmerte sich,

wie eine Henne, im Grunde lieber um den verkrüppelten Sproß als um den, der aus dem Nest flattern konnte.
Er würde uns mitnehmen! Dieses Wissen schwirrte mir im Kopf und ließ mich unerwartete Sprünge machen, wie ein Schachtelmännchen. Jeden Tag fand ich etwas Zeit zum Teich zu laufen, wo die Leute Sonnenbarsche und gestreifte Brassen fingen. Ich ging hin, wenn die Fischer schon gegangen oder noch nicht gekommen waren, dann hatte ich das Gebiet für mich. Ich stand am Ufer des dunklen grünen Wassers und meine Gedanken schnellten vor wie Wasserspinnen, hierhin, dorthin und wieder anderswohin. Sollte ich mit meinem Vater gehen? Sollte ich mich in den Teich stürzen, ich, die nicht schwimmen konnte, meinen Körper neben den von L. C. sinken lassen, dem Jungen, der im letzten Sommer ertrunken war? Sollte ich Momma bitten, mich dableiben zu lassen? Ich konnte ja anbieten, Baileys Aufgaben zu übernehmen und meine außerdem zu erfüllen. Aber hatte ich den Mut, ohne Bailey zu leben? Ich konnte mich für nichts entscheiden, sagte ein paar Bibelsprüche her und ging nach Hause. Momma schnitt ein paar Reste zu, die ihr die Dienstmädchen von weißen Frauen überlassen hatten. Sie saß nun nächtelang im Eßzimmer und nähte Blusen und Hemden für mich. Sie sah ziemlich traurig aus und immer, wenn ich bemerkte, daß sie mich ansah, redete sie, als ob ich ihr nicht gehorchen wollte. »Sei ein braves Mädchen, hörst du? Die Leute sollen nicht denken, daß ich dich schlecht erzogen habe, hörst du?« Sie selbst schien überraschter als ich, als sie mich plötzlich im Arm hielt und weinte, weil sie mich verlieren sollte. Ihre Welt war von allen Seiten durch Arbeit, Pflichten, die Religion, einfach durch »ihren Ort« begrenzt. Ich glaube nicht, daß sie selbst je erkannte, daß alles, was sie berührte, von einer abgrundtiefen Liebe erfüllt wurde. Jahre später fragte ich sie einmal, ob sie mich liebe, und sie stieß mich zurück: »Gott ist die Liebe. Sei ein artiges Mädchen, gib dir Mühe, dann liebt er dich.«
Ich saß hinten im Auto neben Vaters Lederkoffern und unseren Pappkartons. Obwohl die Fenster heruntergekurbelt waren, hing überall der Geruch von Brathähnchen und Kartoffelpfannkuchen und ich hatte nicht genug Platz, die Glieder auszustrecken. Ausgerechnet, wenn ich daran dachte, fragte Daddy jedesmal: »Ist es da hinten auch bequem für dich, mein Baby?« Er wartete meine Antwort gar nicht erst ab – sie lautete

stets: »Yes, Sir« – sondern setzte seine Unterhaltung mit Bailey fort. Sie erzählten sich Witze und Bailey lachte ununterbrochen, holte sich Dads Zigaretten und hielt mit einer Hand das Lenkrad fest, als Daddy ihm sagte: »Los, Junge, hilf mir das Ding zu lenken.«
Ich wurde der immergleichen Städte müde, der verlassen wirkenden, kleinen häßlichen Häuser, und löste mich von allem. Nur die Reifen auf dem Pflaster gaben Töne ab wie Küsse und der Motor dröhnte. Ich ärgerte mich über Bailey. Kein Zweifel, er versuchte, Daddy zu gefallen; lachte sogar schon wie er, Santa Claus Junior, »ho, ho, ho«.
»Was ist das für ein Gefühl, daß du deine Mutter sehen wirst?« fragte Dad. Da zerriß die Watte, die sich um meine Sinne gelegt hatte. Werden wir sie sehen? Ich dachte, wir führen nach Kalifornien. Plötzlich erschrak ich. Ob sie uns anlachte, wie er? Was war, wenn sie jetzt andere Kinder hatte, Kinder, die bei ihr geblieben waren? Ich sagte laut: »Ich will nach Stamps zurück!« Dad lachte. »Soll das heißen, Dads Baby will nicht mit nach St. Louis, die Mutter besuchen? Sie wird dich nicht fressen, weißt du?«
Er wandte sich zu Bailey und ich sah sein Profil. Es war so unwirklich, als ob eine Puppe redete. »Bailey Junior, frag deine Schwester, warum sie zurück nach Stamps will.« Er klang wie ein Weißer, nicht wie ein Neger. Vielleicht war er auf der Welt der einzige Weiße mit brauner Haut. Mein Glück, wenn dieser Einzige mein Vater war. Aber Bailey blieb zum ersten Mal stumm seit wir Stamps verlassen hatten. Vermutlich dachte auch er an die kommende Begegnung mit unserer Mutter. Wie konnte ein Achtjähriger nur so viel Angst haben? Er schluckte und drückte sie in die Kehle zurück, setzte die Füße fest auf und hielt sie zwischen den Schuhen, preßte die Arschbacken zusammen, klemmte sie hinter die Prostata.
»Junior, hast du deine Zunge verschluckt? Was soll deine Mutter sagen, wenn ich ihr erzähle, daß ihre Kinder sie nicht sehen wollen?« Dieser Gedanke schreckte uns auf. Bailey lehnte sich zu mir über den Sitz. »Du, es ist unsere liebe Mutter. Ich weiß, daß du unsere liebe Mutter sehen willst. Weine nicht.« Dad lachte, ließ sich in den Sitz sinken und sagte, mehr zu sich selbst: »Was wird sie nur davon halten?«
Als es keine Aussicht mehr gab, nach Stamps zu Momma zurückzukehren, hörte ich auf zu weinen. Es war klar, daß

Bailey mir nicht half. Ich beschloß, den Mund zu halten, die Tränen zu trocknen und abzuwarten, was, unsere liebe Mutter zu sehen, bringen würde.
St. Louis war für mich eine neue Qualität von Hitze und Schmutz. In meiner Erinnerung fand ich kein Bild, das dieser Zusammenballung rußgeschwärzter Gebäude entsprach. Es schien mir, als ob wir zur Hölle führen und unser Vater der Teufel sei, der uns einlieferte.
Bailey ließ es nur in großen Notfällen zu, daß wir uns in Gegenwart von Erwachsenen im Schweinelatein unterhielten. An diesem Nachmittag war es nötig. Als ich sicher war, daß wir das fünfzigstemal um dieselbe Ecke gebogen waren, fragte ich Bailey: »Glaulahaubst dulu, dalahaß eler ulunser Valahater ilist, oder glaulahaubst dulu, dalahaß eler uluns gelekidinalappt hat?« Bailey sagte: »Du, wir sind in St. Louis. Wir werden unsere liebe Mutter treffen, hab keine Angst.« Daddy gluckste und sagte: »Ihlir wolloholt, dalaß ilich euchleuch kilidnalappe? Glaulahaupt ilihr dalaß? Ilihr kleiheinen velerülückten Kilihinder!« Ich hatte immer geglaubt, mein Bruder und seine Freunde hätten das Schweinelatein erfunden. Als ich es meinen Vater sprechen hörte, war ich ebenso verwirrt wie ärgerlich. Wieder so ein Erwachsenentrick, mit dem die Kinder reingelegt wurden.
Von meiner Mutter reden heißt, die volle Gewalt eines Hurrikans beschreiben. Oder die schillernden Farben des Regenbogens. Wir wurden zunächst von ihrer Mutter empfangen und warteten unruhig auf dem Rand der Stühle im Wohnzimmer, das mit Möbeln überfrachtet war. (Daddy führte ein lockeres Gespräch mit unserer Großmutter, so, wie Weiße mit Schwarzen reden, arrogant und teilnahmslos.) Wir dagegen hatten Angst vor der Ankunft unserer Mutter und ihre Verspätung steigerte unsere Ungeduld. Es ist bemerkenswert, wieviel Wahrheit in Sätzen liegt wie »einem die Sprache verschlagen« und »Liebe auf den ersten Blick«. Mutters Schönheit war für mich im wahrsten Sinn des Wortes umwerfend. Rote Lippen bedeckten ihre strahlend weißen Zähne (Momma hatte immer gesagt, die Benutzung eines Lippenstifts sei Sünde) und ihre Hautfarbe glich der von frischer Butter, klar, fast durchsichtig. Ihr Lächeln dehnte den Mund bis über die Backen, bis an die Ohren und scheinbar durch die Wände hindurch bis auf die Straße. Mir verschlug es die Sprache. Ich wußte sofort, warum

sie mich weggeschickt hatte. Sie war zu schön, um Kinder zu haben. Niemals hatte ich eine schönere Frau gesehen, als die, die ich Mutter nannte. Bailey verliebte sich tief und für alle Zeiten. Seine Augen leuchteten wie die ihren; vergessen war die Einsamkeit, die Nächte, in denen wir weinten, weil wir »ungewollte Kinder« waren. Ihm war, als habe er nie die warme Nähe seiner Mutter verlassen und nie den kalten Wind der Einsamkeit mit mir geteilt. Sie war seine liebe Mutter, dem hatte ich nichts entgegenzusetzen. Die beiden waren sich ähnlicher, als ich ihr oder sogar ihm. Sie hatten eine physische und psychische Schönheit gemeinsam, das machte ich mir immer wieder klar.
Unser Vater reiste ein paar Tage später von St. Louis nach Kalifornien, ich war darüber weder froh noch traurig. Er war ein Fremder geblieben und wenn er sich entschlossen hatte, uns bei einem anderen Fremden zu lassen, paßte das nur ins Bild.

10

Großmutter Baxter war Viertel- oder Achtelnegerin, jedenfalls fast weiß. Sie war von einer deutschen Familie in Cairo, Illinois, aufgezogen worden und kam um die Jahrhundertwende als Schwesternschülerin nach St. Louis. Als sie im *Homer G. Phillips Hospital* arbeitete, lernte sie Großvater Baxter kennen und heiratete ihn. Sie war weiß (sie hatte nichts an sich, was man im weitesten Sinne negroid nennen konnte), er war schwarz. Sie sprach bis zu ihrem Tod mit einem kehligen deutschen Akzent, er in der abgehackten Redeweise der Karibik.
Ihre Ehe war sehr glücklich. Großvaters geflügeltes Wort, das die Familie mit Stolz erfüllte, lautete: »O Jesus, ich lebe für meine Familie, meine Kinder und meinen Hund.« Er gab sein Bestes, diesen Satz wahr werden zu lassen, und hielt zu seiner Familie, auch wenn sie im Unrecht war.
Im Negerviertel von St. Louis gab es Mitte der Dreißiger Jahre alle dunklen Geschäfte einer Stadt im Goldrausch. Die Prohibition wurde umgangen, Glücksspiele und andere einschlägige Gewerbezweige wurden so offen betrieben, daß ich kaum glauben konnte, daß sie illegal waren. Als Neulinge wurden Bailey und ich sehr schnell von unseren Schulkameraden über

die Rollen aufgeklärt, die die Männer an Straßenecken spielten. Ich bin sicher, daß sie ihre Namen in Wildwestbüchern gefunden hatten (der kühne Jim, Zwei Pistolen, Poker-Pete) und fand mich dadurch bestätigt, daß sie vor den Saloons herumhingen wie Cowboys ohne Pferde.
Wir trafen unzählige Schlepper, Spieler, Los- und Whiskyverkäufer, nicht nur in den belebten Straßen, sondern auch in unserm gutbürgerlichen Wohnzimmer. Wenn wir aus der Schule kamen, saßen sie oft schon da, den Hut in der Hand, so wie wir, als wir in der großen Stadt angekommen waren. Sie warteten schweigend auf Großmutter Baxter.
Die Faktoren, die ihr sehr viel Respekt eintrugen: ihre weiße Haut und der Zwicker, den sie mit dramatischer Geste von der Nase nahm und der an einer Kette an ihrem Kleid baumelte. Darüber hinaus beruhte ihre Reputation auf sechs unerschrockenen Kindern und der Tatsache, daß sie Vorsteherin eines Wahlbezirks war. Das war die Basis ihrer Macht und gab ihr Einfluß genug, sich noch mit dem übelsten Gauner ohne Furcht einzulassen. Sie hatte auch gute Beziehungen zur Polizei. Also saßen die Männer in ihren protzigen Anzügen, mit ihren Narben im Gesicht, lammfromm wie in der Kirche da, um Vergünstigungen bei ihr zu erreichen. Sie wußten, was von ihnen erwartet wurde, wenn Großmutter einen Spielsalon aus der Schußlinie bringen oder ein Wort für einen Freund im Gefängnis einlegen sollte, damit die Kaution herabgesetzt wurde. Wenn Wahlen anstanden, mußten sie in der Nachbarschaft auf Stimmenfang gehen. In den meisten Fällen verschaffte sie ihnen die gewünschten Erleichterungen und sie brachten dafür immer die richtigen Wahlergebnisse zustande.
In St. Louis sah ich zum erstenmal dünngeschnittenen Schinken (eine Delikatesse), Gelee aus Bohnen und Erdnüssen, Salat auf Sandwichscheiben und Familiensolidarität. In Arkansas hatten wir unser Fleisch selbst geräuchert und zum Frühstück fingerdicke Schinkenscheiben gegessen. Aber in St. Louis gab es hauchdünne Scheiben, die in einem deutschen Laden gekauft wurden, in dem es sehr merkwürdig roch, und sie wurden auf Sandwichbrot gegessen. Sowenig Großmutter ihren deutschen Akzent je ablegte, so sehr behielt sie ihre Vorliebe für grobes deutsches Schwarzbrot bei, das wir immer am Stück einkauften. Kopfsalat war in Stamps immer nur als Garnierung für

Kartoffel- oder Krautsalat verwendet worden, die Erdnüsse wurden roh vom Feld geholt und in den kalten Nächten unten im Ofen mit Butter geröstet. Der starke Geruch zog durchs ganze Haus und man erwartete von uns, daß wir mehr aßen, als wir vertragen konnten. In St. Louis wurden die Erdnüsse in Papiertüten gekauft und mit Geleebohnen gemischt. Das war, als ob man Salz mit Zucker aß, ein köstlicher Genuß, das Beste, was die große Stadt zu bieten hatte.

Als wir in die *Toussaint L'Ouverture Grammar School* kamen, waren wir entsetzt über die Unwissenheit unserer Mitschüler und die Brutalität der Lehrer. Beeindruckend war nur die Größe des Gebäudes, nicht einmal die weiße Schule in Stamps war so groß gewesen.

Die Schüler dagegen waren erschreckend zurückgeblieben. Bailey und ich konnten schon aufgrund unserer Arbeit im Laden rechnen, und wir konnten gut lesen, weil es in Stamps nichts anderes zu tun gab. Bald wurden wir höher eingestuft, weil unsere Lehrer befürchteten, wir als Landkinder könnten bei unseren Klassenkameraden Minderwertigkeitsgefühle auslösen – das war tatsächlich der Fall. Bailey konnte es nicht lassen, über die Unwissenheit unserer Mitschüler herzuziehn. Mittags stand er immer auf dem großen grauen Betonspielplatz, mitten in einer Menge großer Jungen, und fragte: »Wer war Napoleon Bonaparte?« »Wieviel Fuß hat eine Meile?« Das war Nahkampf nach Baileys Geschmack.

Jeder der Jungen wäre vermutlich fähig gewesen, ihn mit den Fäusten zu besiegen. Aber hätte es einer getan, er hätte es schon am nächsten Tag wiederholen müssen, und Bailey kümmerte sich nie darum, daß Regeln für einen fairen Kampf aufgestellt wurden. Er sagte mir, wenn ich in einen Kampf geriete, solle ich immer »die entferntesten Bälle spielen«. Wenn ich ihn fragte: »Glaubst du etwa, daß ich mit Mädchen kämpfe?«, antwortete er nie.

Wir gingen dort ein volles Jahr zur Schule, aber das einzig Neue, das ich lernte, war der Satz: »Wenn man tausend eiförmige Nullen macht, erwirbt man die Fähigkeiten eines Schriftstellers.«

Die Lehrer waren strenger als in Stamps, obwohl sie die Schüler nie mit Ruten züchtigten. Dafür schlugen sie mit dem Lineal auf die Handflächen. In Stamps waren die Lehrer freundlicher, weil sie von Negercolleges in Arkansas kamen

und privat bei Familien wohnen mußten, denn es gab keine
Hotels und Gasthäuser in der Stadt. Wenn eine Lehrerin
Besuch hatte, wenn sie nie Post bekam oder nachts allein in
ihrem Zimmer weinte, diskutierten am Wochenende sogar die
Kinder über ihre Moral, ihre Einsamkeit oder ihre Fehler im
allgemeinen. Unter den Bedingungen einer Kleinstadt, die bis
ins Privatleben vordrang, war es so gut wie unmöglich, streng
zu bleiben.
Die Lehrer in St. Louis versuchten indessen sehr gesittet zu
handeln und sprachen zu ihren Schülern von den erhabenen
Höhen der Bildung herab, in der Vortragsweise der Weißen.
Das klang bei Männern und Frauen nach meinem Vater mit
seinen *ers* und *errers*. Beim Gehen kniffen sie die Knie
zusammen und sprachen zu uns mit zusammengepreßten
Lippen, damit sie die schmutzige Luft nicht einatmen mußten,
die ihre Zuhörer verursachten.
Wir liefen an Mauern aus Briketts vorbei zur Schule und
atmeten einen entmutigten Winter lang Kohlestaub ein. Statt
»Ja, Ma'am« und »Nein, Ma'am« lernten wir »Ja« und »Nein«
sagen.
Mutter, die selten zuhause war, trafen wir gelegentlich bei
Louie's. Das war eine langgestreckte dunkle Taverne, am Ende
der Brücke, nahe bei unserer Schule. Sie gehörte zwei syrischen Brüdern. Wir kamen immer durch die Hintertür und der
Geruch nach Sägemehl, abgestandenem Bier, Wasserdampf
und gekochtem Fleisch schlug auf den Magen, als hätten wir
Mottenkugeln gegessen. Mutter hatte mein Haar geglättet und
zu einem Bubikopf geschnitten, wie sie selbst einen trug. So
fühlte sich mein Kopf rasiert an und der Hals war so nackt, daß
ich mich schämte, wenn jemand hinter mir ging. Dann drehte
ich mich blitzschnell um, als ob ich einen Überfall erwartete.
Bei *Louie's* wurden wir von Mutters Freunden »Bibbies kleine
Schätzchen« genannt und bekamen oft Saft und gekochte
Krabben. Wenn wir auf den harten Holzbänken saßen, tanzte
Mutter ganz allein zur Musik aus dem *Seeburg*. Dann liebte ich
sie sehr. Sie war wie ein hübscher Drachen, der über meinen
Kopf dahinschwebte. Wenn ich wollte, konnte ich ihn zu mir
herabziehen, indem ich sagte, ich müsse aufs Klo, oder anfing,
mit Bailey zu zanken. Ich tat weder das eine noch das andere,
aber nur die Möglichkeit löste schon zärtliche Gefühle zu ihr
aus.

Wenn sie den schweren Blues sang, den Bailey und ich ganz gut verstanden, wetteiferten die Syrerbrüder um ihre Aufmerksamkeit. Sie ließen sie nicht aus den Augen, auch wenn sie sich mit den anderen Gästen unterhielten. Ich wußte, daß die beiden hypnotisiert waren von der schönen Frau, die mit dem ganzen Körper sprach und lauter mit den Fingern schnipsen konnte, als irgendwer sonst auf der weiten Welt. Bei *Louie's* lernten wir den *Time Step*. In diesem Step haben alle schwarzen amerikanischen Tänze ihren Ursprung. Er besteht aus Serien von Schritten, Sprüngen und Pausen, verlangt ein aufmerksames Gehör, Gefühl und Kombinationsgabe. Dort in der dicken Saloonluft wurden wir Mutters Freunden vorgeführt und mußten unsere Kunst beweisen. Bailey lernte leicht und war immer der bessere Tänzer. Aber ich lernte auch. Ich ging mit derselben Entschlossenheit an den *Time-Step* heran, mit der ich alle *Time-Tabels* gemeistert hatte. Da war kein Onkel Willie und kein zischender, dickbauchiger Ofen, doch da waren Mutter und ihre lachenden Freunde, das lief auf dasselbe raus. Wir bekamen Beifall und noch mehr Saft zu trinken und Krabben zu essen, aber es sollte noch Jahre dauern, bis ich Freude und Freiheit fand, gut zu tanzen.
Mutters Brüder, unsere Onkel Tutti, Tom und Ira, waren in St. Louis allgemein bekannt. Sie hatten Jobs in der City, für Neger, wie ich heute weiß, eine beachtliche Leistung. Gebunden durch ihre Jobs und Familien traten sie selten in Erscheinung, aber sie waren berüchtigt für ihre Kaltschnäuzigkeit. Großvater hatte ihnen eingeschärft: »Jesus, wenn ihr wegen Diebstahls oder anderer Dummheiten ins Gefängnis kommt, lasse ich euch da verrotten. Aber wenn ihr verhaftet werdet, weil ihr gekämpft habt, werde ich Haus und Hof verkaufen, um euch rauszuholen.« Kein Wunder, daß sie bei derartigen Ermutigungen und ihrem explosiven Temperament so furchterregende Charaktere wurden. Unser jüngster Onkel, Billy, war noch nicht alt genug, um an ihren Heldentaten teilzunehmen. Eine ihrer spektakulärsten Eskapaden wurde zur stolzen Familienlegende.
Pat Patterson, ein großer Mann, der den Schutz eines schlechten Rufs hatte, machte den Fehler, meine Mutter zu beschimpfen als sie nachts allein auf der Straße ging. Sie erzählte das ihren Brüdern. Sie beauftragten einen ihrer Kumpane, die Straßen nach Patterson abzusuchen und sie anzurufen, wenn

er ihn gefunden hatte. Sie warteten den ganzen Nachmittag, schmiedeten Pläne im verrauchten Wohnzimmer. Von Zeit zu Zeit kam Großvater aus der Küche und sagte: »Legt ihn nicht um, hört ihr, legt ihn bloß nicht um!« Dann ging er wieder mit Großmutter Kaffee trinken.
Sie gingen in den Saloon, wo Patterson trinkend an einem kleinen Tisch saß. Onkel Tommy stellte sich an die Tür, Onkel Tutti vors Klo. Onkel Ira, der Älteste und vielleicht das Vorbild der anderen, ging auf Patterson zu. Sie zeigten offen, daß sie bewaffnet waren.
Onkel Ira sagte zu Mutter: »Bibbi, hier ist der Nigger Patterson. Komm, beiß ihn in den Arsch.«
Sie schlug ihn mit einem Polizeiknüppel derart auf den Kopf, daß er gerade noch mit dem Leben davon kam. Es gab weder eine polizeiliche Untersuchung, noch wurden sie von den Leuten geschnitten. Schließlich war es ja so, daß Großvater ihre Leidenschaftlichkeit unterstützte und Großmutter war eine fast weiße Frau, mit Beziehungen zur Polizei.
Ich gebe zu, daß mich ihre Skrupellosigkeit angenehm erregte. Sie prügelten Schwarze wie Weiße mit der gleichen Hingabe und mochten einander so sehr, daß sie nie lernen mußten, wie man Freunde gewinnt. Unter den Geschwistern war meine Mutter die einzige warmherzige, offene Person. Während unseres Aufenthalts wurde Großvater bettlägerig und seine Kinder brachten ihre Freizeit damit zu, ihm Witze und den neuesten Klatsch zu erzählen. So zeigten sie ihm ihre Liebe.
Am meisten mochte ich Onkel Tommy. Er war mürrisch und wie Großvater kaute er seine Worte. Normale Sätze brachte er so miteinander in Verbindung, daß sie wie die übelsten Flüche oder wie humoristische Poesie klangen. Er war ein Naturtalent als Komiker. Auf das Gelächter nach seinen komischen Äußerungen mußte er nie warten. Er war niemals grausam. Er war bissig.
Wir spielten neben dem Haus Handball, als Onkel Tommy um die Ecke bog. Er kam von der Arbeit. Zuerst tat er so, als ob er uns nicht sähe, dann schnappte er sich mit der Geschicklichkeit einer Katze den Ball und sagte: »Behaltet euern Hintern im Auge, dann könnt ihr in mein Team.« Wir Kinder sprangen um ihn herum, aber er brauchte nur ein paar Schritte zu machen und den Arm auszustrecken und hätte den Ball über die Lichtmasten hinweg in die Sterne befördern können.

Er sagte oft zu mir: »Ritie, mach dir nichts draus, daß du nicht schön bist. Ich hab schon schöne Frauen Gräben ausheben sehen oder Schlimmeres. Ich schwöre bei Gott, es ist besser, du hast einen klugen Kopf als einen schönen Hintern.«
Oft prahlten sie über die Blutsbande der Baxters. Onkel Tommy behauptete, sogar die Kinder fühlten sie, schon bevor sie alt genug waren, zu verstehen. Sie erinnerten sich gern daran, daß Bailey mir schon das Laufen beibrachte, als er noch nicht drei Jahre alt war. Als er mit meinen ungeschickten Bewegungen unzufrieden war, hatte er gesagt: »Das ist meine Schwester. Ich muß ihr das Laufen beibringen.« Sie erzählten mir auch, wie ich zu dem Namen *My* gekommen war. Als Bailey begriffen hatte, daß ich seine Schwester war, weigerte er sich, mich Marguerite zu nennen und rief mich *Mya Sister*. Später, als er sich besser artikulieren konnte und ein Bedürfnis nach kurzen Ausdrücken hatte, sagte er nur noch *My*. Daraus wurde dann *Maya*.
Wir wohnten mit unseren Großeltern ein halbes Jahr lang in einem großen Haus in der *Caroline Street*, bis Mutter uns zu sich nahm. Es bedeutete mir nichts, das Haus unserer Familie zu verlassen. Im großen Ablauf unseres Lebens war es nur ein Zwischenspiel. Daß andere Kinder seltener umzogen, bedeutete nur, daß unser Schicksal sich von jedem anderen auf der Welt unterschied. Das neue Haus war nicht weniger fremd als das alte, nur daß wir hier bei Mutter waren.
Bailey bestand darauf, sie *Mother Dear* zu nennen, doch in ihrer Nähe verkürzte er die Förmlichkeit auf *Muh Dear* und schließlich *M'Deah*. Ich konnte nie richtig begreifen, daß es sie wirklich gab. Sie war so hübsch und lebhaft, daß sie schon gleich nach dem Aufwachen, mit verschlafenen Augen und zerzausten Haaren, auf mich wie die Jungfrau Maria wirkte. Aber was verstehen Mutter und Tochter voneinander? Sagen sie wenigstens ja zu ihrem wechselseitigen Unverständnis?
Mutter hatte für uns einen Platz vorbereitet, den wir dankbar annahmen. Wir hatten jeder einen eigenen Raum, ein Bett mit zwei Laken, genug zu essen und fertig gekaufte Kleider zum Anziehen. Und schließlich hätte sie all das nicht tun müssen. Wenn wir ihr auf die Nerven gingen oder ungezogen waren, hätte sie uns jederzeit nach Stamps zurückschicken können. Das Gewicht dieser Einsicht und die unausgesprochene Drohung, zu Momma zurückkehren zu müssen, hingen wie ein

Klotz an mir und lähmten mein kindliches Denken. Ich wurde *Old Lady* genannt und für meine Trägheit und Redeweise aufgezogen.
Mutters Freund, Mr. Freeman, lebte bei uns oder wir bei ihm (ich wußte nie, wie ich es betrachten sollte). Er war auch ein Südstaatler und groß. Wenn er im Unterhemd herumlief, ängstigte mich seine Brust. Sie saß über den Hüften wie ein flacher Busen. Auch wenn meine Mutter keine so schöne Frau gewesen wäre, hellhäutig, mit glattem Haar, er mußte glücklich sein, sie gefunden zu haben. Sie wußte das. Schließlich kam sie aus einer angesehenen Familie und war in St. Louis geboren. Darüber war sie froh. Sie lachte ständig und machte Witze. Er war dankbar. Ich glaube, er muß sehr viel älter gewesen sein als sie, jedenfalls zeigte er die schwächliche Trägheit alter Männer, die mit jüngeren Frauen verheiratet sind. Er verfolgte jede ihrer Bewegungen und wenn sie das Zimmer verließ, erlaubten ihr seine Augen nur widerwillig, daß sie ging.

11

St. Louis blieb mir fremd. Ich konnte mich nie an das Rauschen der Klospülung gewöhnen, das Rascheln von Packpapier, die Türklingel, den Wände und Türen durchdringenden Lärm der Autos, Züge und Busse. In meiner Vorstellung hatte ich den Aufenthalt in St. Louis auf ein paar Wochen begrenzt. Als ich verstanden hatte, daß hier nicht mein Zuhause war, verdrückte ich mich in *Robin Hoods* Wald oder die Höhlen von *Alley Oop*, wo alle Wirklichkeit unwirklich war und sich täglich änderte. Ich schirmte mich mit demselben Schild ab wie in Stamps. »Ich kam nicht, um zu bleiben.«
Mutter mußte für uns sorgen. Das konnte auch heißen, daß sie andere beauftragte, für uns die Mahlzeiten zu kochen. Obwohl Krankenschwester, arbeitete sie, solange wir zusammenlebten, nie in ihrem erlernten Beruf. Das Lebensnotwendige beschaffte Mr. Freeman und sie verdiente in Spielsalons dazu, als Abheberin an Pokertischen. Ein simpler Achtstundentag war ihr zu langweilig. Erst zwanzig Jahre später sah ich sie ein einziges Mal in Schwesterntracht.
Mr. Freeman war Vorarbeiter in den Werkstätten der *Southern*

Pacific. Manchmal kam er spät nach Hause, wenn Mutter schon gegangen war. Er nahm sein Essen vom Ofen, das sie fürsorglich warm gestellt hatte. Wir durften es nicht anrühren. Er saß schweigend in der Küche, während Bailey und ich im andern Zimmer unsere *Comics* verschlangen. Seit wir Taschengeld hatten, kauften wir uns die Magazine mit den lustigen bunten Bildern. Wir hatten Mutter unser Ehrenwort gegeben, in ihrer Abwesenheit die Hausaufgaben zu machen, zu essen und abzuwaschen. Dann durften wir lesen: Der einsame Ranger, Die neusten Verbrechen, oder, Der Schatten.
Mr. Freeman bewegte sich mit der Würde eines großen Braunbären und sprach selten mit uns. Er wartete nur auf Mutter, doch das unter Einsatz der ganzen Persönlichkeit. Er las nie Zeitung, legte weder die Füße hoch noch hörte er Radio – er wartete. Nichts weiter. Kam sie nach Hause, bevor wir ins Bett gegangen waren, sahen wir den Mann aufleben. Er erhob sich aus dem großen Stuhl wie jemand, der aus dem Schlaf erwacht, lächelnd. Sekunden vorher hatte ich eine Wagentür schlagen hören, dann Mutters Schritte auf dem Betonweg. Schon wenn der Schlüssel im Schloß gedreht wurde, stellte Mr. Freeman die übliche Frage: »Hey, Bibbi, alles gutgegangen?« Seine Frage stand noch im Raum, wenn sie angesprungen kam und ihn auf den Mund küßte. Dann drehte sie sich nach Bailey und mir um und drückte uns Lippenabdrücke auf die Backen. »Habt ihr eure Aufgaben gemacht?« War das der Fall und wir lasen gerade noch: »Okay, betet jetzt und dann ab ins Bett!« Im andern Fall: »Geht in euer Zimmer und macht sie fertig. Dann betet und ab ins Bett!«
Mr. Freemans Lächeln wurde nie breiter, es hatte immer die gleiche Intensität. Manchmal ging Mutter zu ihm und setzte sich auf seinen Schoß, dann sah sein lächelndes Gesicht aus, als würde es für immer so stehenbleiben.
Von unseren Zimmern aus konnten wir hören, wie sie mit ihren Gläsern anstießen und das Radio eingeschaltet wurde. Ich glaube, wenn sie einen guten Tag hatte, tanzte sie für ihn. Denn er konnte nicht tanzen, doch hörte ich manchmal vor dem Einschlafen rhythmische Schritte.
Mr. Freeman tat mir sehr leid. Er tat mir so leid wie ein Wurf hilfloser kleiner Schweine in unserm Stall in Arkansas. Wir mästeten jedes Jahr Schweine, die beim ersten starken Frost geschlachtet wurden und so sehr mir die niedlichen kleinen

Dinger, die mit den Schwänzen wackelten, auch leid taten, ich wußte doch, wie gut mir die frische Wurst und die Schweinskopfsülze schmeckten, die ich nur durch ihren Tod bekommen konnte.
Durch die unheimlichen Geschichten, die wir lasen, durch unsere lebhafte Einbildungskraft und vermutlich auch durch die Erinnerungen unseres kurzen, aber bewegten Lebens wurden Bailey und ich krank – er physisch, ich psychisch. Er stotterte und ich wälzte mich in schrecklichen Alpträumen. Er wurde ständig aufgefordert, langsamer zu reden und nochmal von vorn anzufangen und Mutter holte mich, wenn ich eine besonders schlimme Nacht hatte, zu sich und Mr. Freeman ins große Bett.
Aufgrund ihres Bedürfnisses nach Stabilität sind Kinder Gewohnheitstiere. Als ich zum dritten Mal in Mutters Bett geschlafen hatte, kam mir das ganz normal vor.
Eines Morgens stand sie wegen eines Auftrags früh auf und ich schlief wieder ein. Ich wachte mit einem Druck, einem seltsamen Gefühl an meinem linken Bein auf. Es war zu weich für eine Hand und ein Kleidungsstück konnte es auch nicht sein. Was immer es sein mochte, in all den Jahren, in denen ich bei Momma geschlafen hatte, hatte ich ein solches Gefühl nie gehabt. Ich bewegte mich nicht, war auch zu überrascht. Ich drehte den Kopf etwas nach links, um zu sehen, ob Mr. Freeman schon aufgewacht und gegangen war. Aber er lag mit offenen Augen da, beide Hände über der Decke. Als ob ich es schon die ganze Zeit gewußt hätte, war mir plötzlich klar, daß das da an meinem Bein sein »Ding« sein mußte.
Er sagte: »Bleib nur da, Ritie, ich tu dir nicht weh.« Ich hatte keine Angst. Vielleicht war ich ein wenig besorgt, aber Angst hatte ich nicht. Natürlich wußte ich, daß alle möglichen Leute »es machten« und daß sie dafür ihr »Ding« benutzten, aber von den Leuten, die ich kannte, hatte es niemals irgendwer mit irgendwem gemacht. Mr. Freeman zog mich an sich ran und legte mir die Hand zwischen die Beine. Er tat mir nicht weh, aber Momma hatte mir eingeschärft: »Halt die Beine geschlossen und laß niemanden deine Muschi sehen.«
»Na, was, ich hab dir doch nicht wehgetan. Sei doch nicht erschrocken.« Er zog die Decke weg und sein »Ding« stand da wie ein brauner Maiskolben. Er nahm meine Hand und sagte: »Fühl mal.« Es war weich und eklig, wie Innereien eines frisch

geschlachteten Huhns. Dann zerrte er mich mit dem linken Arm auf die Hüften. Seine rechte Hand bewegte sich so schnell und sein Herz schlug so fest, daß ich dachte, er müsse sterben. In Geistergeschichten hieß es, daß Sterbende alles losließen, was sie gerade in der Hand hatten. Ich fragte mich, wie ich je wieder freikommen sollte, wenn Mr. Freeman starb und mich trotzdem festhielt.

Schließlich wurde er ruhig und es begann der angenehme Teil. Er hielt mich so sanft, daß ich wünschte, er ließe mich nie mehr los. Ich fühlte mich zuhause. Diese Art festgehalten zu werden machte mich sicher, daß er mich weder gehenlassen noch zulassen würde, daß mir ein Leid geschah. Vermutlich war er mein echter Vater und wir hatten uns endlich gefunden. Aber dann rollte er sich auf die Seite, ließ mich auf einer nassen Stelle liegen und stand auf. »Ich muß mit dir reden, Ritie.« Er hatte die Shorts, die ihm auf die Knöchel gerutscht waren, ausgezogen und ging ins Badezimmer. Sicher, das Bett war naß, aber ich wußte, daß das nicht mir passiert war. Vielleicht Mr. Freeman, als er mich festgehalten hatte. Er kam mit einem Glas Wasser zurück und sagte verärgert: »Steh auf! Du hast ins Bett gemacht.« Er schüttete Wasser auf die nasse Stelle und nun sah es aus wie an so manchem Morgen auf meiner Matratze.

Da ich in südlicher Strenge gelebt hatte, wußte ich, wann man gegenüber Erwachsenen zu schweigen hat, aber ich wollte ihn unbedingt fragen, warum er behauptete, daß ich gepißt hätte. Denn ich war mir sicher, daß er selber nicht daran glaubte. Glaubte er, daß ich ungezogen war und würde er mich nun nie wieder festhalten? Würde er leugnen, daß er mein Vater war? Ich mußte etwas getan haben, dessen er sich schämte. »Ritie, liebst du Bailey?« Er setzte sich aufs Bett und ich kam hoffnungsvoll näher. »Ja!« Er beugte sich runter und zog seine Socken an. Sein Rücken war so breit und vertraut, daß ich meine Hand darauf legen wollte.

»Wenn du jemals irgendwem erzählst, was wir gemacht haben, muß ich Bailey umbringen!«

Was hatten wir denn gemacht? Wir? Offenbar meinte er jetzt nicht, daß ich ins Bett gepißt hätte. Ich verstand nicht und wagte nicht nachzufragen. Es mußte irgendwas mit dem Festhalten zu tun haben. Bailey konnte ich auch nicht fragen, sonst hätte ich ja erzählen müssen, was wir getan hatten. Der

Gedanke, er könnte Bailey umbringen, lähmte mich. Als er den Raum verlassen hatte, überlegte ich, ob ich Mutter sagen sollte, daß ich nicht ins Bett gepißt hatte. Aber auf die Frage, was passiert sei, hätte ich ihr antworten müssen, daß Mr. Freeman mich festgehalten hatte und das ging nicht.
Es war immer dasselbe Dilemma. Ich hatte es nie anders erlebt. Da war eine Armee von Erwachsenen, deren Motive und Handlungsweisen ich einfach nicht verstehen konnte und die ihrerseits keine Anstrengung machten, meine zu verstehen. Es war nie mein Problem, daß ich Mr. Freeman etwa nicht leiden konnte, ich verstand ihn einfach nicht.
Noch Wochen danach redete er nicht mit mir, abgesehen von einem mürrischen ›Hallo‹ ohne mich anzusehen. Es war das erste Geheimnis, das ich vor Bailey hatte. Manchmal glaubte ich, daß er es mir an der Nasenspitze ansah, doch er bemerkte nichts.
Ohne Mr. Freeman und seine große Umarmung begann ich mich einsam zu fühlen. Vorher hatte meine Welt aus Bailey, dem Essen, Momma, dem Laden, Bücherlesen und Onkel Willie bestanden. Jetzt gehörte zum ersten Mal körperliche Berührung dazu.
Ich begann zu warten, daß Mr. Freeman von der Arbeit nach Hause kam, aber wenn er schließlich da war, betrachtete er mich nicht, obwohl ich viel Gefühl in mein »Guten Abend, Mr. Freeman« legte.
Eines Abends, als ich mich auf nichts konzentrieren konnte, ging ich zu ihm und setzte mich überfallartig auf seinen Schoß. Er wartete wieder auf Mutter, während Bailey sich »Der Schatten« anhörte und mich nicht vermißte. Erst saß Mr. Freeman ganz still, faßte mich weder an noch sonstwas. Dann spürte ich, wie sich unter meinen Schenkeln eine weiche Beule zu bewegen begann. Sie drückte sich gegen mich und fing an, hart zu werden. Dann preßte er mich gegen die Hüfte. Ich roch den Kohlestaub, seinen Schweiß und war ihm so nahe, daß ich mein Gesicht in sein Hemd vergrub und sein Herz für mich schlagen hörte. Wenn ich nur dieses Hämmern hören konnte, dieses Pochen an meinem Ohr! Er sagte: »Sitz still, hör auf, rumzuräkeln.« Aber die ganze Zeit drückte er mich auf seinem Schoß herum. Dann stand er plötzlich auf und ich rutschte auf den Fußboden. Er rannte ins Bad.
Wieder redete er monatelang nicht mit mir. Das verletzte mich

und ich fühlte mich eine Zeitlang einsamer denn je. Aber dann vergaß ich ihn und sogar die Erinnerung an dieses Festgehaltenwerden versank in der allgemeinen Dunkelheit hinter den großen Lichtern der Kindheit.
Ich las mehr als je zuvor und wünschte von ganzem Herzen, ich wäre als Junge geboren worden. Für mich war Horatio Alger der größte Schriftsteller der Welt. Seine Helden waren stets gut, siegten immer und waren Jungen. Die beiden ersten Eigenschaften konnte ich entwickeln, aber es war sicher sehr schwierig ein Junge zu werden, wenn nicht unmöglich.
Die lustigen Sonntagsgeschichten beeinflußten mich und obwohl ich die starken Helden bewunderte, die am Ende immer die Oberhand gewannen, identifizierte ich mich mit *Tiny Tim*. Auf der Toilette, wohin ich die Hefte immer mitnahm, war es quälend, die vielen Seiten zu überschlagen um ans Ende zu kommen und zu sehen, wie er sein neustes Abenteuer schließlich meisterte. Jeden Sonntag weinte ich erlöst, wenn er den Übeltätern entkam und aus jeder scheinbaren Niederlage vergnügt und freundlich wie immer hervorging. Die *Katzenjammer Kids* machten auch viel Spaß, weil sie die Erwachsenen immer so dumm aussehen ließen. Doch für meinen Geschmack waren sie etwas zu neunmalklug.
Mit dem ersten Frühling in St. Louis erhielt ich meine erste Bibliothekskarte. Bailey und ich schienen uns verschieden zu entwickeln. Ich verbrachte die meisten Sonntage in der Bücherei (ohne Unterbrechung) und atmete die Luft einer Welt, in der arme Schuhputzerjungen, die keinen Penny in der Tasche hatten, durch Ehrlichkeit und Ausdauer reiche, reiche Männer wurden und an Feiertagen den Armen Präsentkörbe überreichten. Die kleinen Prinzessinnen, die aus Versehen Mägde geworden waren, die verlorenen Kinder, die man vor langer Zeit ausgesetzt hatte, waren meiner Wirklichkeit viel näher als unser Haus, unsere Mutter, unsere Schule oder Mr. Freeman.
Im Verlauf dieser Monate sahen wir auch unsere Großeltern, unsere Onkel (die einzige Tante war nach Kalifornien gezogen, um dort ihr Glück zu machen), aber sie fragten üblicherweise immer dasselbe: »Wart ihr auch schön artig?« Darauf gab es nur eine Antwort. Selbst Bailey wagte nicht, nein zu sagen.

12

An einem Sonnabend im späten Frühjahr gingen Bailey und ich hinaus, nachdem wir unsere Pflichten (sie waren mit denen in Stamps nicht zu vergleichen) erledigt hatten. Er wollte Baseball spielen und ich wollte in die Bücherei. Bailey war schon die Treppe runter, da sagte Mr. Freeman zu mir: »Ritie, geh und hol uns die Milch.«
Normalerweise brachte Mutter die Milch mit. Aber als wir an diesem Morgen das Wohnzimmer aufräumten, sahen wir durch die offene Schlafzimmertür, daß sie nicht nach Hause gekommen war. Er gab mir Geld und ich lief schnell in den Laden und wieder zurück. Ich legte die Milch ins Kühlfach, drehte mich um und war schon an der Tür, als ich ihn rufen hörte. Er saß auf dem großen Stuhl neben dem Radio. »Ritie, komm her.« Ich dachte nicht an die alten Geschichten, bis ich vor ihm stand. Seine Hose war offen und sein »Ding« stand, ganz von allein.
»No, Sir, Mr. Freeman!« Ich ging rückwärts. Ich wollte dieses glitschige Ding nicht noch einmal anfassen und hatte es nicht mehr nötig, daß er mich im Arm hielt. Er packte meinen Arm und zerrte mich zwischen die Beine. Sein Gesicht war ruhig und sah freundlich aus, doch weder lächelte er noch blinzelte er mit den Augen. Nichts. Ohne hinzusehen streckte er die linke Hand aus und drehte das Radio an. Durch den Geräuschepegel aus Musik und Störungen hindurch sagte er: »Na, komm, es wird dir nicht sehr weh tun. Du hast das damals doch gemocht, nicht?« Ich wollte nicht zugeben, daß mir seine Umarmung tatsächlich gefallen hatte, auch sein Geruch und das heftige Herzklopfen, also sagte ich gar nichts. Sein Gesicht nahm den Ausdruck eines dieser primitiven Wilden an, mit denen *Phantom* ständig zu kämpfen hatte.
Seine Beine drückten gegen meine Hüften. »Zieh deinen Schlüpfer aus.« Ich zögerte aus zwei Gründen: Er hielt mich zu fest, als daß ich mich hätte bewegen können, und ich war sicher, daß jeden Moment Bailey oder die *Grüne Hornisse* auf der Schwelle stehen und mich retten würde.
»Vorher haben wir nur ein bißchen gespielt.« Er ließ mir jetzt genug Bewegungsfreiheit, daß ich meine Unterhose ausziehen konnte, danach zog er mich noch enger an sich. Während er das Radio lauter drehte, viel zu laut, sagte er: »Wenn du schreist,

bringe ich dich um. Und wenn du irgendwas erzählst, bringe ich Bailey um.« Ich wußte nicht, was das zu bedeuten hatte. Ich verstand nicht, warum er meinen Bruder töten wollte. Keiner von uns hatte ihm etwas getan. Und dann.
Dann kam der Schmerz. Ein Bruch, das Eindringen, das die Sinne nahm. Die Vergewaltigung eines achtjährigen Körpers: das Nadelöhr, durch das ein Kamel nicht gehen kann. Das Kind gibt, denn der Körper ist fähig dazu und nur das Bewußtsein des Peinigers ist blind.
Ich glaubte, ich sei gestorben. Ich wachte in einer Welt auf, wo alle Wände weiß waren, das mußte der Himmel sein. Aber da war Mr. Freeman und wusch mich. Seine Hände zitterten, aber er hielt mich in der Wanne aufrecht und wusch meine Beine. »Ich wollte dir nicht wehtun Ritie, wirklich nicht. Aber sag ja nichts... verstehst du, erzähl keiner Seele was.«
Ich fühlte mich kalt, sehr sauber und ein bißchen müde. »No, Sir, Mr. Freeman, ich sage nichts.« Irgendwie war ich über den Dingen. »Ich bin nur ein bißchen müde und möchte mich etwas hinlegen, bitte.« Ich flüsterte. Ich glaubte, wenn ich laut spräche, könnte er erschrecken und mir wieder wehtun. Er trocknete mich ab und gab mir meine Unterhose. »Zieh dich an und geh in die Bibliothek. Deine Mutter wird bald nach Hause kommen. Verhalt dich ganz normal.«
Als ich die Straße entlangging spürte ich die Nässe in der Hose und die Hüften schienen aus ihren Gelenken zu fallen. Ich konnte nicht lange auf dem harten Stuhl in der Bücherei sitzen (er war eigens für Kinder konstruiert worden), so ging ich zum unbebauten Grundstück, wo Bailey immer Ball spielte. Er war aber nicht dort. Ich stand eine Weile herum und sah den großen Jungen zu, die auf dem staubigen Spielfeld herumsprangen, dann lief ich nach Hause.
Nach zwei Blocks merkte ich, daß ich es nie schaffen würde. Ich begann, die Schritte zu zählen und trat auf jede Pflasterfuge. Zwischen meinen Beinen brannte es jetzt stärker als damals, als ich *Sloanes* Einreibemittel im Selbstversuch erprobt hatte. Ein Hämmern in den Beinen, im Innern meiner Oberschenkel pochte es sogar mit derselben Stärke, in der Mr. Freemans Herz geschlagen hatte. Poch... ein Schritt... poch... ein Schritt... ein Tritt auf die Fuge... poch... ein Schritt. Ich stieg die Treppe hinauf, eine Stufe nach der anderen, eine und noch eine. Im Wohnzimmer war niemand, ich ging also gleich ins

Bett. Meinen rot und gelb gefleckten Schlüpfer versteckte ich unter der Matratze.
Als Mutter kam, sagte sie: »Na sowas, junge Dame. Das ist wohl das erste Mal, daß ich dich von allein ins Bett gehen sehe. Du bist doch nicht etwa krank?« Ich war nicht krank, aber meine Bauchhöhle stand in Flammen. Wie konnte ich es sagen? Später kam Bailey und fragte, was los sei. Ich konnte ihm nichts sagen. Als Mutter uns zum Essen rief, sagte ich, ich sei nicht hungrig. Sie legte mir ihre kühle Hand auf Stirn und Backen. »Vielleicht sind es die Masern. Es heißt, daß sie in der Nachbarschaft grassieren.« Nachdem sie meine Temperatur gemessen hatte, sagte sie: »Du hast ein bißchen Fieber. Es werden die Masern sein.«
Mr. Freeman füllte die ganze Tür aus. »Dann soll Bailey nicht bei ihr rumsitzen. Sonst hast du das Haus voll mit kranken Kindern.« Sie antwortete über die Schulter: »Früher oder später kriegt er sie sowieso. Je früher desto besser.« Sie schob Mr. Freeman beiseite, als ob er aus Baumwolle wäre. »Komm, Junior, hol ein paar saubere Handtücher und wisch deiner Schwester die Stirn ab.« Als Bailey das Zimmer verlassen hatte, näherte sich Mr. Freeman dem Bett. Er lehnte sich über mich, sein Gesicht eine einzige Drohung, an der ich fast erstickt wäre. »Wenn du was verrätst...« Und noch einmal, so leise, daß ich fast nichts hörte: »Wenn du was verrätst...« Ich brachte nicht mehr die Kraft auf, ihm zu antworten. Bailey kam mit den Handtüchern und Mr. Freeman ging hinaus.
Später machte mir Mutter einen Brei und setzte sich auf die Bettkante, um mich zu füttern. Die zähe Flüssigkeit quoll mir durch die Speiseröhre, als seien es Knochen. Bauch und Hintern waren schwer wie kaltes Eisen, doch der Kopf schien weggeflogen zu sein, auf meinen Schultern saß nichts als reine Luft. Bailey las mir aus den *Rover Boys* vor bis er müde wurde und ins Bett ging.
In der Nacht lag ich wach und hörte Mutter und Mr. Freeman streiten. Ich konnte nicht verstehen, was sie sagten, ich hoffte nur, daß sie ihn nicht so sehr reizte, daß er auch ihr wehtat. Ich wußte, daß er dazu fähig war, kalten Gesichts und mit leeren Augen. Ihre Stimmen wurden schneller und schneller, die hohen Töne folgten den tiefen, Schlag auf Schlag. Am liebsten wäre ich hingegangen. Einfach so, als ob ich auf die Toilette wollte. Ich wollte ihnen einfach mein Gesicht zeigen, damit sie

aufhörten, aber ich konnte die Beine nicht bewegen. Zehen und Füße waren beweglich, aber die Knie wie aus Holz.
Vielleicht war ich doch noch eingeschlafen, jedenfalls kam bald der Morgen und Mutter beugte sich über mein Bett. »Wie fühlst du dich, Baby?« »Fein, Mutter«, antwortete ich instinktiv, »wo ist Bailey?« Sie sagte, er schlafe noch, aber sie habe die ganze Nacht kein Auge zugemacht. Immer wieder sei sie in mein Zimmer gekommen, um nach mir zu sehen. Ich fragte sie, wo Mr. Freeman sei und Zorn stieg ihr wieder ins Gesicht. »Er ist weg. Heute morgen ist er gegangen. Wenn ich dich mit Weizencreme eingerieben habe, messe ich dir nochmals die Temperatur.«
Konnte ich es ihr jetzt erzählen? Die schrecklichen Schmerzen sagten mir, daß ich es nicht konnte. Wenn Gott diese Schmerzen zuließ, mußte es sehr böse gewesen sein, was er mit mir gemacht und was ich zugelassen hatte. Daß Mr. Freeman fortgegangen war, bedeutete das auch, daß Bailey außer Gefahr war? Wenn ja, konnte ich ihm alles erzählen, aber würde er mich dann noch lieben?
Nachdem Mutter meine Temperatur gemessen hatte, sagte sie, sie wolle sich eine Weile hinlegen. Ich solle sie aber wecken, wenn ich mich schlechter fühlte. Sie beauftragte Bailey, drauf zu achten, ob sich in meinem Gesicht oder an den Armen Pusteln zeigten, die wolle sie dann mit Zinksalbe behandeln.
In meiner Erinnerung kommt und geht dieser Sonntag wie eine falsche Verbindung bei einem Überseegespräch. Bailey las mir aus den *Katzenjammer Kids* vor, dann beobachtete Mutter mein Gesicht, ohne sich eine Pause oder Schlaf zu gönnen. Schweiß lief mir die Backen herunter, ich bekam ihn in den Mund und mußte husten. Dann kam ein Arzt, der meine Temperatur maß und den Puls fühlte.
»Bailey!« Ich hatte vermutlich geschrien, so schnell war er da. Ich bat ihn, mir zu helfen, mit mir nach Kalifornien, Frankreich oder Chikago abzuhaun. Denn ich wußte, daß ich sterben mußte, sehnte den Tod wirklich herbei, aber ich wollte nicht in Mr. Freemans Nähe sterben. Ich wußte, daß er selbst jetzt meinen Tod nicht zulassen würde, es sei denn, er selbst führte ihn herbei.
Mutter sagte, ich solle gebadet werden, sie müsse das Leinen wechseln, weil ich soviel geschwitzt hatte. Aber als sie versuch-

ten, mich aus dem Bett zu heben, kämpfte ich und nicht einmal Bailey konnte mich festhalten. Da nahm sie mich in die Arme und die Panik ließ eine Weile nach. Bailey begann, das Bett zu machen. Als er die unterste Decke wegzog, kam die Unterhose zum Vorschein, die ich unter der Matratze versteckt hatte. Sie fiel Mutter direkt vor die Füße.

13

Als ich im Krankenhaus lag, erklärte mir Bailey, ich müsse unbedingt sagen, wer mir das angetan hatte, sonst werde der Kerl ein anderes kleines Mädchen verletzen. Ich sagte ihm, ich könne nichts verraten, der Mann werde ihn sonst umbringen. Bailey sagte überlegen: »Er kann mich nicht töten. Ich lasse ihn nicht!« Natürlich glaubte ich ihm. Bailey log mich nicht an. Ich sagte es ihm.
Bailey weinte an meinem Bett, bis auch ich begann. Fast fünfzehn Jahre vergingen, bis ich meinen Bruder noch einmal so weinen sah.
Er nahm das bißchen alten Verstand, mit dem er geboren war, zusammen (das waren später seine Worte, noch am selben Tag) und gab die Information an Großmutter Baxter weiter. Mr. Freeman wurde verhaftet und so vor dem Zorn meiner Onkel geschützt. Mir wäre es nur recht gewesen, den Rest meines Lebens im Hospital zu verbringen. Mutter brachte Blumen und Süßigkeiten. Großmutter kam mit Obst und meine Onkel standen ums Bett herum und schnaubten wie wilde Pferde. Wenn sie es schafften, Bailey reinzuschmuggeln, las er mir stundenlang vor.
Die Redensart, daß aus Leuten, die nichts zu tun haben, Wichtigtuer werden, enthält nicht die ganze Wahrheit. Auch Sensationen sind eine Droge und Menschen, deren Leben voller Gewalttätigkeit ist, warten immer auf den nächsten »Schuß«.
Der Gerichtssaal war voll. Eine Reihe Leute standen sogar hinter den kirchenartigen Bänken. Das Stammpublikum bewegte sich teilnahmslos, wie alte Männer. Auffällig waren Großmutter Baxters Bekannte erschienen, in bunter Aufmachung. Die Spieler trugen gestreifte Hemden und ihre grell geschminkten Frauen flüsterten mir aus blutroten Mündern

zu, jetzt wisse ich genausoviel, wie sie. Ich war acht und erwachsen. Sogar die Schwestern im Krankenhaus hatten behauptet, ich hätte jetzt nichts mehr zu befürchten. »Das Schlimmste ist vorbei für dich«, hatten sie gesagt. So brachte ich alle grinsenden Mäuler zum Sprechen.
Ich saß bei meiner Familie (Bailey konnte nicht kommen) und alle saßen still auf ihren Plätzen wie schwere graue kalte Grabsteine, massiv und unbeweglich für immer.
Der arme Mr. Freeman rutschte auf seinem Stuhl hin und her und warf mir Blicke zu, leere Drohungen. Er hatte ja keine Ahnung, daß er Bailey nicht töten konnte... Bailey log nicht... mich log Bailey nicht an.
»Was trug der Angeklagte?« Das war Mr. Freemans Anwalt.
»Ich weiß es nicht.«
»Du willst uns also sagen, dieser Mann hat dich vergewaltigt und du weißt nicht, was er anhatte?« Er kicherte, als ob ich Mr. Freeman vergewaltigt hätte. »Weißt du überhaupt, ob du vergewaltigt worden bist?«
Ein Geräusch hallte durch den Gerichtssaal. (Ich war sicher, es war Gelächter.) Ich war froh, daß Mutter mir erlaubt hatte, den marineblauen Wintermantel mit den Messingknöpfen zu tragen. Obwohl er zu kurz war und in St. Louis das übliche milde Wetter herrschte, war der Mantel wie ein Freund, der mich in fremder und unfreundlicher Umgebung umarmte.
»Wann hat dich der Angeklagte zum ersten Mal berührt?« Die Frage verwirrte mich. Sicher hatte Mr. Freeman etwas sehr Böses getan, aber ich war überzeugt, daß ich ihm geholfen hatte. Ich wollte nicht lügen, aber der Anwalt ließ mich nicht nachdenken, so zog ich mich auf das Schweigen zurück.
»Hat der Angeklagte versucht, dich anzufassen, bevor er dich – deiner Meinung nach jedenfalls – vergewaltigt hat?«
Ich konnte nicht ja sagen und erzählen, wie er mich einmal ein paar Minuten lang geliebt hatte, wie er mich umarmt hatte bevor er glaubte, ich hätte ins Bett gepißt. Meine Onkel würden mich umbringen und Großmutter Baxter würde nicht mehr mit mir reden, wie so oft, wenn sie zornig war. All die Leute im Gericht würden mich steinigen, wie die Hure in der Bibel gesteinigt worden war. Und Mutter, die mich für ein so gutes Kind hielt, wäre sicher sehr enttäuscht. Aber am wichtigsten war Bailey. Vor ihm hatte ich das große Geheimnis.
»Marguerite, beantworte die Frage. Hat der Angeklagte dich

vor dem Ereignis, von dem du behauptest, daß es Vergewaltigung war, berührt?«
Jeder im Gericht wußte, daß die Antwort »Nein« lauten mußte. Jeder, außer Mr. Freeman und mir. Ich sah in sein finsteres Gesicht, das mich zu bitten schien, nein zu sagen. Ich sagte nein.
Die Lüge würgte mich wie ein Kloß im Hals und ich bekam keine Luft mehr. Ach, wie ich ihn verabscheute, diesen Mann, der mich lügen machte. Widerlicher alter schwarzer Kerl. Anders als sonst erleichterten mich die Tränen nicht. Ich schrie es heraus: »Alter widerlicher schmutziger Kerl, du. Schmutziges altes Ding!« Unser Rechtsanwalt führte mich aus dem Zeugenstand in Mutters Arme. Daß ich durch eine Lüge dorthin gelangt war, wo ich mich schon die ganze Zeit am liebsten aufgehalten hätte, machte die Sache nicht angenehmer.
Mr. Freeman wurde zu einem Jahr und einem Tag verurteilt, mußte seine Haft aber nie absitzen. Sein Anwalt (oder wer auch immer) bekam ihn noch am selben Nachmittag frei.
Bailey und ich lagen im kühlen Schatten des Wohnzimmers auf dem Boden und spielten Monopoly. Ich spielte schlecht, denn ich dachte darüber nach, wie ich Bailey wohl beibringen konnte, daß ich gelogen hatte und, was noch schlimmer für unsere Beziehung war, daß ich vor ihm ein Geheimnis gehabt hatte. Als es an der Tür läutete, öffnete Bailey, weil Großmutter in der Küche war. Ein hochgewachsener weißer Polizist fragte nach Mrs. Baxter. Waren sie dahintergekommen, daß ich gelogen hatte? Vielleicht kam dieser Polizist, um mich ins Gefängnis zu stecken, denn ich hatte mit der Hand auf der Bibel geschworen, die Wahrheit zu sagen, die reine Wahrheit und nichts als die Wahrheit, so wahr mir Gott helfe. Der Mann im Wohnzimmer war größer als der Himmel und weißer als Gott, wie ich ihn mir vorstellte. Ihm fehlte nur der Bart.
»Mrs. Baxter, ich denke, Sie sollten es wissen. Man hat Freeman auf dem Gelände hinterm Schlachthof gefunden, tot.«
Sanft, als diskutierte sie über eine kirchliche Veranstaltung, sagte sie: »Armer Mann.« Sie wischte sich am Tischtuch die Hände ab und fragte genauso sanft: »Weiß man, wer es getan hat?«
Der Polizist antwortete: »Es scheint, man hat ihn dort nur hingelegt. Einige sagen, er sei totgetrampelt worden.« Großmutters Farbe veränderte sich kaum. »Vielen Dank, Tom, daß

Sie mir Bescheid gesagt haben. Armer Mann. Vielleicht ist es besser so. Er *war* ein verrückter Hund. Möchten Sie ein Glas Limonade? Oder Bier?«
Er sah zwar harmlos aus, aber ich wußte, er war ein furchtbarer Engel, erschienen, um mir meine vielen Sünden vorzuhalten.
»Nein danke, Mrs. Baxter. Bin im Dienst und muß zurück.«
»Schön. Sagen Sie Ihrer Mutter, daß ich mein Bier holen komme und sie soll mir etwas Kraut aufheben.«
Und der Verkündigungsengel ging seiner Wege. War fort und ein Mann war tot, weil ich gelogen hatte. War das ausgleichende Gerechtigkeit? Keine Lüge war ein Menschenleben wert! Bailey hätte mir alles erklären können, aber ich wagte nicht, ihn zu fragen. Offenbar hatte ich meinen Platz im Himmel unwiderruflich verspielt, ich war ausgeweidet wie die Puppe, die ich vor Jahren zerrissen hatte. Christus selbst hatte Satan den Rücken zugewandt. Würde er auch mir den Rücken zuwenden? Ich konnte spüren, wie die Schlechtigkeit durch meinen Körper strömte, auf den Ausbruch wartete, drohte, mir mit jedem Wort von der Zunge zu springen. Wenn sie entkam, würde sie nicht die Welt und alle unschuldigen Menschen überfluten?
Großmutter Baxter sagte: »Ritie und Junior, ihr habt nichts gehört! Ich möchte weder über diese Angelegenheit etwas hören, noch daß der Name dieses schlechten Menschen je wieder in meinem Haus ausgesprochen wird. Laßt euch das ein- für allemal gesagt sein.« Sie ging zurück in die Küche, wo sie einen Apfelstrudel für mein Fest machte.
Sogar Bailey hatte Angst. Er sprach zu sich selbst: den Tod eines Mannes zu sehen ist ein Katzenblick auf den Wolf. Ich verstand das nicht ganz, aber es machte auch mir Angst. In solchen Augenblicken war ich überzeugt, daß Bailey mir nicht helfen konnte, so sehr er mich liebte. Ich war an den Teufel verkauft und es gab kein Entrinnen. Meine einzige Chance war, mit keinem Menschen zu sprechen, Bailey ausgenommen. Von ihm wußte ich instinktiv, daß ich ihn nicht verletzen konnte, weil ich ihn innig liebte. Aber jeder andere, mit dem ich sprach, war vom Tod bedroht. Allein der Atem, der mit meinen Worten nach außen drang, konnte die Leute vergiften, die sich in Krämpfen wanden und starben wie fette schwarze Schnecken, die sich nur scheintot stellten. Ich mußte aufhören zu sprechen.
Ich entdeckte, daß ich mich wie ein Schmarotzer an die Töne heften mußte, um vollkommenes persönliches Schweigen zu

erreichen. Vermutlich hoffte ich, die Welt würde still, wenn ich alle Töne genau gehört und tief in die Ohren versenkt hatte. Ich ging in Räume, wo Leute lachten, wo ihre Stimmen wie Stein gegen die Wand prallten und stand einfach still, in der Mitte des Geräuschpegels. Nur ein oder zwei Minuten und von ihrem Versteck aus eroberte die Stille den Raum. Ich hatte alle Geräusche aufgefressen.

Meine Familie akzeptierte dieses Verhalten in den ersten Wochen als Folgeerscheinung von Vergewaltigung und Krankenhausaufenthalt. (Im Haus meiner Großmutter, wo Bailey und ich wieder wohnten, wurde weder dieser Begriff, noch sein Inhalt erwähnt.) Man verstand, daß ich nur mit Bailey und keinem sonst reden konnte.

Dann kam es zum letzten Besuch der Krankenschwester und der Arzt sagte, ich sei geheilt. Das hieß, daß ich wieder auf die Straße gehen und Handball spielen sollte oder die Spiele, die mir während meiner Krankheit geschenkt worden waren. Als ich mich weigerte, das Kind zu sein, das sie kannten und akzeptierten, hielten sie mich für frech und mein Schweigen für Aufsässigkeit. Eine Zeitlang wurde ich dafür bestraft, daß ich so eingebildet war, nicht zu sprechen. Schließlich wurde ich von jedem Verwandten verdroschen, der sich von mir angegriffen fühlte.

Im Zug auf dem Rückweg nach Stamps war diesmal ich es, die Bailey trösten mußte. Er weinte sich im Abteil das Herz aus und preßte seinen kleinen Körper gegen die Fensterscheibe, um einen letzten flüchtigen Blick auf seine liebe Mutter zu werfen.

Ich habe nie erfahren, ob Momma nach uns geschickt hatte oder ob die Familie in St. Louis meine Verbitterung allmählich satt hatte. Es gibt nichts Entsetzlicheres als ein Kind, das ständig mürrisch ist.

Über die Fahrt machte ich mir kaum Gedanken, mehr darüber, daß Bailey so unglücklich war. Unser Zielort war so unproblematisch wie ein Gang auf die Toilette.

14

Die Öde von Stamps war genau, was ich brauchte, ohne daß ich es wollte oder daß es mir bewußt war. Nach dem Lärm und der Betriebsamkeit von St. Louis, den Lastwagen und Bussen, den lauten Familientreffen, taten mir die dunklen Gassen und die

einfachen Häuser mit ihren tiefen schattigen Höfen gut. Der Fatalismus ihrer Bewohner gab mir Kraft, mich auszuruhen. Ihre Zufriedenheit beruhte auf dem Glauben, daß sie nichts mehr zu erwarten hatten, ihre Ansprüche hatten sie aufgegeben. Ihre Haltung, sich mit den Ungleichheiten im Leben abzufinden, war lehrreich für mich. Als ich den Boden von Stamps betrat, hatte ich das Gefühl, die Grenzen der Landkarten zu überschreiten und ohne Angst hinter das Ende der Welt zu fallen. Es konnte nichts mehr geschehen, denn es geschah nichts in Stamps.
In diese Larve verkroch ich mich.
Für eine unbestimmte Zeit wurde von Bailey und mir nichts verlangt. Immerhin waren wir Mrs. Hendersons kalifornische Enkelkinder und hatten eine sagenhafte Reise in den Norden hinter uns, in die glänzende Stadt St. Louis. Ein Jahr vorher war unser Vater aufgetaucht, fuhr einen großen hochglänzenden Wagen und sprach *King's* Englisch mit breitem urbanem Akzent. So konnten wir monatelang still herumliegen und die Früchte unserer Abenteuer genießen.
Bauern und Mägde, Köche und Hilfsarbeiter, Zimmerleute und alle Kinder der Stadt brachen zu regelrechten Pilgerfahrten in den Laden auf, »nur, um mal die Weitgereisten zu sehen«.
Wie ausgeschnittene Kartenspielfiguren standen sie herum, fragten: »Na, wie ist der Norden denn so?«
»Habt ihr welche von den großen Gebäuden gesehen?«
»Seid ihr mal mit 'nem Fahrstuhl gefahren?«
»Hattet ihr keine Angst?«
»Sind die Weißen anders als man erzählt?«
Bailey übernahm die Beantwortung einer jeden Frage und von der Warte seiner lebhaften Fantasie aus entwickelte er ein Unterhaltungsprogramm, das ihm sicher ebenso unwahrscheinlich vorkam wie mir. Wie gewöhnlich redete er sehr deutlich. »Im Norden gibt es Gebäude, die sind so hoch, daß man im Winter monatelang die obersten Stockwerke nicht sehen kann.«
»Is nich wahr!«
»Sie haben Wassermelonen, doppelt so groß wie ein Kuhkopf und süßer als Syrup.« Ich kann mich genau an sein angestrengtes Gesicht und die Faszination seiner Zuhörer erinnern. »Und wenn du die Anzahl von Kernen in der Wassermelone richtig schätzt, bevor du sie aufgemacht hast, kriegst du 'ne Million

Dollar und ein neues Auto.« Momma, die Bailey kannte, warnte: »Du, Junior, sei vorsichtig, daß du nicht von der Wahrheit abkommst.« (Nette Menschen nehmen das Wort Lüge nicht in den Mund.)
»Alle haben neue Kleider und Klos im Haus. Wenn man reinfällt, wird man in den Mississippi gespült. Manche Leute haben Eiskisten, aber der richtige Name ist Kühlschrank. Der Schnee liegt so hoch, daß du grad vor deiner Tür unter ihm begraben wirst und die Leute finden dich ein ganzes Jahr lang nicht. Wir haben aus dem Schnee Eiscreme gemacht.« Das war die einzige Tatsache, ich konnte sie bestätigen. Wir hatten uns im Winter eine Schüssel voll Schnee geholt, Milch drübergeschüttet, Zucker draufgestreut und das Ganze Eiscreme genannt.
Momma strahlte und Onkel Willie war stolz, wenn Bailey die Kundschaft mit unseren Erfahrungen unterhielt. Wir zeichneten Karten und Gegenstände, deren Ausstellung im Laden die Bewunderung der ganzen Stadt hervorrief. Unsere Reise zu wundersamen Orten war für sich allein schon ein Farbtupfer auf der eintönigen Leinwand der Stadt, um so mehr machte uns unsere Rückkehr zu beneidenswerten Menschen.
Höhepunkte in Stamps waren normalerweise negativer Art: Dürre, Überschwemmungen, Lynchjustiz und Todesfälle.
Bailey spielte mit dem Bedarf der Landbevölkerung nach Abwechslung.
Unmittelbar nach unserer Rückkehr hatte er sich einen Sarkasmus zugelegt, einfach wie man einen Stein aufhebt, und trug ihn wie Kautabak zwischen den Zähnen. Wie Pfeile kamen ihm seine doppeldeutigen Sätze über die Lippen und trafen alles, was ihm über den Weg lief. Unsere Kunden dachten und sprachen jedoch in aller Regel so schlicht, daß seine Angriffe sie nie verletzen konnten. Sie begriffen sie nicht.
»Bailey Junior hört sich schon an wie Big Bailey. Hat 'ne Silberzunge, wie sein Vater.«
»Wie man hört, wird da oben keine Baumwolle angebaut. Ja, wovon leben die Leute denn?«
Bailey erzählte, im Norden wachse die Baumwolle so hoch, daß normale Menschen eine Leiter brauchten, um sie abzuernten. Die Farmer benutzten Erntemaschinen.

Eine Weile war ich die einzige, zu der Bailey freundlich war. Nicht, weil ich ihm leid tat, sondern weil er spürte, daß wir aus verschiedenen Gründen im selben Boot saßen. Ich konnte seine Frustration verstehen, er billigte meine Verschlossenheit. Ich ahnte nicht, daß Onkel Willie über die Vorfälle in St. Louis Bescheid wußte. Nur manchmal merkte ich, daß er mich mit einem sehr seltsamen Ausdruck seiner großen Augen ansah. Dann schickte er mich schnell mit irgendeinem Auftrag weg, damit ich ihm aus den Augen kam. Wenn das geschah, war ich zugleich erleichtert und beschämt. Sicher brauchte ich nicht das Mitleid eines Krüppels (ein Blinder kann keinen Blinden führen), aber ich wollte auch nicht, daß Onkel Willie, den ich auf meine Weise liebte, von mir dachte, ich sei sündig und verdorben. Sollte er so denken, wollte ich wenigstens nichts davon wissen. Worte hörte ich nur undeutlich, als sprächen die Leute durch Taschentücher oder hinter vorgehaltener Hand. Auch die Farben sah ich nur undeutlich, eine Ansammlung vager Pastellfarben, mehr verblichene Erinnerung als wirkliche Farbe.
Ich konnte mir die Namen der Leute nicht merken und begann, mir ernsthafte Sorgen über meine Gesundheit zu machen. Aber immerhin waren wir fast ein Jahr lang fort gewesen und die Kunden, deren Schulden ich früher kannte, ohne ins Buch zu schauen, waren jetzt völlig Fremde.
Bis auf Momma und Onkel Willie nahmen die Leute meine Unlust, zu sprechen, als natürliches Ergebnis einer widerwilligen Rückkehr in den Süden hin, als Zeichen für meine Sehnsucht nach der schönen Zeit in der großen Stadt. Zudem galt ich als *tenderhearted*. Dieses Wort benutzen die Neger im Süden, wenn sie sagen wollen, daß jemand sensibel ist, scheu und ein wenig krank. Es war so, daß ich mehr verstanden wurde, als daß man mich entschuldigte.

15

Fast ein Jahr lang lungerte ich um Haus, Schule und Kirche herum, ein altes Stück Kuchen, schmutzig und ungenießbar. Dann begegnete mir eine Dame. Sie warf mir den Rettungsanker zu. Besser gesagt, ich lernte eine Dame kennen und es war das erste Mal, daß mir dergleichen geschah.

Mrs. Bertha Flowers war die Aristokratin des schwarzen Stamps. Mit kontrollierter Würde strahlte sie auch bei kühlem Wetter Wärme aus und an den Tagen des Arkansas-Sommers schien sie über einen eigenen Ventilator zu verfügen, der ihr ständig Kühlung verschaffte. Sie war dünn, ohne den angespannten Ausdruck magerer Leute und die bedruckten Schleierstoffkleider und Blümchenhüte standen ihr so gut, wie den Bauern ihre groben Baumwolloveralls. Sie war die Antwort unserer Seite auf die reichste weiße Frau in der Stadt.
Ihre Haut war tiefschwarz und schien sich abschälen zu lassen wie die einer Pflaume. Aber niemand dachte daran, ihr auch nur so nahe zu kommen, daß er ihr das Kleid hätte kräuseln können, vom Hautabschälen ganz zu schweigen. Sie ermutigte nicht zu Vertraulichkeiten. Außerdem trug sie Handschuhe. Ich glaube nicht, daß ich Mrs. Flowers je lachen sah, aber sie lächelte oft. Sie öffnete langsam ihre dünnen schwarzen Lippen, ließ sogar ihre kleinen weißen Zähne sichtbar werden bis sich der Mund langsam und wie von selbst wieder schloß. Immer wollte ich ihr danken, wenn sie sich herabließ, mich anzulächeln. Das war eine würdevolle und gütige Geste. Sie war eine der wenigen feinen Damen, die ich kennenlernte und blieb mein Leben lang der Maßstab dafür, was ein menschliches Wesen werden kann.
Momma hatte zu ihr eine eigenartige Beziehung. Wenn sie auf der Straße am Laden vorbeikam, sprach sie Momma häufig in ihrer sanften, doch tragenden Stimmlage an: »Guten Tag, Mrs. Henderson«, Momma antwortete. »Wie geht's, Schwester Flowers?«
Mrs. Flowers gehörte weder zu unserer Gemeinde, noch war sie mit Momma befreundet. Warum in aller Welt bestand Momma darauf, sie Schwester zu nennen? Ich schämte mich so sehr, daß ich mich abwenden wollte. Mrs. Flowers hatte Besseres verdient, als Schwester genannt zu werden. Warum ließ Momma ein Wort aus, warum sagte sie nicht: »Wie geht es Ihnen, *Mrs.* Flowers?« Mit der unausgeglichenen Leidenschaft meiner Jugend haßte ich sie, weil sie Mrs. Flowers ihre Ignoranz bewies. Erst viele Jahre später ging mir auf, daß beide sehr wohl Schwestern waren und was sie trennte, war allein ihre formale Bildung.
Obwohl ich also empört war, war keine der beiden Frauen von dieser unzeremoniellen Begrüßung im geringsten erschüttert.

Mrs. Flowers setzte ihren Weg hinauf zu ihrem kleinen Bungalow auf dem Hügel in eleganter Haltung fort, und Momma schälte weiter Bohnen oder setzte fort, was immer sie auf die Veranda geführt hatte.
Gelegentlich verließ Mrs. Flowers jedoch die Straße und kam in den Laden. Dann sagte Momma zu mir: »Schwester, geh spielen.« Während ich ging, hörte ich noch den Anfang einer vertraulichen Unterhaltung. Wobei Momma unverdrossen die falschen Worte – oder gar keine – benutzte.
»Bruder und Schwester Wilcox ist sicher die gemeinsten...«
»Ist«? Momma, »ist«? O bitte nicht »ist«, Momma, wenn du von zwei oder mehr Leuten redest. Aber sie unterhielten sich. Ich wartete neben dem Haus, daß sich die Erde auftat, mich zu verschlingen und hörte die weiche Stimme von Mrs. Flowers und den ausgeprägten Tonfall meiner Großmutter ineinander verschmelzen. Von Zeit zu Zeit wurde das Gespräch von Gekicher unterbrochen, daß von Mrs. Flowers stammen mußte, denn Momma hat ihr Leben lang niemals gekichert. Dann ging sie wieder.
Ihre Anziehungskraft auf mich beruhte darauf, daß sie zu jener Art Menschen gehörte, die ich nie persönlich kennengelernt hatte. Frauen aus englischen Romanen, die durch Moorlandschaften schritten (was immer das sein mochte), gefolgt von ihren Hunden in respektvollem Abstand. Frauen, die vor knisternden Kaminfeuern saßen, den Tee ausschließlich auf einem silbernen Tablett serviert bekamen und dazu Teekuchen und Blätterteig aßen. Frauen, die über die Heide spazierten und in Maroquin gebundene Bücher lasen, schließlich Frauen, die einen Doppelnamen mit Bindestrich hatten. Es ist nicht übertrieben, wenn ich sage, daß Mrs. Flowers, einfach so wie sie war, mich stolz machte, eine Negerin zu sein.
Sie agierte kultiviert wie Weiße in Filmen und Büchern und war doch schöner als sie, denn keiner konnte diese warme Hautfarbe erreichen, die durch Vergleiche nicht grau wurde.
Zum Glück sah ich sie nie in Gesellschaft der Armweißlumpen. Sie neigten zu dem Glauben, ihre Hautfarbe könne alle Unterschiede einebnen und ich bin sicher, sie hätten sie plump vertraulich mit *Bertha* angeredet und das Bild, das ich mir von ihr gemacht hatte, zerstört. Wie mein kaputter Hampelmann, der auch nicht mehr zu reparieren war.
An einem Sommernachmittag, der in meiner Erinnerung noch

frisch ist, kam sie in den Laden, um Lebensmittel zu kaufen. Von jeder anderen schwarzen Frau ihres Alters und ihrer Gesundheit konnte man erwarten, daß sie die Papiertüten mit der linken Hand nach Hause trug, aber zu ihr sagte Momma: »Schwester Flowers, ich werde Bailey mit den Sachen zu Ihnen schicken.«
Mit ihrem zögernden, einnehmenden Lächeln antwortete sie: »Danke, Mrs. Henderson. Obwohl, es wäre mir lieber, Sie schickten Marguerite.« Mein Name war schön, wenn sie ihn aussprach. »Ich hatte ohnehin die Absicht, mich mit ihr zu unterhalten.« In den Blicken, die sie tauschten, lag das Einverständnis ihres Alters.
Momma sagte: »Na schön, in Ordnung. Geh dich umziehn, Schwester. Du wirst zu Schwester Flowers gehen.« Das Chiffonkleid wäre ein Fehlgriff gewesen. Was um alles in der Welt zog man an, wenn man zu Schwester Flowers ging? Das Sonntagskleid besser nicht, das könnte Gotteslästerung sein. Mit Sicherheit kein Hauskleid, obwohl ich gerade ein frisches trug. Natürlich wählte ich meine Schulkleidung. Das war angemessen ohne den Eindruck zu vermitteln, ein Besuch bei Mrs. Flowers sei mit dem Gottesdienst zu vergleichen.
Zuversichtlich ging ich zurück in den Laden. »O wie hübsch du aussiehst.« Diesmal hatte ich die richtige Entscheidung getroffen.
»Nicht wahr, Mrs. Henderson, Sie nähen die meisten Kleider der Kinder selbst?«
»Ja, Ma'am. Sicher. Fertiggekaufte sind kaum das Garn wert, das man für sie verwendet hat.«
Ich würde sagen, Sie machen da eine ansprechende Arbeit, so geschmackvoll. Dieses Kleid sieht ganz professionell aus.«
Momma freute sich über diese Komplimente, sie bekam selten welche zu hören. Jeder, den wir kannten (außer Mrs. Flowers versteht sich) konnte selbst fachkundig nähen und für eine verbreitete Fertigkeit wurde selten ein Lob erteilt.
»Mit Gottes Hilfe, Schwester Flowers, versuche ich es überall gleichgut zu machen, innen wie außen. Komm mal her, Schwester.«
Ich hatte den Kragen zugeknöpft und den Gürtel im Rücken zugebunden, wie bei einer Schürze. Ich drehte mich um, wie Momma mir gesagt hatte. Schnell hatte sie mit einer Hand die Bänder gelöst und der Gürtel hing mir an den Hüften herunter.

Dann spürte ich ihre großen Hände am Nacken. Sie öffnete die Knöpfe, ich erschrak. Was ging hier vor?
»Zieh es aus, Schwester.« Sie hielt das Kleid mit den Händen am Saum fest.
»Ich muß es nicht von innen sehen, Mrs. Henderson, wirklich...« Aber schon wurde mir das Kleid über den Kopf gezogen, daß ich in den Ärmeln hängenblieb. Momma sagte: »Das reicht. Sehen Sie hier, Schwester Flowers, französischer Saum und die Armlöcher.« Durch den Stoff vor dem Gesicht sah ich einen Schatten näherkommen. »Dadurch hält es länger. Heutzutage kriegen Kinder selbst Kleider aus Blech klein. Sie sind so wild.«
»Das ist gute Arbeit, Mrs. Henderson. Sie können stolz darauf sein. Du kannst das Kleid wieder anziehen, Marguerite.«
»Nein, Ma'am, Stolz ist Sünde. Und nach der Heiligen Schrift kommt Hochmut vor dem Fall.«
»Das ist richtig. So sagt die Bibel. Und es ist gut, sich daran zu erinnern.«
Ich konnte die beiden nicht ansehen. Momma hatte nicht bedacht, daß ich zu Stein erstarren mußte, wenn sie mich vor Mrs. Flowers auszog. Aber wenn ich mich gewehrt hätte, hätte sie das als Versuch angesehen, mich wie eine Frau zu benehmen und die Erinnerung an St. Louis wäre wachgeworden. Mrs. Flowers hätte gemerkt, wie peinlich mir das war, und das wäre noch schlimmer gewesen. Ich nahm die Lebensmittel und ging nach draußen, um im heißen Sonnenlicht zu warten. Jetzt ein Hitzschlag und ich starb, bevor sie herauskam. Auf der schiefen Veranda tot umgefallen, das hätte mir jetzt gepaßt.
Neben der steinigen Straße verlief ein kleiner Pfad. Mrs. Flowers ging vor mir her und suchte mit schlenkernden Armen ihren Weg über die Steine. Ohne den Kopf zu drehen sagte sie zu mir: »Ich höre, du bist sehr gut in der Schule, Marguerite. Aber nur schriftlich. Die Lehrer sagen, daß sie ein Problem damit haben, dich zum Sprechen zu bringen.« Wir kamen an dem dreieckigen Hof auf der linken Seite vorbei. Der Pfad wurde breiter und wir konnten nebeneinander gehen. Ich wurde jedoch von der indirekten Frage zurückgehalten, die ich nicht beantworten konnte.
»Komm, geh mit mir, Marguerite.« Selbst wenn ich gewollt hätte, ich konnte mich nicht weigern. Sie sprach meinen Namen so nett aus. Um genau zu sein, sie sprach jedes Wort

mit solcher Klarheit aus, daß sogar ein Ausländer, der nicht Englisch sprach, sie verstehen mußte.

»Niemand wird dich zum Sprechen bringen – das kann vermutlich keiner. Aber merk dir eins, die Sprache ist die menschliche Form der Auseinandersetzung mit anderen Menschen und nur die Sprache unterscheidet uns von den niederen Tieren.« Das war ein völlig neuer Gedanke für mich und ich brauchte Zeit, darüber nachzudenken.

»Deine Großmutter sagt, daß du eine Menge liest. Du nimmst jede Gelegenheit wahr. Das ist gut, aber nicht genug. Die Worte haben viel mehr Sinn, als nur schwarz auf weiß gedruckt zu sein. Sie brauchen eine menschliche Stimme, um ihre tiefe Bedeutung zu entfalten.«

Ich habe mir diesen Teil über die menschliche Stimme, die die Bedeutung der Worte entfaltet, genau gemerkt. Er war einleuchtend und poetisch.

Sie fuhr fort, daß sie mir ein paar Bücher geben wolle. Ich solle sie nicht nur lesen, sondern laut lesen. Sie schlug mir vor, die Sätze in allen möglichen Betonungen auszuprobieren. »Ich nehme keine Entschuldigung an, wenn du mir ein Buch zurückgibst, das du nachlässig behandelt hast.« Meine Einbildungskraft schreckte vor der Vorstellung zurück, welche Bestrafung ich verdiente, wenn ich ein Buch von Mrs. Flowers falsch behandelte. Ein schneller Tod wäre noch zu milde gewesen.

In ihrem Haus überraschten mich die Gerüche. Irgendwie hatte ich Mrs. Flowers nie mit Nahrungsmitteln, Essen oder überhaupt einer normalen Erfahrung normaler Leute in Verbindung gebracht. Es muß dort auch ein Klo auf dem Hof gegeben haben, aber ich konnte mich nie daran erinnern. Süßer Vanilleduft schlug uns entgegen, als sie die Tür öffnete.

»Ich mache heute morgen Teeplätzchen. Wie du siehst, habe ich mir heute vorgenommen, dich zu Plätzchen und Limonade einzuladen, damit wir ein bißchen miteinander plaudern. Die Limonade ist im Eisschrank.«

Ich schloß daraus, daß für Mrs. Flowers Eis etwas Alltägliches war. Die meisten Familien in unserer Stadt konnten sich Eis für ihre Holzkühlschränke nur an wenigen Wochenenden im Hochsommer leisten.

Sie nahm mir die Tüten ab und verschwand hinter der Küchentür. Ich schaute mich im Zimmer um. Meine wildesten

Fantasien hatten mich nicht träumen lassen, daß ich es je im Leben sehen würde. Vergilbte Fotografien schielten drohend von den Wänden und frischgewaschene Vorhänge schlugen im Wind. Ich wollte den Raum tief in mich aufnehmen und zu Bailey bringen, der mir helfen konnte, ihn zu ergründen und die Freude darüber mit mir teilen sollte.
»Nimm Platz, Marguerite. Drüben am Tisch.«
Die Platte, die sie hereintrug, war mit einem Tuch bedeckt. Ihre Bemerkung, sie habe schon lange nicht mehr versucht, Süßigkeiten selber zu backen, ließ mich keineswegs zweifeln, daß ihre Plätzchen so perfekt sein würden, wie alles in ihrer Umgebung.
Es waren flache, runde Waffeln, an den Rändern leicht gebräunt, innen buttergelb. Dazu die kalte Limonade, als Kind hätte es für mich kein anderes Essen geben müssen. Ich erinnerte mich an meine guten Manieren und biß damenhaft kleine Stückchen vom Rand ab. Daraufhin versicherte sie mir, sie habe die Plätzchen extra für mich gebacken, in der Küche gebe es noch mehr und ich könne auch meinem Bruder etwas mitnehmen. Also schob ich eine ganze Waffel auf einmal in den Mund und der knusprige Teig knirschte zwischen meinen Zähnen. Hätte ich es am Ende nicht runterschlucken müssen, ein Traum wäre wahr geworden.
Während ich aß, begann sie mit der ersten ›Lektion in Lebensart‹, so nannte sie es. Sie sagte, man müsse Ignoranz mit Intoleranz beantworten, für Analphabetismus müsse man aber Verständnis haben. Es gebe Leute, die ohne Schulbildung erfahrener, sogar intelligenter seien, als Collegeprofessoren. Sie ermutigte mich, sehr genau auf das zu hören, was die Leute Mutterwitz nannten. In solchen schlichten Sprüchen liege die kollektive Weisheit von Generationen.
Als ich die Waffeln gegessen hatte, räumte sie den Tisch ab und holte aus der Bücherkiste ein seitenstarkes schmales Buch. Ich hatte ›Die Geschichte zweier Städte‹ gelesen, in meinen Augen ein sehr romantischer Roman. Nun hörte ich zum ersten Mal im Leben Poesie.
»Es war die beste Zeit und war die schlechteste ...«
Ihre Stimme glitt in die Worte und bewegte sich durch sie hindurch. Fast sang sie. Ich wollte selbst auf die Seite schauen: war das dasselbe, was ich gelesen hatte? Oder gab es hier eine Notenschrift, wie in einem Gesangbuch? Sacht steigerte sie

ihre Stimme. Ich hatte tausenden von Predigern zugehört und wußte, daß sie sich dem Ende ihrer Lesung näherte. In Wirklichkeit hatte ich kein einziges Wort verstanden.
»Wie gefällt dir das?«
Sie schien eine Antwort zu erwarten. Der süße Geschmack der Vanille lag mir noch auf der Zunge und ihre Lesung war in meinen Ohren ein Wunder. Ich mußte unbedingt etwas sagen.
Ich sagte: »Ja, Ma'am.« Die kürzeste Antwort und die äußerste, zu der ich fähig war.
»Da ist noch etwas. Nimm diesen Gedichtband und lern eins für mich auswendig. Wenn du mich das nächste Mal besuchst, wirst du es vortragen.«
Den Zauber dieses einfachen Geschenks habe ich später, in vielen Jahren intellektueller Erfahrung, oft vergeblich gesucht. In der Erinnerung tritt der Inhalt der Gabe zurück, aber die Aura der Handlung bleibt haften. Eine solche Erlaubnis, ja Einladung, an der Subjektivität von Fremden, an ihren Freuden und Ängsten teilzuhaben, war eine Gelegenheit, den bitteren Wermut des Südens gegen eine Schale Met mit Beowulf oder eine heiße Tasse Tee und Milch mit Oliver Twist zu tauschen.
Als ich laut sagte: »Es ist eine viel, viel bessere Tat, als ich sie getan habe...«, füllten sich meine Augen vor lauter Selbstverleugnung mit Freudentränen.
An diesem Tag rannte ich den Hügel hinunter auf die Straße (es kamen selten Autos), hörte aber instinktiv zu rennen auf, bevor ich den Laden erreichte.
Was für eine Veränderung! Mir wurde Sympathie entgegengebracht. Ich wurde respektiert, nicht als Mrs. Hendersons Enkelin oder Baileys Schwester, sondern als Marguerite Johnson.
Kindliche Logik läßt sich nicht überprüfen (alle Schlüsse sind absolut). Ich fragte mich nicht, warum Mrs. Flowers ihre Aufmerksamkeit gerade auf mich gerichtet hatte, noch viel weniger kam mir in den Sinn, daß Momma sie um ein kleines Gespräch mit mir gebeten haben konnte. Mich interessierte nur, daß sie für *mich* Waffeln gebacken und *mir* aus ihrem Lieblingsbuch vorgelesen hatte. Genug, um mir zu zeigen, daß sie mich mochte.
Momma und Bailey warteten im Laden auf mich. Er fragte: »Was hat sie dir gegeben, My?« Er hatte die Bücher gesehen,

aber die Papiertüte mit den Waffeln hielt ich unter dem Arm versteckt. Momma sagte: »Schwester, ich weiß, daß du dich wie eine kleine Dame betragen hast. Es tut mir im Herzen wohl, daß angesehene Leute sich mit euch beschäftigen. Ich tue weiß Gott, was ich kann, aber heutzutage...« Ihre Stimme wurde laut: »Geh und zieh dich um!«
Im Schlafzimmer freute ich mich schon darauf, Bailey die Waffeln zu geben. Ich sagte: »Übrigens, *by the way* Bailey, Mrs. Flowers läßt dir ein paar Teeplätzchen schicken.«
Momma schrie sofort: »Was hast du da gesagt, Schwester? Du, Schwester, was hast du gesagt?« Wütend stand sie in der Tür.
Bailey sagte: »Momma!« Mit seiner beschwichtigenden Stimme: »Momma, sie...«
»Du bist still, Ju. Ich spreche mit deiner Schwester.«
Ich wußte nicht, welche heilige Kuh ich geschlachtet hatte, aber besser, ich fände es heraus, statt wie ein Strick über offenem Feuer zu hängen. Ich wiederholte: »Ich sagte, Bailey, übrigens, *by the way*, Mrs. Flowers läßt...«
»Das glaubte ich auch gehört zu haben. Geh und zieh dein Kleid aus. Ich hole die Rute.«
Erst dachte ich, sie mache Spaß. Einen bösen Scherz, der damit enden mußte, daß sie sagte: »Und du bist sicher, daß sie mir nichts schicken läßt?« Aber innerhalb einer Minute kam sie mit einer langen klebrigen Pfirsichgerte ins Zimmer zurück, die noch nach bitterem Saft roch, weil sie eben erst abgerissen worden war. Sie sagte: »Knie dich hin. Bailey junior, du auch!«
Wir knieten alle drei nieder und sie begann: »Vater unser, du kennst die Drangsal deiner demütigen Dienerin. Mit deiner Hilfe habe ich zwei erwachsene Jungen aufgezogen. Oft dachte ich, es geht nicht weiter, aber du gabst mir die Kraft, meinen Weg klar zu erkennen. Jetzt, Herr, sieh herab auf mein schwermütiges Herz. Ich versuche, die Kinder meines Sohnes auf den rechten Weg zu führen, aber o Herr, der Teufel fällt mir in die Hand. Nie habe ich geglaubt, daß ich im Leben unter meinem Dach Flüche hören müßte, denn ich halte es rein, zur Ehre Gottes. Und nun Flüche aus dem Mund unmündiger Kinder! Es ist, wie du gesagt hast über die letzten Tage: Bruder wird gegen Bruder aufstehn, die Kinder gegen die Eltern. Und da wird sein Heulen und Zähneklappern. Vater, vergib diesem Kind, auf Knien bitte ich dich!«

Ich weinte jetzt laut. Mommas Stimme hatte schreiend den Höhepunkt erreicht, was immer ich Schlechtes getan hatte, es mußte sehr ernst sein. Sie hatte sogar den Laden unbeaufsichtigt gelassen, um meine Sache mit Gott ins reine zu bringen. Als sie verstummte, weinten wir alle. Sie zerrte mich mit der Hand zu sich und schlug mich nur wenige Male mit der Gerte. Der Schock über meine Sünde und seine Entladung im Gebet hatten sie erschöpft.

Momma sprach nicht mit uns. Erst am Abend fand ich heraus, daß mein Verbrechen in der Wendung *by the way* lag. Momma erklärte: »Jesus ist der Weg, die Wahrheit und das Leben.« Jemand, der sagt *»by the way«* sagte damit in Wirklichkeit »bei Jesus« oder »bei Gott«, und Gottes Name durfte in Mommas Haus nicht grundlos ausgesprochen werden.

Bailey versuchte ihr die Worte zu erklären: »Die Weißen sagen *by the way* und meinen: übrigens, weil wir gerade beim Thema sind.« Momma machte uns darauf aufmerksam, daß Weiße ganz allgemein ein loses Maul haben und daß ihre Worte dem Herrn ein Greul sind.

16

Vor kurzem fragte mich eine weiße Frau aus Texas, die sich selbst ohne Frage für liberal halten würde, nach meiner Heimatstadt. Als ich ihr erzählte, daß meine Großmutter schon seit der Jahrhundertwende in Stamps den einzigen schwarzen Kaufladen besaß, rief sie aus: »Dann waren Sie ja Debütantin.« Absolut lächerlich und albern! Zwar wurden Negermädchen aus kleinen Städten im Süden, ob sie nun völlig arm waren oder sich einigermaßen durchbeißen konnten, mit denselben nutzlosen und aufwendigen Vorbereitungen auf das Erwachsenenleben traktiert wie die reichen weißen Mädchen, die man in Illustrierten sah. Doch selbst diese Vorbereitungen waren nicht dieselben. Während weiße Mädchen lernten, Walzer zu tanzen und beim Sitzen eine Tasse Tee elegant auf den Knien zu balancieren, blieben wir in Formen des mittleren viktorianischen Zeitalters zurück und hatten kaum Geld, sie einmal vorzuführen. (Komm, sieh dir das an: Edna Lomax, wie sie das Geld, das sie beim Baumwollpflücken verdient hat, für fünf Knäuel farbloses Spitzengarn ausgibt. Ihre Finger sind steif von der Arbeit, und sie hat Mühe mit den Stichen. Aber sie weiß das schon, wenn sie das Garn kauft.)

Wir wurden angehalten, zu sticken. Ich besaß schränkeweise farbenfrohe Tischtücher, Kissenbezüge, Läufer und Handtücher für meine Aussteuer. Ich lernte die Kunst zu häkeln und Spitzen zu fertigen. Ich hatte einen lebenslangen Vorrat von niedlichen Deckchen, die in duftenden Küchenschubladen lagen und nie benutzt wurden. Selbstverständlich konnten alle Mädchen waschen und bügeln, aber die feineren Sitten im Haushalt, wie Tischdecken mit echtem Tafelsilber oder Grillen oder Gemüsezubereitung ohne Fleisch, mußten anderswo erlernt werden. Am besten an der Quelle solcher Gewohnheiten.

Während meines zehnten Lebensjahres absolvierte ich den Abschlußkurs in einem weißen Haushalt.

Mrs. Viola Cullinan lebte in einer Dreizimmerwohnung irgendwo bei der Post. Sie war mollig und besonders unattraktiv, es sei denn, sie lächelte. Dann verschwanden die Falten um Augen und Mund, die ihr Gesicht stets schmutzig erscheinen ließen, und es sah aus wie die Maske einer bösen Fee. Dieses Lächeln hob sie normalerweise bis zum Spätnachmittag auf. Dann kamen ihre Freundinnen und Miss Glory, die Köchin, servierte ihnen im Wintergarten kalte Drinks.

Die Gründlichkeit, mit der sie ihren Haushalt führte, war unmenschlich. Eine Tasse hatte ihren festen Platz und es galt als Akt offener Rebellion, sie irgendwo anders hinzustellen. Punkt zwölf wurde der Tisch gedeckt. Um 12 Uhr 15 nahm Mrs. Cullinan zum Mittagessen Platz (unabhängig davon, ob ihr Mann schon eingetroffen war oder nicht) und um 12 Uhr 16 trug Miss Glory das Essen auf.

Mrs. Cullinan pflegte die Tradition ihrer reichen Eltern. Sie stammte aus Virginia. Miss Glory stammte von Sklaven aus dem Besitz der Cullinans ab und erzählte mir, die Heirat sei nicht standesgemäß gewesen. Die Familie des Mannes sei erst spät zu Geld gekommen und nicht zu »übermäßig viel«.

Häßlich wie sie ist, dachte ich mir, muß sie froh sein, überhaupt einen Mann gekriegt zu haben, Stand hin, Stand her. Aber Miss Glory duldete nicht, daß ich etwas gegen ihre Herrin sagte. In bezug auf die Hausarbeit war sie jedoch sehr geduldig mit mir. Sie erklärte mir Silber, Geschirr und die Dienerglokken. Die große runde Schüssel, in der die Suppe serviert wurde, hieß nicht Suppenschüssel, sondern Terrine. Es gab Kelchgläser, Sorbetts, Eiscremeschalen, Weingläser, Kaffeetassen aus grünem Glas mit zugehörigen Untertassen und Wassergläser. Ich hatte ein eigenes Trinkglas, das in einem besonderen Regal neben dem von Miss Glory stand. Suppenlöffel, Saucieren, Buttermesser, Salatgabeln und mit Schnitzereien verzierte Holzplatten waren Ergänzungen meines Wortschatzes, eine völlig neue Sprache für mich. Das Neue faszinierte mich, die aufgeregte Mrs. Cullinan und ihr Haus, in dem ich umherging wie Alice im Wunderland.

Ihr Ehemann ist in meiner Erinnerung ohne Konturen. Ich warf ihn mit allen anderen weißen Männern, die ich je hatte sehen müssen, in einen Topf.

Miss Glory erzählte mir eines Abends auf dem Heimweg, daß Mrs. Cullinan keine Kinder bekommen könne. Ihr Knochenbau sei zu zierlich. Ich konnte mir unter all ihren Fettschichten kaum Knochen vorstellen, aber Miss Glory fuhr fort, der Doktor habe ihr alle weiblichen Organe entfernt. Was Organe sind, wußte ich von den Schweinen: die Lungen, Herz und Leber. Ich nahm also an, daß Mrs. Cullinan ohne diese wichtigen Teile herumlief und deshalb ständig Alkohol aus etikettlosen Flaschen trank. Dadurch blieb sie am Leben.

Bailey war ganz meiner Meinung und erzählte mir, daß Mr. Cullinan zwei Töchter mit einer schwarzen Frau hatte, die ich beide recht gut kenne. Die Mädchen, fügte Bailey hinzu, seien das Ebenbild ihres Vaters. Obwohl ich Mr. Cullinan noch vor ein paar Stunden gesehen hatte, konnte ich mich nicht erinnern, wie er aussah, mußte aber unwillkürlich an die Coleman-Mädchen denken. Sie waren sehr hellhäutig und sahen ihrer Mutter kaum ähnlich (von einem Mr. Coleman hatte ich nie etwas gehört).

Am nächsten Morgen trug ich mein Mitleid für Mrs. Cullinan vor mir her wie das sprichwörtliche Grinsen über beide Backen. Diese Mädchen, die ihre Töchter sein konnten, waren sehr schön. Sie mußten ihr Haar nicht glätten. Sogar wenn sie in den Regen geraten waren, hingen die Strähnen glatt herunter, wie gezähmte Schlangen. Ihre Lippen waren kleine spitze Amorbögen. Mrs. Cullinan ahnte nicht, was ihr an ihnen entging. Oder vielleicht doch? Arme Mrs. Cullinan.

Wochenlang kam ich morgens sehr früh und ging erst spät. Ich

strengte mich sehr an, ihre Unfruchtbarkeit durch mein Verhalten auszugleichen. Denn hätte sie eigene Kinder gehabt, hätte sie mich nicht bitten müssen, die tausend Wege zwischen ihrer Hintertür und denen ihrer Freundinnen zu besorgen. Arme alte Mrs. Cullinan.
Eines Abends trug mir Miss Glory auf, die Damen auf der Veranda zu bedienen. Als ich das Tablett abgesetzt und mich umgedreht hatte, um wieder in die Küche zu gehen, fragte eine der Frauen: »Wie heißt du, Mädchen?« Das war die mit den Flecken im Gesicht. Mrs. Cullinan sagte: »Sie spricht nicht viel. Ihr Name ist Margaret.«
»Ist sie taub?«
»Nein. Soviel ich weiß, kann sie schon sprechen, wenn sie will.«
Ich lächelte sie an. Armes Ding. Hat keine Organe und kann nicht mal meinen Namen richtig aussprechen.
»Trotzdem, ein süßes kleines Ding.«
»Mag schon sein, aber ihr Name ist zu lang. Ich würde mich nie damit abgeben. An deiner Stelle würde ich sie Mary nennen.«
Ich dampfte ab in die Küche. Diese schreckliche Alte sollte mich nie Mary nennen, nicht ums Verrecken hätte ich für sie gearbeitet. Sollte ihr Herz für mich Feuer fangen, ich würde drauf pissen. Das Gekicher von der Veranda drang bis zu Miss Glorys Töpfen. Ich fragte mich, was es wohl zu lachen gab.
Die Weißen waren merkwürdig. Sprachen sie etwa über mich? Jeder wußte, daß sie besser zusammenhielten als Neger. Möglicherweise hatte Mrs. Cullinan Freunde in St. Louis, die von dem Mädchen aus Stamps gehört hatten, das vor Gericht aufgetreten war. Vielleicht hatten sie ihr geschrieben. Vielleicht wußte sie Bescheid über mich und Mr. Freeman.
Mir kam das Essen hoch. Ich rannte raus und verschaffte mir Erleichterung. Miss Glory glaubte, ich sei krank und schickte mich nach Hause. Momma solle mir einen Kräutertee machen und sie werde ihrer Herrin alles erklären. Noch bevor ich am Teich vorbeikam, sah ich ein, wie albern ich gewesen war. Natürlich wußte Mrs. Cullinan nichts. Sonst hätte sie mir nicht die zwei hübschen Kleider geschenkt, die Momma für mich kürzer gemacht hatte. Sie hätte mich sicher auch nicht »süßes kleines Ding« genannt. Mein Magen war wieder in Ordnung und Momma erzählte ich nichts.

An diesem Abend entschloß ich mich, ein Gedicht zu schreiben, und zwar über das Thema: weiß sein, fett, alt und kinderlos. Es sollte eine tragische Ballade werden. Ich mußte Mrs. Cullinan von jetzt an aufmerksam beobachten, um das Wesen ihrer Einsamkeit und ihres Leids zu erfassen. Genau am folgenden Tag rief sie mich mit einem falschen Namen. Miss Glory und ich wuschen die Frühstücksteller ab, als sie in den Flur kam.
»Mary?«
Miss Glory fragte: »Wer?«
Mrs. Cullinan wurde etwas unsicher. Sie und ich wußten Bescheid. »Ich möchte, daß Mary zu Mrs. Randall geht und ihr Suppe bringt. Sie fühlt sich seit einigen Tagen nicht wohl.«
Miss Glorys Gesichtsausdruck war wunderbar. »Sie meinen Margaret, Ma'am. Sie heißt Margaret.«
»Das ist zu lang. Von jetzt an heißt sie Mary. Wärm die Suppe von gestern abend auf und füll sie in die Porzellan-Terrine. Und Mary, paß beim Tragen auf!«
Jeder, den ich kannte, hatte eine höllische Angst davor, daß ihm der »Name gestohlen« wurde. Es war gefährlich, einen Neger so anzureden, daß er das Gefühl haben konnte, er werde beleidigt. Denn wir waren jahrhundertelang als Nigger, Jigs, Raben, Krähen, Stinker und Stammler beschimpft worden.
Eine schwache Sekunde lang hatte Miss Glory Mitleid mit mir. Als sie mir dann die Terrine gab, sagte sie: »Mach dir nichts draus. Beachte es nicht. Stock und Stein brechen dir das Bein, aber Worte... Weißt du, ich arbeite schon zwanzig Jahre hier.«
Sie hielt mir die Tür auf. »Zwanzig Jahre. Ich war damals nicht viel älter als du. Mein Name war Halleluja. So nannte mich Mutter, aber meine Herrin gab mir den Namen Glory und dabei ist es geblieben. Er gefällt mir auch besser.«
Ich war schon auf dem kleinen Pfad hinter dem Haus, als Miss Glory mir nachrief: »Außerdem ist er kürzer.«
Ein paar Sekunden lang war mir unklar, ob ich lachen (stell dir vor, du heißt Halleluja) oder weinen sollte (stell dir vor, irgendeine weiße Frau gibt dir aus eigener Machtvollkommenheit einen fremden Namen). Meine Wut ließ weder das eine noch das andere zu. Ich mußte den Job aufgeben, das Problem war nur, wie. Irgendeinen beliebigen Grund würde Momma nicht akzeptieren.
»Sie ist ein Schatz. Diese Frau ist wirklich ein Schatz.«

Mrs. Randalls Dienstmädchen nahm mir die Suppe ab, und ich fragte mich, wie man sie wohl nannte und was ihr richtiger Name war.
Eine Woche lang starrte ich Mrs. Cullinan ins Gesicht, wenn sie mich Mary nannte. Sie ignorierte, daß ich jetzt später kam und früh ging. Miss Glory war etwas verärgert, weil ich begonnen hatte, das Eigelb an den Tellern zu lassen und weil ich mich beim Silberputzen nicht überanstrengte. Ich hatte gehofft, sie würde sich über mich beschweren, aber das tat sie nicht.
Schließlich half mir Bailey aus meinem Dilemma. Er fragte mich nach dem Inhalt des Geschirrschranks und den Stücken, die Mrs. Cullinan am meisten mochte. Ihr Lieblingsgeschirr waren eine Kasserolle, die wie ein Fisch geformt war und die grünen Kaffeetassen. Ich merkte mir Baileys Anweisungen.
Am nächsten Tag, als Miss Glory Wäsche aufhing und ich wieder einmal die alten Tanten auf der Veranda bedienen mußte, ließ ich das leere Tablett fallen. Als ich Mrs. Cullinan »Mary!« schreien hörte, nahm ich die Kasserolle und zwei von den grünen Glastassen, die ich bereitgestellt hatte. Als sie in der Küchentür auftauchte, ließ ich sie auf den Kachelboden fallen.
Ich konnte Bailey nie genau beschreiben, was als nächstes geschah. Jedesmal, wenn ich an die Stelle kam, wo sie auf die Erde sank, ihr häßliches Gesicht hochschraubte und zu heulen anfing, mußten wir fürchterlich lachen. Sie rutschte auf dem Boden herum, sammelte die Scherben ein und jammerte: »O Momma. O du lieber Gott. Es ist Mommas Chinaporzellan, aus Virginia. O Momma, es tut mir so leid.«
Miss Glory kam aus dem Hof gerannt und die Frauen von der Veranda standen um uns herum. Miss Glory war fast so gebrochen wie ihre Herrin. »Hat sie wirklich unser Porzellan zerschlagen? Was machen wir nun?«
Mrs. Cullinan schluchzte lauter: »Dieses dämliche Niggertrampel. Dämlicher kleiner schwarzer Nigger.« Das alte Fleckgesicht beugte sich zu ihr herunter und fragte: »Wer war das, Viola? War es Mary? Wer hat das getan?«
Es ging alles so schnell, daß ich mich nicht erinnern kann, ob sie erst redete und dann handelte oder umgekehrt, jedenfalls antwortete sie: »Sie heißt Margaret, verdammt noch mal, sie heißt Margaret.« Und schleuderte ein Stück des zerbrochenen Tabletts nach mir. Vielleicht war sie zu hysterisch, jedenfalls

verfehlte sie ihr Ziel und die fliegende Scherbe erwischte Miss Glory direkt über dem Ohr. Sie schrie wie am Spieß.
Ich ließ die Vordertür weit offen, damit alle Nachbarn zuhören konnten
In einem hatte Mrs. Cullinan recht. Mein Name war nicht Mary.

17

Alle Wochentage liefen auf derselben Schiene ab. So stetig und unvermeidlich, daß jeder nur das Original des Rohentwurfs von gestern zu sein schien. Der Sonnabend indes brach mit dem Muster und wagte es, anders zu sein.
Da kamen die Bauern in die Stadt, umgeben von Frauen und Kindern. Ihre Khakihosen und -hemden waren steif wie Holz und stellten Anstrengung und Sorgfalt einer pflichtbewußten Tochter oder Ehefrau unter Beweis. Oft machten sie am Laden Halt, um ihre Scheine zu wechseln. Dann konnten sie ein paar klingende Münzen für ihre Kinder ausgeben, die unruhig zappelten, weil sie endlich in die Stadt wollten. Die Kinder zeigten ihren Ärger über die Bummelei ihrer Eltern ganz offen und Onkel Willie rief sie in den Laden und verteilte kleine Stückchen Erdnußpastete, die beim Transport zu Bruch gegangen waren. Sie schlangen die Süßigkeiten gierig herunter und waren schnell wieder draußen, wirbelten den Staub auf der Straße auf und machten sich Sorgen, ob die Zeit reichte, noch in die Stadt zu kommen.
Bailey spielte mit den älteren Jungen unter dem *Chinaberry* Murmeln, Momma und Onkel Willie ließen sich von den Bauern die letzten Neuigkeiten vom Land erzählen. Ich selbst war im Laden ein Lichtpunkt, gefangen von einem Sonnenstrahl. Der leiseste Luftzug konnte mich bewegen, doch fiel ich nie in die lockende Dunkelheit.
In den warmen Monaten begann der Morgen mit einer eiligen Wäsche im kalten Brunnenwasser. Die Seifenlauge wurde auf einem Stück Land neben der Küchentür ausgeschüttet. Wir nannten es den Ködergarten, weil Bailey dort Würmer züchtete. Im Sommer, nach den Gebeten, bestand das Frühstück gewöhnlich aus trockenen Haferflocken mit frischer Milch. Dann kamen unsere Aufgaben (auch am Sonnabend gehörten

die Wochentagsarbeiten dazu) – die Fußböden aufwischen, den Hof harken und die Sonntagsschuhe putzen (die von Onkel Willie mußten mit einem Brötchen poliert werden), dann die Kunden bedienen, die ganz atemlos waren von der Hast des Sonnabends.
Wenn ich jetzt, nach Jahren, zurückblicke, wundere ich mich, daß der Sonnabend mein liebster Wochentag war. Wo war in dem Fächer endloser Aufgaben irgendein Vergnügen? Lasten auszuhalten ist die Begabung von Kindern, die nichts anderes gewohnt sind.
Seit unserer Rückkehr aus St. Louis gab uns Momma ein wöchentliches Taschengeld. Sie hatte mit Geld nie etwas anderes getan, als es einzunehmen und der Kirche einen Zehnten zu spenden. Vermutlich wollte sie mit den zehn Cents, die sie uns gab, klarmachen, daß sie die Veränderung erkannt hatte, die in uns vorgegangen war. Anders war das für sie merkwürdige Verhalten kaum zu erklären.
Ich gab mein Geld meistens Bailey, der jeden Sonnabend ins Kino ging. Er brachte mir dafür Cowboybücher mit.
Einmal kam Bailey erst sehr spät aus dem Rialto zurück. Momma hatte schon begonnen, das Badewasser heiß zu machen und unsere Abendpflichten waren erledigt. Onkel Willie saß auf der Veranda in der Abenddämmerung, murmelte vor sich hin, summte ein Lied und rauchte eine Selbstgedrehte. Es war ziemlich spät. Die Mütter hatten ihre Kinder vom Spielen heimgerufen und der Singsang des »Ja, ja ... du hast mich nicht gefangen« verklang über dem Laden.
Onkel Willie sagte: »Schwester, mach das Licht an.« Sonnabends benutzten wir das elektrische Licht, damit späte Kunden vom Hügel aus sehen konnten, daß der Laden noch geöffnet war. Momma hatte nichts vom Lichtanmachen gesagt, weil sie nicht glauben wollte, daß die Nacht schon hereinbrach und Bailey noch draußen in der gottlosen Dunkelheit war. An ihren hastigen Bewegungen in der Küche und der Furcht in ihren einsamen Augen war deutlich ihr Ärger abzulesen. Schwarze Frauen im Süden, die für die Erziehung von Söhnen, Enkeln oder Neffen verantwortlich sind, tragen ihr Herz in der Schlinge. Jedes Abweichen von den Regeln kann der Bote einer unerträglichen Nachricht sein. Das ist der Grund, warum die schwarzen Südstaatler bis zur heutigen Generation zu Amerikas Erzkonservativen gehören.

Wie die meisten Menschen, die sich selbst bemitleiden, hatte ich für die Ängste meiner Verwandten nur wenig Mitgefühl. Falls Bailey tatsächlich etwas passiert war, hatte Onkel Willie immer noch Momma und Momma hatte den Laden. Schließlich waren wir auch nicht ihre eigenen Kinder. Sollte Bailey tot sein, wäre ich der große Verlierer. Denn er war alles, was ich verlangte, wenn nicht gar alles, was ich besaß.
»Momma.« Onkel Willie rief und sie sprang.
»Momma.« Ich wartete im hellen Licht des Ladens, eifersüchtig, weil irgendwer vorbeikam und diesen Fremden etwas über meinen Bruder erzählte und ich die letzte war, die etwas erfuhr.
»Momma, warum nimmst du nicht die Schwester und gehst ihm entgegen?«
Soweit ich wußte, war Baileys Name in den vergangenen Stunden nicht genannt worden, aber wir wußten, wen er meinte.
Natürlich. Warum war das nicht mir eingefallen? Ich wünschte, wir wären schon losgegangen. Momma sagte: »Warte noch eine Minute, *little lady*. Hol deine Jacke und bring mir meinen Schal.«
Auf der Straße war es dunkler als ich erwartet hatte. Momma richtete den Lichtkegel der Taschenlampe auf den Pfad, das Unkraut und die unheimlichen Baumstümpfe. Plötzlich hatte die Nacht alles in Feindesland verwandelt und ich wußte, daß mein Bruder in dieser Dunkelheit verloren war, für immer verloren. Er war elf und sehr schlau, zugegeben, aber er war so klein. Blaubärte, Tiger und Mörder konnten ihn fressen, noch bevor er um Hilfe rufen konnte.
Momma gab mir die Lampe und nahm mich an der Hand. Ihre Stimme kam von einem Berg hoch über mir und meine Hand lag in ihrer. Schlagartig wurde mir meine Liebe zu ihr bewußt. Sie sagte nichts. Kein »Hab keine Angst« oder »Fürchte dich nicht«. Da war nur der sanfte Druck ihrer Hand, der mir Sicherheit gab und ihre Sorge verriet.
Wir kamen an Häusern vorbei, die ich bei Tageslicht gut kannte, die aber jetzt in schwarzer Finsternis versunken waren.
»Abend, Miz Jenkins.« Sie ging weiter und zog mich mit.
»Schwester Henderson? Irgendwas nicht in Ordnung?« Eine Silhouette, schwärzer als die Nacht.

»Nein, Ma'am. Kein bißchen. Gott sei Dank.« Als sie aufhörte, zu sprechen, hatten wir die besorgten Nachbarn schon weit hinter uns gelassen.
Mr. Willie Williams *Do Drop Inn* war hell erleuchtet. Schon aus der Ferne sah man das samtene Rotlicht und bald umfing uns der Fischgeruch von der Veranda. Mommas Hand schloß sich fester um meine, dann ließ sie mich los. Ich sah eine schmale Gestalt heranstapfen, müde wie ein alter Mann. Die Hände in den Hosentaschen ließ er den Kopf hängen und ging wie einer, der sich hinter einem Sarg den Hügel hinaufschleppt.
»Bailey!« Als Momma sagte: »Ju«, brach es aus mir heraus. Ich wollte losrennen, aber sie packte meine Hand und hielt mich fest wie ein Schraubstock. Ich zerrte vorwärts, aber sie riß mich zurück an ihre Seite. »Wir gehen genauso weiter, wie wir vorher gegangen sind, junge Dame.« Es gab keine Chance, Bailey zu warnen; ihm zu sagen, daß er sich gefährlich verspätet hatte, daß alle sich Sorgen gemacht hatten und er sich eine gute Lüge einfallen lassen mußte, am besten einen großartigen Schwindel. Momma sagte: »Bailey Junior!« und er sah sie ohne Überraschung an. »Du weißt, daß schon Nacht ist. Du kommst erst jetzt nach Hause?«
»Ja, Ma'am.« Nichts weiter. Wo blieb sein Alibi?
»Was hast du gemacht?«
»Nichts.«
»Ist das alles, was du zu sagen hast?«
»Ja Ma'am.«
»Gut, junger Mann. Zu Hause sehen wir weiter.«
Sie hatte mich losgelassen. Ich ergriff Baileys Hand, doch er zog sie weg. Ich sagte: »He, Bail,« und hoffte, ihn daran zu erinnern, daß ich seine Schwester war, seine einzige Freundin. Aber er murmelte nur etwas wie: »Laß mich in Ruhe.«
Auf dem Rückweg machte Momma die Taschenlampe nicht an. Sie beantwortete auch nicht die fragenden Grüße, die um uns erklangen, als wir an den dunklen Häusern vorbeikamen.
Ich war verwirrt und erschrocken. Eine Tracht Prügel war ihm sicher und vielleicht hatte er etwas Schreckliches angestellt. Wenn er nicht mit mir reden konnte, mußte es sehr ernst sein. Andererseits machte er nicht den Eindruck, als ob ihm ein toller Streich geglückt sei. Er schien nur traurig. Ich wußte nicht, was ich davon halten sollte.
Onkel Willie sagte: »Wächst allmählich aus den Schuhen, was?

Kannst einfach nicht nach Hause kommen. Willst deine Großmutter zu Tode ängstigen?« Bailey war ganz abwesend, jenseits der Angst. Onkel Willie hielt einen Ledergürtel in seiner gesunden Hand, aber Bailey sah ihn entweder gar nicht oder er war ihm gleichgültig.
»Diesmal schlage ich dich.« Bis dahin hatte Onkel Willie uns nur ein einziges Mal verprügelt, nur mit einer Pfirsichgerte. Jetzt schien er meinen Bruder töten zu wollen. Ich schrie auf und schnappte nach dem Gürtel, aber Momma packte mich. »Jetzt werd nicht frech, Fräulein, sonst kriegst du auch 'ne Tracht. Bailey kriegt jetzt seine Lektion und du gehst baden.«
Von der Küche aus hörte ich den Gürtel trocken und scharf auf die nackte Haut klatschen. Onkel Willie rang nach Atem, aber Bailey gab keinen Ton von sich. Ich hatte vielzuviel Angst, mit dem Wasser zu planschen, einfach nur zu weinen oder vor seinen Hilferufen unterzutauchen. Es kam kein Hilferuf und schließlich war die Prügelei vorüber.
Ich lag eine Ewigkeit wach und wartete auf ein Zeichen von ihm, ein Wimmern oder Flüstern aus dem Nebenraum, damit ich wußte, daß er noch am Leben war. Kurz bevor ich erschöpft in den Schlaf sank, hörte ich ihn: »Lieber Gott, ich bin klein. Mein Herz ist rein. Soll niemand drin wohnen als Jesus allein.«
Das war meine letzte Erinnerung an diesen Tag. Ich fragte mich, warum er dieses Kindergebet aufsagte. Schon seit Jahren beteten wir das Vaterunser.
Fünf Tage lang war der Laden wieder fremd und wir zwei Einwanderer, die soeben eingetroffen waren. Bailey sprach nicht, lächelte nicht, entschuldigte sich nicht. Seine Augen waren so leer, als sei seine Seele davongeflogen. Bei den Mahlzeiten versuchte ich, ihm die besten Fleischstücke zuzuschanzen, die größte Portion Nachtisch, aber er wies alles zurück.
Dann, eines Abends im Schweinestall, sagte er ohne Vorwarnung: »Ich habe *Mother Dear* gesehen.« Wenn er es sagte, mußte es wahr sein. Er log mich nicht an. Ich glaube, ich fragte nicht mal, wann und wo er Mutter gesehen hatte.
»Im Film!« Er legte seinen Kopf an das Holzgeländer. »Sie war es nicht wirklich. Es war eine Frau namens Kay Francis. Sie ist ein weißer Filmstar und sieht genau aus wie unsere Mutter.«

Kein Problem für mich, zu glauben, daß ein weißer Filmstar genau wie unsere Mutter aussah und daß Bailey sie also gesehen hatte. Ich wußte von ihm, daß die Filme jede Woche wechselten. Wenn wieder einer mit Kay Francis nach Stamps kam, wollte Bailey es mir sagen. Wir wollten ihn uns gemeinsam anschauen.
Er war am Sonnabend so lange weggeblieben, weil er in beide Vorstellungen gegangen war. Ich verstand nur zu gut, daß er Momma und Onkel Willie nichts davon sagen konnte. Sie war unsere Mutter und gehörte uns allein. Wir erwähnten sie vor niemandem. Wir hatten selbst nicht genug von ihr, um noch mit anderen teilen zu können.
Es dauerte fast zwei Monate, bis Kay Francis wieder in Stamps zu sehen war. Baileys Stimmung hatte sich wieder einigermaßen gebessert, aber er war ungeduldig und nervöser als sonst. Als er mir sagte, daß der Film kam, bemühten wir uns um allerbestes Benehmen. Wir waren die vorbildlichen Kinder, die Großmutter sich immer vorstellte und verdient hatte.
Es war eine leichte Filmkomödie. Kay Francis trug weiße, langärmelige Seidenblusen mit großen Manschettenknöpfen. In ihrem Schlafzimmer war alles aus Satin, die Vasen voller Blumen und die ganze Zeit lief ihr Dienstmädchen herum, eine Schwarze, und sagte: »Lawsy, missy.« Sie hatte auch einen schwarzen Chauffeur, der derart mit den Augen rollte und sich am Kopf kratzte, daß ich mich fragte, wie um alles in der Welt man so einem Idioten ein schönes Auto anvertrauen konnte.
Die Weißen im Parkett lachten alle paar Minuten und richteten ihr leierndes Wiehern gegen die Neger auf den Rängen. Unbestimmte Zeit lang hing dieses Geräusch schneidend über uns, dann nahm das Publikum auf der Empore die Herausforderung an und antwortete mit schallendem Gelächter, das die Wände des Kinos zittern ließ.
Ich lachte auch, aber nicht über die haßerfüllten Witze, die da über mein Volk gemacht wurden. Ich lachte, weil der große Filmstar tatsächlich wie meine Mutter aussah, abgesehen davon, daß sie weiß war. Und sie lebte auch genau wie meine Mutter, nur eben in einer großen Villa mit tausend Dienern. Es war lustig, daß keiner der Weißen ahnte, daß die Frau, die er anbetete, eine Zwillingsschwester meiner Mutter sein konnte. Außer, daß sie weiß und meine Mutter schöner war. Viel schöner.

Dieser Filmstar machte mich glücklich. Es war außerordentlich günstig, daß wir mit geringem Geldaufwand die eigene Mutter sehen konnten, wann immer wir wollten. Ich stürzte aus dem Kino, als sei ich unerwartet beschenkt worden. Doch Bailey war wieder niedergeschlagen. (Ich mußte betteln, daß er nicht wieder zur zweiten Vorstellung blieb.) Auf dem Heimweg blieb er an den Schienen stehen und wartete auf den Güterzug. Als der sich dem Bahnübergang näherte, riß er sich von mir los und rannte über die Gleise.
Ich stand auf der anderen Seite und wurde hysterisch. Möglich, daß soeben die Räder seine Knochen zu einem blutigen Brei zermahlten. Vielleicht hatte er versucht, sich auf einen Güterwagen zu schwingen und war unter die Räder gekommen, vielleicht hatte er es geschafft und war auf und davon. Das wäre am schlimmsten.
Als der Zug vorbei war, sah ich ihn, wie er sich von dem Pfosten abstieß, an den er sich gelehnt hatte. Er beschimpfte mich, weil ich so viel Lärm um nichts gemacht hatte, und sagte: »Komm nach Hause.«
Ein Jahr später gelang es ihm, auf einen Waggon aufzuspringen. Er war zu jung, um den Weg nach Kalifornien, zu seiner lieben Mutter zu finden. Die verschlungenen Pfade des Schicksals führten ihn nach Baton Rouge, Louisiana. Dort trieb er sich zwei Wochen lang rum.

18

Wieder ging ein Tag vorüber. Im milden Abendlicht spie der Lastwagen die Baumwollpflücker aus und verschwand aus dem Hof, ein heulender Riesenfurz. Die Arbeiter standen noch eine Weile in Gruppen herum, wie unerwartet an einem fremden Ort. Ihre Stimmung sank.
Es tat mir sehr weh, im Laden in die Gesichter der Männer zu sehen, aber ich hatte wohl keine Wahl. Wenn sie versuchten, ihre Erschöpfung durch ein Lächeln zu kaschieren, strafte der Körper diesen Täuschungsversuch des Kopfes Lügen. Sogar wenn sie lachten, hingen ihnen die Schultern herunter. Stemmten sie die Hände in die Hüften, um Munterkeit vorzutäuschen, rutschten ihnen die Hände auf die Oberschenkel, als ob sie gebohnerte Hosen trügen.

»Abend, Schwester Henderson. Also, nun sind wir wieder da, wo wir angefangen haben, was?«
»Ja Sir, Bruder Steward. Da, wo ihr angefangen habt, gelobt sei der Herr.« Auch der einfachste Vorgang war für Momma alles andere als selbstverständlich. Für Menschen, deren Vergangenheit und Zukunft täglich vom Untergang bedroht sind, ist es schon göttliche Gnade, wenn sie überhaupt am Leben bleiben. Ich finde es interessant, daß das einfachste Leben, die armseligste Existenz sich in Abhängigkeit von Gott begreift, während seine Bedeutung mit steigendem Wohlstand, Lebensstandard und Lebensstil entsprechend sinkt.
»Er verdient, daß wir an ihn glauben, ja Ma'am. Gott, der Gerechte.« Ihre Overalls und Hemden zerrissen, wie es schien, vorsätzlich. Mit dem Staub und den Baumwollfasern in den Haaren sahen sie aus wie plötzlich ergraut. Die Füße der Frauen waren geschwollen, weil sie die ausgetretenen Schuhe der Männer tragen mußten. Sie wuschen sich die Arme am Brunnen, entfernten den Schmutz und die Splitter, die schmerzhafte zweite Haut, die sich den Pflückern im Verlauf eines Tages anheftet. Sie mußten alle voller Haß sein, denn man ließ sie schuften wie Ochsen, oder voll Scham, denn sie mußten sich einreden, es sei alles nicht so schlimm.
Wenn sie sich auf die Glasplatte über den Süßigkeiten hängten, hätte ich sie am liebsten aufgefordert, sich aufzurichten, Männer zu sein. Aber wenn ich den Mund aufgemacht hätte, hätte Momma mich geschlagen. Sie ignorierte wie der Tisch unter dem Gewicht knirschte, ging umher, bediente sie und hielt das Gespräch in Gang. Onkel Willie saß auf der Veranda und ließ sich berichten, wie hoch der Tagelohn gewesen war.
»Gott sei Dank nein, Ma'am. Wir haben noch genug von gestern abend übrig. Wir gehen jetzt heim, waschen uns und dann zur Evangelisation.«
In dieser Wolke aus Elend wollten sie in die Kirche gehen? Nicht nach Hause und die müden Knochen im Federbett ausstrecken? Vermutlich waren wir eine Rasse von Masochisten, das härteste armseligste Leben war nicht nur unser Schicksal, es war unser Verlangen.
»Ich weiß, was Sie meinen, Schwester Williams. Man muß der Seele zu essen geben wie dem Leib. Ich leite auch die Kinder nach Gottes Willen. Die Heilige Schrift sagt: ›Führe dein Kind auf seinen Wegen und er wird es nicht verlassen.‹«

»Ja, so heißt es. Genau so.«
Nahe den Schienen auf einem flachen Stück Land war mitten im Feld das Zelt aufgebaut worden. Auf dem Boden lag wie aus Seide ein Teppich aus trockenem Gras und Baumwollstielen. In den weichen Grund waren Klappstühle gedrückt worden. Von der Spitze des Zelts hing am mittleren Mast ein großes Holzkreuz herab. Eine Lichterkette führte vom Eingang bis hinter die Kanzel.
Wenn man sich in der Dunkelheit näherte, machten die schaukelnden Glühbirnen einen traurigen, zwecklosen Eindruck. Sie gaben kein Licht ab, waren völlig sinnlos. In meinen Augen wirkte das ganze verschwommen leuchtende Zelt so fremd auf dem Feld, als könne es jeden Moment abheben und wegfliegen.
Im Schein der Lichter wurden jetzt Leute sichtbar, die in die provisorische Kirche strömten. Die Stimmen der Erwachsenen waren ernst, eine bedeutende Angelegenheit fand statt. Sie grüßten sich flüchtig.
»Abend, Schwester Henderson, wie geht's?«
»Gelobt sei der Herr. Man tut, was man kann.«
Sie richteten ihr Bewußtsein schon auf die Versammlung, die eben begann, ihre Seelen auf Gott. Sie hatten keine Zeit für profane Angelegenheiten und private Sorgen.
»Ich bin dankbar für den Tag, den Gott mir geschenkt hat.« Das war mehr, als der Alltag einer Person. Der Glaube an Gott behauptete ein Wesen und eine Bedeutung, die unveränderlich waren.
Die Teenager freuten sich auf Erweckungsveranstaltungen genauso wie die Erwachsenen. Sie nutzten die nächtlichen Veranstaltungen im Freien zum Flirten. Der provisorische Charakter der Kirche war ein geeigneter Rahmen. Sie warfen sich mit leuchtenden Augen Blicke zu und die Mädchen kicherten. Kleine silberne Glocken in der Dunkelheit. Die Jungen setzten sich in Pose und prahlten und taten, als ginge es sie nichts an.
Für die kleineren Kinder war der Gedanke, Gott in einem Zelt zu loben, verwirrend. Es war wie eine Lästerung. Über den Köpfen baumelten Lichter, der weiche Boden gab unter den Füßen nach und der Wind bewegte die Zeltwand, es war wie im Zirkus. Die Rippenstöße, die Flirts und das ganze Theater der größeren Kinder gehörte sicher nicht in eine Kirche. Doch am

verwirrendsten war die gespannte Erwartung der Erwachsenen, die wie eine schwere Decke auf der Menge lastete. Konnte der liebe Herr Jesus sich zumuten, dieses Provisorium zu betreten? Der Altar wackelte und drohte jeden Augenblick umzukippen und auch der Kollektetisch stand auf einem losen Gestell. Ein Bein hatte bereits nachgegeben und war in den bodenlosen Schmutz gesunken. Konnte Gottvater seinem einzigen Sohn gestatten, sich unter die Menge Baumwollpflücker, Mägde, Waschweiber und Hilfsarbeiter zu begeben? Ich wußte, daß er sonntags seinen Geist in die Kirche schickte, eben in eine richtige Kirche, und die Leute hatten den ganzen Sonnabend Zeit gehabt, die Kleider der Mühsal und die Haut der Verzweiflung abzulegen.
Zu den Evangelisationsversammlungen ging jeder. Die hochnäsigen Mitglieder der *Mount Zion Baptist Church* vereinten sich mit den Intellektuellen der *African Methodist Episcopal* und der *African Methodist Episcopal Zion* und den einfachen Arbeitern der *Christian Methodist Episcopal*. All diese guten Dorfbewohner schlossen sich einmal im Jahr mit den Anhängern der *Church of God in Christ* zusammen, die mit einigem Mißtrauen bedacht wurden, weil es in ihren Gottesdiensten allzu laut und heiter zuging. An der Herablassung ihrer Brüder und Schwestern im Herrn konnte auch ihre Rechtfertigung nichts ändern: »Die Heilige Schrift sagt: ›Machet dem Herrn einen fröhlichen Lärm, seid ausgelassen und heiter.‹« Ihre Kirche lag meilenweit von den anderen entfernt, trotzdem waren sie sonntags nicht zu überhören. Sie sangen und tanzten, bis sie halbtot vor Erschöpfung zusammenbrachen. Die Anhänger der anderen Gemeinden stellten oft die Frage, ob diese heiligen Tänzer nach soviel Ekstase noch den Himmel brauchten, sie hatten ihn ja bereits auf Erden.
Jede der Kirchen richtete jährlich eine Erweckungsversammlung aus. Dies war ihre.
Mrs. Duncan, eine kleine Frau mit Vogelgesicht, eröffnete den Gottesdienst. »Ich weiß, ich bin ein Zeuge des Herrn, ich weiß, ich bin ein Zeuge des Herrn, ich weiß ich bin ein Zeuge...« Wie ein dürrer Finger stieg ihre Stimme in die Höhe und die Gemeinde antwortete. Von vorn kam der schrille Takt eines Tamburins, zwei Schläge auf »ich weiß«, zwei auf »ich bin« und zwei am Schluß auf »Zeuge«.
Andere Stimmen mischten sich in Mrs. Duncans Gekreisch.

Scharten sich um sie und besänftigten sie. Händeklatschen drang bis zur Decke und stabilisierte den Rhythmus. Als der leidenschaftliche Gesang den Höhepunkt erreichte, stand ein großer dürrer Mann auf. Er hatte hinter dem Altar gekniet und sang jetzt ein paar Takte mit. Er streckte seine langen Arme aus. Es dauerte eine Weile, bis die Erregung der Sänger nachließ. Doch der Pfarrer stand unerschütterlich, bis der Gesang abebbte wie die Brummkreisel eines Kindes. Stille erfüllte das Zelt.
»Amen.« Er sah seine Zuhörerschaft an.
»Ja, Sir, Amen.« Fast alle antworteten ihm.
»Ich sage: Laßt die Kirche Amen sagen.«
Jeder sagte jetzt: »Amen.«
»Danket dem Herrn. Danket dem Herrn.«
»Ja, danket dem Herrn. Ja, Herr, Amen.«
»Wir wollen mit dem Bruder Bischof beten.«
Ein anderer großer Mann, braunhäutig mit einer viereckigen Brille auf der Nase, kam aus der ersten Reihe zum Altar. Der Pfarrer kniete rechts, der Bruder Bischof links.
»Unser Vater« – er sang – »du führest meinen Fuß aus Sumpf und Asche.«
Die Gemeinde summte: »Amen.«
»Du rettest meine Seele. Eines Tages. Süßer Jesus, sieh herab auf die Leiden deiner Kinder.«
Die Gemeinde bat: »Schau herab, Herr.«
»Richte uns auf, wenn wir niedergeschlagen sind ... Segne die Kranken und Bedrückten ...«
Es war das übliche Gebet. Nur seine Stimme war neu. Alle paar Worte schnappte er über seinen Akkorden nach Luft und gab einen Ton von sich, ein nach innen gerichtetes Grunzen.
»Du rettest, grunz, meine Seele, grunz, eines – tief einatmen – Tages, schnauf.«
Wiederum angeführt von Mrs. Duncan stimmte die Gemeinde einen Choral an: »Lieber Herrgott, nimm meine Hand, führe mich in das gelobte Land.«
Es wurde schneller gesungen als in unserer Kirche üblich, aber so ging es auch. Die Melodie rückte die Aussage des traurigen Liedes völlig in den Hintergrund: »Wenn Dunkelheit der Nacht aufsteigt, mein Leben sich zum Ende neigt ...« Die Hingabe, mit der gesungen wurde, schien daraus eine große Freude zu machen.

Ernste Zwischenrufer hatten sich bereits hörbar gemacht, Fächer (Todesanzeigen vom größten schwarzen Bestattungsinstitut in Texarkana) wurden geschwenkt, und in den schwarzen Händen sahen die weißen Taschentücher aus wie kleine Drachen ohne Holzrahmen.
Der große Pfarrer stand wieder vor dem Altar. Er wartete, daß das Lied und die feierlichen Geräusche nachließen.
Er sagte: »Amen, Glory.«
Langsam verklang das Lied in der Kirche.
»Amen, Glory.«
Er wartete noch immer, bis auch der letzte Ton auf der Leiter verklungen war. »Ich stehe am Fluß... hier stehe ich, nimm meine Hand.« Es klang wie aus dem letzten Loch. Dann wurde es langsam still.
Er predigte über das Wort: »Der Geringste unter ihnen.« Nachdem er die Verse gelesen hatte, begleitet von ein paar Amen, sagte er: »Im Ersten Brief an die Korinther heißt es: ›Und wenn ich mit Engelszungen rede und habe der Liebe nicht, so bin ich ein tönendes Erz und eine klingende Schelle. Und wenn ich alle meine Habe austeile und habe der Liebe nicht, so bin ich nichts. Und wenn ich meinen Leib hingebe, daß er verbrannt werde und habe der Liebe nicht, so nützt es mir nichts.‹ Ich muß mich also fragen, was ist das, die Liebe. Was ist das, wenn es die guten Taten nicht sind?«
Schnell fiel die Gemeinde ein: »Das ist wahr. Bei Gott.«
»Was ist das, wenn das Opfer von Fleisch und Blut diese Liebe nicht ist?«
»Ja, Herr.«
Ich hatte noch nie einen Prediger gehört, der so schnell auf den Kern seiner Predigt kam. Der Lärmpegel in der Kirche war angestiegen und alle, die sich auskannten, sperrten in Erwartung des Kommenden die Augen auf. Momma saß ruhig wie ein Baum, knüllte ihr Taschentuch in der Faust zusammen und eine Ecke, ich hatte sie bestickt, schaute heraus.
»Und so verstehe ich diese Liebe. Man rühmt sich ihrer nicht, man preist sie nicht an.« Er atmete tief ein, blies sich auf, um zu zeigen, was die Liebe nicht war. »Denn Liebe läuft nicht herum und sagt: ›Ich gebe euch Essen und Kleidung, ihr sollt mir gefälligst danken.‹«
Die Gemeinde verstand, wovon er sprach und stimmte seiner Meinung lautstark zu. »Das ist die Wahrheit, Herr.«

»Die Liebe sagt nicht: ›Weil ich dir Arbeit gebe, mußt du knien vor mir.‹« Bei jedem Satz ging jetzt die Gemeinde mit. »Sie sagt nicht: ›Weil ich dich nach deiner Leistung bezahle, sollst du mich Herr nennen.‹ Sie fordert nicht, daß ich mich demütige und ducke. So ist die Liebe nicht.«
Weiter vorn auf der rechten Seite saßen Mr. und Mrs. Stewart, die noch vor wenigen Stunden, ausgepumpt vom Pflücken, bei uns auf dem Hof herumgekrochen waren. Sie saßen auf dem Rand ihrer wackligen Stühle. Sie strahlten vor innerlicher Erleuchtung. Die schlechten Weißen würden ihre Erweckung zu spüren bekommen. Es war doch wahr, was der Pfarrer sagte! Gab er nicht Gottes eigene Worte wieder! Die Hoffnung auf Rache und die Verheißung der Gerechtigkeit erfrischte sie.
»Ooooh jaaaa! Ich sage... Liebe! Woooh, eine Liebe. Sie fordert nichts. Sie will kein Chef sein... Jaaa... Sie will kein Anführer sein... jaaa... sie will kein Vorarbeiter sein... jaaa... sie... ich spreche von der Liebe... sie verlangt nicht... o Gott, steh mir bei in der Nacht... ich will nicht gebeugt und ausgebeutet werden...«
In ihrer Behelfskirche kamen die Gebeugten und Ausgebeuteten Amerikas schnell in Hochstimmung. Bestärkt in dem Glauben, daß sie als Ärmste der Armen der Liebe wert waren und daß Jesus am Morgen des großen neuen Tages die Lämmer (sie selbst) von den Böcken (den Weißen) schied.
»Die Liebe ist einfach.« Lautstarke Zustimmung.
»Die Liebe ist arm.« Er sprach von uns.
»Die Liebe ist schmucklos.« Richtig, dachte ich. Schmucklos und einfach.
»Liebe ist... oh, Lie-be. Wo seid ihr? Wo?... Liebe... uff.«
Ein Stuhl gab auf. Das Geräusch von krachendem Holz hallte durch das Zelt.
»Ich rufe euch und ihr antwortet nicht. O Liebe.« Erneut begann vor mir das Gebrüll. Eine große Frau ließ sich zu Boden fallen. Hände über dem Kopf wie ein Taufkandidat. Der Gefühlsausbruch war ansteckend. Kleine Schreie explodierten wie Feuerwerkskörper am 4. Juli.
Die Stimme des Pfarrers war wie ein Pendel. Senkte sich nach links, senkte sich nach rechts. »Wie kannst du mich Bruder nennen und mich hassen? Ist das Liebe? Wie kannst du dich Schwester nennen und mich verachten? Ist das Liebe? Wie kannst du dich Freund nennen, mich betrügen und skrupellos

ausnutzen? Heißt das Liebe? O meine Kinder, ich kam hierher...«
Die Gemeinde bestätigte und pointierte das Ende seiner Sätze: »Kam hierher, Herr...«
»...um Zeugnis abzulegen vor euch, um eure Herzen zu öffnen, damit die Liebe regiert. Beweist die Liebe, die Jesus der kranken alten Welt gepredigt hat. Denn sie braucht die, die Liebe geben.« Seine Stimme fiel ab und die Reaktionen wurden seltener und ruhiger.
»Ich wiederhole die Worte des Apostel Paulus: Nun aber bleibt Glaube, Hoffnung, Liebe, diese drei; am größten aber unter diesen ist die Liebe!«
Befriedigt entspannte sich die Gemeinde. Auch wenn sie nur Parias in der Gesellschaft waren, sie würden Engel im weißen Marmorhimmel sein, sitzend zur Rechten Jesu, Gottes Sohn. Der Herr liebte die Armen und haßte die Hochgestellten der Welt. Hatte er doch selbst gesagt: »Eher geht ein Kamel durch ein Nadelöhr, als ein Reicher in den Himmel kommt.« Sie waren sich sicher, im Land, wo Milch und Honig fließen, die einzigen zu sein, von wenigen Weißen wie John Brown abgesehen. Der war ohnehin verrückt, wie die Geschichtsbücher berichteten. Die Neger, und besonders die beim *revival*, brauchten bloß Mühe und Plagen des Lebens geduldig zu tragen, weil in weiter Ferne eine gesegnete Heimat war.
»Nach und nach, wenn der Morgen anbricht, wenn Gottes Heilige sich versammeln, werden wir die Geschichte verkünden, haben wir überwunden, werden wir verstehen, nach und nach.«
Einige Anwesende waren der Ohnmacht nahe und wurden in den Seitengängen wiederbelebt. Die Evangelisten öffneten die Eingänge des Zelts. Unter Rufen »Danke Jesus« wurde der gemessene Rhythmus eines Chorals angestimmt.

> »Ich ging auf den Herrn Jesus zu,
> verletzt und traurig, wie ich war.
> Bei ihm kam meine Angst zur Ruh
> und er erquickt mich wunderbar.«

In strenger Harmonie stimmten die alten Damen in den Choral ein. Es hörte sich an wie das Summen eines müden Bienenschwarms, der endlich nach Hause will.
»Alle, die ihr meine Stimme hört und keine Heimat habt für

eure Seele, ihr Mühseligen und Beladenen, kommt! Kommt, bevor es zu spät ist. Ich sage nicht, ihr sollt euch der *Church of God in Christ* anschließen. Nein. Ich bin ein Diener Gottes und will verirrte Seelen zu ihm führen. Jeder soll selbst entscheiden, welcher Kirche er sich anschließen will. Es wird ein Vertreter jeder Kirchenorganisation hier sein. Ich bitte die Diakone der Kirchen nach vorne zu kommen.«
Das war eine revolutionäre Aktion. Niemand hatte je davon gehört, daß ein Pfarrer Mitglieder für andere Kirchen warb. Wir sahen zum ersten Mal Liebe unter Predigern. Männer der verschiedenen Konfessionen gingen nach vorn und nahmen Aufstellung. Bekehrte Sünder kamen durch die Gänge, schüttelten den Evangelisten die Hand und blieben in ihrer Nähe stehen. In dieser Nacht wurden über zwanzig Menschen errettet. Die Erschütterung über diese Bekehrung war fast so groß wie über die schöne melodische Predigt.
Die *Mütter der Kirche*, alte Damen mit weißen Spitzenhäubchen auf ihren dünnen Haaren, hatten noch einen Gottesdienst ganz für sich. Sie liefen im Kreis um die Erretteten und sangen:

>»Noch bevor das Jahr um ist
>liege ich vielleicht
>einsam schon in meinem Grab.
>Herr, o Herr, wie lange noch?«

Nach der Kollekte, als der letzte Choral zu Ehren Gottes verklungen war, forderte der Evangelist alle Anwesenden auf, ihre Seele auf Gott und ihr Leben auf die Liebe zu richten. Dann wurden wir entlassen.
Draußen auf dem Heimweg spielten die Leute noch mit dem Glanz des Wunderbaren wie kleine Kinder im Dreck. Nur ungern gestanden sie ein, daß das Spiel vorbei war.
»Heute abend hat ihn der Herr berührt, nicht?«
»Sicher. Berührt mit einem kleinen Feuer.«
»Gesegnet sei der Herr. Ich bin so froh, daß ich gerettet bin.«
»Wie wahr. Das macht den ganzen Unterschied.«
»Ich wünsche, die Leute, wo ich für arbeite, hätten die Predigt gehört. Sie wissen nix davon, wo sie drinbleiben.«
»Bibel sagt: Wer Ohren hat zu hören, der höre. Schande über den, der nicht hören will.«
Sie badeten in der Gerechtigkeit für die Armen und der Auserwähltheit der Geschlagenen. Laßt den Weißen Geld,

Macht und die Rassentrennung, ihren Zynismus, die großen Häuser und Schulen, ihre Rasenteppiche, die Bücher und vor allem: laßt ihnen ihre weiße Haut. Lieber bescheiden und zurückhaltend auf Erden, lieber angespien und ausgebeutet als im ewigen Höllenfeuer braten. Keine dieser christlichen und barmherzigen Menschen gab zu, froh zu sein bei dem Gedanken, daß die Unterdrücker dazu verdammt waren, vom Teufel bei Pech und Schwefel auf offener Flamme gegrillt zu werden.
Es waren die Worte der Bibel, da gab es keine Fehler. »Heißt es nicht, Himmel und Erde werden vergehen, aber das Wort wird nicht vergehen? Die Leute werden bekommen, was sie verdienen.«
Als die Menge der Gläubigen an die kleine Brücke kam, die über den Teich führt, wurden sie von den rohen Tönen des *honkydonk* überschüttet. Ein *barrel-house-blues* klang herüber, das rhythmische Stampfen auf einem Holzfußboden. Die ermüdende Wirklichkeit kam ihnen wieder zu Bewußtsein. Denn in dieser Wirklichkeit waren sie immer noch bedürftig und hungrig, geächtet und mittellos und überall auf der Welt saßen die Sünder am Steuer. Wie lange noch, gnädiger Vater? Wie lange noch?
Die Lieder, die vorher im Zelt gesungen worden waren, und das Lied, auf das in der Hütte am Bahndamm getanzt wurde, ein Fremder hätte sie nicht unterscheiden können. Sie stellten dieselbe Frage: Wie lange noch, Gott? Wie lange?

19

Der letzte Fleck im Laden war schon besetzt und noch immer drängten sich Leute an den Wänden hinein. Onkel Willie hatte das Radio so weit wie möglich aufgedreht, damit auch die Jugendlichen auf der Veranda jedes Wort verstehen konnten. Die Frauen durften sitzen, auf Küchenhockern, den Stühlen aus dem Eßzimmer, Schemeln und umgedrehten Holzkisten. Kleine Kinder drückten sich in jede Nische, Babies brüllten und die Männer lehnten sich auf die Theke und gegeneinander. Die Spannung entlud sich in spontanem Freudengeschrei, wie Blitze am schwarzen Himmel.
»Ich mach mir keine Sorgen um den Kampf. Joe wird diesen Knirps verprügeln als wär's ein Spaziergang.«

»Er wird ihn so vermöbeln, daß ihn der weiße Junge Momma nennen wird.«
Schließlich brach die Unterhaltung ab. Die Werbespots für Rasierklingen hörten auf, der Kampf begann.
»Treffer am Kopf!« Die Menge im Laden rumorte.
»Linke gegen den Kopf, Rechts-links Kombination.« Einer der Zuhörer gackerte wie ein Huhn und wurde zum Schweigen gebracht.
»Sie sind im Clinch. Louis versucht sich freizukämpfen.«
Sarkastisch bemerkte einer auf der Veranda: »Der Weiße hat sich doch nicht etwa in diesen Nigger verliebt, bitte sehr.«
»Der Ringrichter versucht sie nun zu trennen, Louis hat den Herausforderer abgewehrt und landet einen Haken am Kinn. Der Herausforderer wirkt benommen, geht rückwärts. Louis landet eine kurze Linke am Kinn.«
Zustimmendes Gemurmel drang durch die Tür in den Hof.
»Wieder eine Linke, noch eine Linke. Louis schont seine schwache Rechte...« Das Gemurmel im Laden hatte die Lautstärke von Babygeschrei, als der Gong ertönte. »Gong zur dritten Runde, meine Damen und Herren«, sagte der Reporter.
Ich bahnte mir einen Weg in den Laden und wunderte mich, daß er alle Neger der Welt, die schwitzend und betend überall herumsaßen, mit »Damen und Herren« anredete.
Es wurden nur wenige Bestellungen aufgegeben, Cola, Limonade, Malzbier. Das echte Fest sollte erst nach dem Kampf beginnen. Sogar die alten Kirchendamen, die ihre Kinder immer ermahnten, im Zweifelsfall auch die linke Backe hinzuhalten, spendierten dann vermutlich ein paar Softdrinks. Und Erdnußplätzchen und *Babie Ruths*, falls der Sieg des braunen Bombers besonders blutig ausfiel.
Bailey und ich legten die Münzen oben auf die Kasse. Onkel Willie hatte uns verboten, während des Kampfs die Beträge zu registrieren. Das machte zuviel Krach und störte die Atmosphäre. Beim Gong zur nächsten Runde quetschten wir uns durch die beinahe heilige Stille wieder ins Freie, zu den anderen Kindern.
»Louis in den Seilen, eine Linke gegen den Körper, eine Rechte gegen die Rippen. Noch eine Rechte zum Körper, sieht aus wie ein Tiefschlag... ja, meine Damen und Herren, der Ringrichter zeigt es an, aber der Herausforderer läßt seine Schläge

weiter auf Louis prasseln. Noch einmal ein Körpertreffer, es scheint, Louis geht zu Boden...«
Meine Brüder stöhnten auf: es war unsere Rasse, unser Volk, das da fiel. Es war Lynchjustiz. Wieder wurde ein Schwarzer am Baum aufgeknüpft. Wieder wurde eine Frau aus dem Hinterhalt überfallen und vergewaltigt. Wieder wurde ein Junge ausgepeitscht und zum Krüppel gemacht. Bluthunde auf Spuren von Menschen, die durch trübe Sümpfe führten. Eine weiße Frau, die ihr schwarzes Mädchen schlug, weil es etwas vergessen hatte.
Die Männer im Laden traten von der Wand weg und hörten aufmerksamer zu. Die Frauen streichelten zärtlich ihre Babies. Die Flirts auf der Veranda, die Ellbogenstöße, Getrampel und Lachen hatten aufgehört. Vielleicht war das Ende der Welt gekommen. Falls Joe verlor, sanken wir hilflos in die Sklaverei zurück. Alle Vorurteile über uns minderwertige Geschöpfe hätten sich bestätigt. Wir wären dumm, häßlich, faul und schmutzig und zu allem Überfluß hätten wir die schlimme Erfahrung gemacht, daß Gott selbst uns haßte und uns in alle Ewigkeit zu Holzfällern und Wasserträgern verdammte.
Wir atmeten nicht. Wir hofften nicht. Wir warteten.
»Er hat sich aus den Seilen gelöst, meine Damen und Herren. Er bewegt sich auf die Mitte des Rings zu.« Das war noch nicht die Erlösung. Das Schlimmste war immer noch möglich.
»Ja, jetzt sieht Joe wütend aus. Er hat Carnera erwischt, linker Haken zum Kopf, Rechte zum Kopf, linke Gerade zum Körper, noch eine Linke, wieder am Kopf, linker Cross. Das rechte Auge des Gegners blutet, offenbar kann er nicht mehr richtig abblocken. Der Ringrichter geht dazwischen, aber Louis landet noch eine Linke am Kinn. Der Gegner schwankt! Er geht zu Boden! Meine Damen und Herren, er ist am Boden.«
Die Männer krochen fast in das Radio, die Babies rutschten auf die Erde, als die Frauen aufstanden.
»Hier kommt der Ringrichter. Er zählt ihn an. Eins, zwei, drei, vier, fünf, sechs, sieben... kann er sich noch einmal aufrichten?«
Alle Männer im Laden schrien: »NEIN.«
»...acht, neun, zehn!« Aus dem Publikum kamen einige Geräusche, aber es schien sich mit aller Gewalt zurückzuhalten. »Der Kampf ist aus. Meine Damen und Herren, ich gebe das Mikrophon an den Ringrichter weiter... hier ist er. Er

nimmt die Hand des braunen Bombers, er hebt sie hoch ... hier
ist er ...«
Die Stimme des Ringrichters, heiser und vertraut, war unsere
Erlösung: »Sieger und weiterhin Weltmeister aller Klassen ...
Joe Louis!«
Champion. Ein schwarzer Junge. Der Sohn einer schwarzen
Mutter war der stärkste Mann der Welt. Es war wie Weihnachten: die Leute tranken Coca-Cola und aßen Gebäck. Ein paar
Männer gingen hinter die Theken und füllten ihre Limonadeflaschen mit Fusel. Ein paar von den großen Jungen machten es
ihnen nach. Wenn sie nicht verjagt wurden, kamen sie wieder
und trugen stolz ihre Fahne vorm Mund. Es dauerte eine ganze
Stunde, bis die Leute den Laden verließen und nach Hause
gingen. Für einen schwarzen Mann und seine Familie war es
nicht gut, allein auf einer Landstraße gesehen zu werden, vor
allem in der Nacht, in der Joe Louis bewiesen hatte, daß wir das
stärkste Volk der Welt waren.

20

> »Fetzchen, Schätzchen, Sodaplätzchen,
> Fetzchen, Schätzchen, Schuh.
> Fetzchen, Schätzchen, Sodaplätzchen,
> Den ich liebe, das bist du.«

Der Reim klang durch die Baumkronen, die Zweige bewegten
sich in entgegengesetztem Rhythmus. Ich lag im grünen Gras
wie auf einer Wolke und versuchte, das Kinderspiel und das,
was ich sah, in Einklang zu bringen. Die Mädchen rannten
stürmisch mal hierhin, mal dorthin, blieben nirgendwo stehen
und schienen sowenig ein Ziel zu haben wie ein zerspringendes
Ei. Aber in allem war ein gemeinsames Wissen, das selten zur
Sprache kam: alle Bewegungen stimmten und entsprachen
einem großen Plan. Vor meinem geistigen Auge baute ich mir
eine Plattform und stellte mir das Ergebnis des »Fetzchen-
Schätzchen«-Spiels vor. Die bunten Picknickkleider zerfielen
und flogen wie schöne Drachenfliegen über einem dunklen
Teich auseinander. Die Jungen, schwarze Pfeile im Sonnenlicht, verschwanden unter den Bäumen. Dorthin waren die
Mädchen geflüchtet, hatten sich geräuschvoll im Schatten
versteckt.

Das sommerliche Fischbraten auf der Lichtung am Teich war das größte Freilichtereignis des Jahres. Alle Kirchengemeinden waren vertreten, auch alle Vereine (Elche, Oststerne, Freimaurer, Ritter des Kolumbus, Töchter der Pythia), die Berufsgruppen (die schwarzen Lehrer von Lafayette County) und natürlich alle aufgeregten Kinder. Die Musiker hatten ihre Instrumente mitgebracht, Zigarrenkisten-Gitarren, Harmonikas, Saftharfen, mit Silberpapier umwickelte Kämme und sogar Waschzuberbässe.
Die Menge und Vielfalt des Essens hätte jeden Epikuräer begeistert. Unter den Bänken standen die Pfannen mit Brathähnchen, mit Tischtüchern zugedeckt, gleich daneben ein Berg Kartoffelsalat, vollgestopft mit harten Eiern. Ganze Stücke rostrote Bologneser Salami im Käsemantel. Hausgemachte und chinesische Mixed-Pickles, gebackener Bauernschinken, der nach Knoblauch und Ananas roch, man wußte nicht, wo man hinsehen sollte. Unsere Stammkunden hatten Wassermelonen bestellt. Bailey und ich drückten die grüngestreiften Früchte in eine Colakiste und füllten sie mit Eis auf. Dasselbe machten wir mit dem großen schwarzen Waschtrog, in dem Momma ihre Wäsche kochte. Nun lagen die kalten süßen Melonen im Wind eines glücklichen Nachmittags.
Das Sommerpicknick gab den Frauen Gelegenheit, ihre Kochkunst unter Beweis zu stellen. Über der Grillgrube brutzelten Hähnchen und Rippchen im eigenen Saft. Es wurden Saucen gerührt, deren Rezept von den Familien wie der eigene Augapfel gehütet wurden. Vor der ökumenischen Kulisse des Sommerpicknicks konnte jeder Grillkünstler Lob und Kritik ernten, zur Freude der ganzen Stadt. Neben eisweißen Kokosnüssen und hellbraunen Karamel standen Orangenkuchen und ganze Lagen dunkelbraune, schmelzende Hershey-Schokolade. Pfundschwere Butterkuchen sanken in sich zusammen. Die kleinen Kinder konnten der Versuchung nicht widerstehen und steckten die Finger in den Zuckerguß, bis ihnen die Mütter auf die klebrigen Finger schlugen.
Berufsfischer und Wochenendangler saßen auf Baumwollstümpfen um den Teich herum und zogen zappelnde Brassen und silbrig glänzende Barsche aus dem klaren Wasser. Junge Mädchen wechselten sich ab, den Fang zu entschuppen und auszunehmen. Die fleißigen Frauen in ihren gestärkten Schürzen salzten die Fische ein und panierten sie in Maismehl. Dann

warfen sie sie ins kochende Fett auf den Röstblechen, daß es nur so zischte.
Am Rand der Lichtung probte eine Gospelgruppe. Harmonien, dicht an dicht wie Ölsardinen, übertönten die Musik der anderen Sänger und verschmolzen mit den Liedern der kleinen Kinder, die Ringelreihen spielten.
»Jungs, laßt bloß euren Ball nicht auf meine Kuchen fallen. Sonst könnt ihr euer blaues Wunder erleben!« »Ja Ma'am.« Und es ging weiter wie vorher. Die Jungen spielten mit Latten Tennis, die sie aus dem Zaun gebrochen hatten, trampelten Löcher in den Boden und rempelten jeden an.
Ich hatte eigentlich was zu lesen mitnehmen wollen, aber Momma hatte gesagt, wenn ich nicht mit den anderen Kindern spielen wollte, sollte ich mich beim Fischeputzen nützlich machen, Wasser aus dem nächsten Brunnen oder Holz für den Grill holen.
Zufällig fand ich einen Schlupfwinkel. Am Rand des Grillplatzes waren Hinweisschilder aufgestellt worden: MÄNNER, FRAUEN, KINDER. Die Pfeile wiesen auf Pfade hin, die seit dem letzten Jahr zugewachsen waren und irgendwo im Nichts verschwanden. Mit meinen zehn Jahren fühlte ich mich zu alt und weise, um mich neben die kleinen Kinder hinter einen Baum zu hocken. Ich hatte aber auch nicht genug Mut, dem Pfeil mit der Aufschrift FRAUEN zu folgen. Wenn mich dort ein Erwachsener sah, konnte er glauben, ich wollte mich als Frau aufspielen. Ich wußte, was ich zu erwarten hatte, wenn Momma das erfuhr. Schließlich ging ich in eine ganz andere Richtung. Nachdem ich einen dichten Platanenwald durchquert hatte, fand ich mich auf einer stillen kühlen Lichtung wieder, zehnmal kleiner als die Picknickwiese. Ich fand einen schönen Platz zwischen zwei vorstehenden Wurzeln eines schwarzen Walnußbaums und lehnte mich gegen den Stamm. Es war wie der Himmel für den, der ihn verdiente. Wie Kalifornien vielleicht. Ich sah direkt auf den symmetrischen Himmelsbogen und stellte mir vor, daß ich weit hinaus in eine blaue Wolke fiel. Die Kinderstimmen und der starke Essensgeruch waren ein Rettungsring, den ich noch rechtzeitig ergriff.
Das Gras raschelte, entdeckt sprang ich auf. Louise Kendrick betrat meinen Hain. Ich wußte nicht, daß auch sie vor der fröhlichen Stimmung floh. Wir waren gleichaltrig. Sie lebte mit ihrer Mutter in einem hübschen kleinen Haus hinter der

Schule. Ihre Vettern, die auch in unserm Alter waren, waren noch stattlicher und auch wohlhabender als sie. Aber ich hielt Louise insgeheim schon immer für das schönste weibliche Wesen in Stamps, gleich nach Mrs. Flowers.
»Was sitzt du da so allein rum, Marguerite?« Sie machte mir keinen Vorwurf, sie fragte nur.
»Ich betrachte den Himmel.«
»Wozu?«
Ich machte mir keine Mühe zu antworten. Auf so eine Frage gab es keine Antwort. Louise erinnerte mich an Jane Eyre. Mrs. Kendrick lebte in bescheidenen Verhältnissen, sie war Dienstmädchen, aber so gebildet, daß ich sie vor mir selbst und vor Bailey zur Gouvernante beförderte. (Bring einer kleinen verträumten Zehnjährigen mal bei, daß ein Spaten ein Spaten ist.) Sie konnte nicht sehr alt sein, aber für mich waren alle Leute über achtzehn Erwachsene und weiter dachte ich nicht. Alle Kunden, die bedient und verwöhnt werden mußten, gehörten in die gleiche Kategorie des Aussehens, der Stimme, des Seins. Louise war ein einsames Mädchen, obwohl sie jede Menge Spielkameraden hatte und auf dem Schulhof zu jedem Spiel bereit war.
Auf ihrem schokoladenbraunen Gesicht lag ein dünner beständiger Hauch von Traurigkeit, wie ein Trauerflor am Sarg. Sie schlug ihre Augen, das Schönste an ihr, so schnell nieder, als könne das, was sie sah, ihr weglaufen. Sie kam näher. Durch das Laub fiel Licht auf ihr Gesicht und ihre geflochtenen Haare, kleine Punkte, die sich bewegten.
Was ich nie bemerkt hatte, sie sah genau aus wie Bailey. Ihr Haar war »gut«, nicht verfilzt, sondern glatt, und ihre Glieder waren ebenmäßig.
Sie schaute hoch. »Na, vom Himmel kann man hier ja nicht gerade viel sehen.« Sie setzte sich nicht weit von mir hin. Sie fand die vorstehenden Wurzeln und legte die Handgelenke darauf wie auf eine Stuhllehne. Langsam lehnte sie sich gegen den Baum. Ich schloß die Augen und dachte darüber nach, daß ich mir jetzt einen anderen Platz suchen mußte. Es war mir unangenehm, daß noch jemand mit seinen eigenen Gefühlen anwesend war. Louise stieß einen kurzen Schrei aus und bevor ich die Augen aufschlug, griff sie nach meiner Hand. »Fast wäre ich gefallen«, sie schüttelte ihre langen Zöpfe, »fast wäre ich in den Himmel gefallen.«

Sie war fähig, in den Himmel zu fallen und gab es zu. Dafür mochte ich sie. Ich schlug vor: »Laß es uns zusammen versuchen. Aber wir müssen aufrecht sitzen und bis fünf zählen.« Louise fragte: »Sollen wir uns an der Hand halten? Für alle Fälle?« Ich nahm ihre Hand. Sollte eine von uns tatsächlich fallen, konnte die andere sie festhalten.
Nach ein paar Beinah-Stürzen in die Ewigkeit (wir beide wußten, was es war), lachten wir über unser Spiel mit Tod und Vernichtung, denen wir entkommen waren.
Louise sagte: »Laß uns den alten Himmel angucken und uns drehen.« In der Mitte der Lichtung faßten wir uns an der Hand und wirbelten herum. Erst sehr langsam. Dann warfen wir den Kopf in den Nacken und sahen auf den blauen Fleck über uns. Schneller, ein bißchen schneller, schneller und noch schneller, Hilfe, ja, wir fielen. Da hatten wir die Ewigkeit erreicht. Wir konnten nicht mehr aufhören, uns zu drehen, ohne zu fallen. Bis die Zentrifugalkraft uns auseinanderriß. Ich fiel auf die Erde, nicht unter sie. Ein wenig benommen fand ich mich am Fuß der Platane wieder. Louise lag auf der anderen Seite der Lichtung auf den Knien.
Das war natürlich ein Grund zum Lachen. Es war schiefgegangen, aber es war eigentlich nichts passiert. Erst krochen wir kichernd und wie betrunken aufeinander zu, dann lachten wir laut und hemmungslos. Wir schlugen uns auf Rücken und Schultern und lachten noch mehr. Irgendwen hatten wir zum Narren gehalten, schlug es nicht einfach alle Rekorde?
Louise hatte mit mir das Unbekannte herausgefordert. So wurde sie meine erste Freundin. Wir vertrieben uns die Langeweile mit der Tuksprache. Du (du-tuk) weißt (wetek eißukt) was (watakas). Den anderen Kindern, die nur Schweinchenlatein sprachen, fühlten wir uns überlegen, denn Tuk war schwer zu sprechen und noch schwerer zu verstehen. Schließlich begann ich auch zu begreifen, wie Mädchengekicher funktioniert. Louise sagte ein paar Sätze in unverständlicher Tuksprache und lachte. Natürlich lachte ich auch. Wirklich, ich wieherte, verstand aber nichts. Vermutlich verstand sie selber weniger als die Hälfte dessen, was sie sagte, aber schließlich müssen Mädchen kichern. Nachdem ich schon seit drei Jahren eine Frau war, wurde ich jetzt zum Mädchen.
In der Schule brachte mir eines Tages ein Mädchen, das ich kaum kannte und mit dem ich selten gesprochen hatte, einen

Zettel. Er war auf umständliche Art zusammengefaltet, ein Liebesbrief. Ich war sicher, daß sie sich in der Person geirrt haben mußte, aber sie bestand darauf. Als ich das Papier auffaltete, mußte ich zugeben, daß ich Angst hatte. Möglicherweise wollte jemand einen Scherz mit mir machen. Vielleicht war da eine widerwärtige Bestie hingemalt und es stand DU drüber. Das machten die Kinder manchmal, weil sie mich für hochnäsig hielten. Zum Glück durfte ich raus auf die Toilette. In der stinkigen Dunkelheit las ich:

> Liebe Freundin M. J.
> Die Zeit ist schwer, die Freunde rar.
> Mit großer Freude schreib ich ein paar
> Grüße. Willst du meine Liebste sein?
> Tommy Veldon

Ich zerbrach mir den Kopf. Wer war Tommy Veldon? Schließlich erinnerte ich mich an ein Gesicht. Es war der gutaussehende braunhäutige Junge, der auf der anderen Seite des Teichs wohnte. Als ich mir sicher war, wunderte ich mich. Wie denn? Warum gerade ich? War das ein Witz? Aber wenn dieser Tommy der Junge war, an den ich dachte, dann war er ein anständiger Mensch und guter Schüler. Also gut, dann war es kein Witz. In Ordnung, aber was für schlimme, schmutzige Dinge hatte er im Kopf? Die Fragen überschlugen sich, eine Armee auf dem Rückzug, in Eile, auf der Suche nach einem sicheren Ort. Die Flanken geschützt. Laßt den Feind nicht in die Lücken stoßen. Überhaupt, was war eine »Liebste«, was hatte sie zu tun?

Als ich das Papier schon in den stinkenden Abfluß werfen wollte, mußte ich an Louise denken. Ich konnte es ihr zeigen. Ich faltete das Papier wieder zusammen, genauso wie es vorher gefaltet war, und ging zurück in die Klasse. Über Mittag mußte ich mich um den Laden kümmern, die Kunden bedienen, hatte also keine Zeit. Ich hatte den Brief in einen Socken gesteckt. Jedesmal, wenn Momma mich ansah, fürchtete ich mich vor ihrem Kirchenblick. Er war wie Röntgenstrahlen. Sie konnte nicht nur den Zettel sehen, lesen, was drauf stand, sondern die Nachricht auch interpretieren. Ich fühlte, wie ich an einer steilen Klippe aus Schuld strandete und hätte zum zweitenmal den Zettel fast vernichtet, fand aber keine Gelegenheit. Dann hörten wir die Schulklingel und Bailey hetzte mich zur Schule.

Fürs erste vergaß ich den Zettel. Aber ernste Angelegenheiten sind nun mal ernst und müssen so behandelt werden. Nach der Schule wartete ich auf Louise. Sie stand in einer Gruppe lachender Mädchen und redete. Ich gab ihr unser Zeichen (zweimal winken mit der linken Hand), sie verabschiedete sich und wir gingen zusammen die Straße hinunter. Ich gab ihr erst gar keine Gelegenheit zu fragen, was los sei (ihre Lieblingsfrage), sondern gab ihr einfach den Zettel. Als sie ihn sah, hörte sie auf zu lächeln. Wir schifften durch tiefe Gewässer. Sie öffnete den Brief und las ihn zweimal laut vor.
»Na, was denkst du?«
Ich sagte: »Was ich denke? Das frage ich dich! Was soll ich davon halten?«
»Sieht so aus, als ob er dich als Liebste haben will.«
»Louise, lesen kann ich selber. Aber was heißt das?«
»Oh, das weißt du doch. Seine Liebste. Seine Geliebte.«
Wieder dieses Wort, das ich haßte. Das betrügerische Wort, das einen angähnt wie ein Vulkan.
»Also ich will nicht. Ich will ganz bestimmt nicht. Nie wieder.«
»Warst du schon mal seine Liebste? Was heißt: nie wieder?«
Ich konnte meine Freundin nicht belügen, aber mir war nicht danach, alte Gespenster aufzuwecken.
»Na ja, du antwortest einfach nicht, dann hat es ein Ende.«
Ich war etwas erleichtert, daß sie glaubte, ich könne die Angelegenheit so einfach loswerden. Ich zerriß den Zettel und gab ihr eine Hälfte. Während wir den Hügel hinuntergingen, rissen wir das Papier in tausend Fetzen und überließen es dem Wind.
Zwei Tage später kam eine Schulsekretärin in unser Klassenzimmer und sprach leise mit unserer Lehrerin, Miss Williams. Miss Williams sagte: »Hört zu. Wie ihr wißt, ist morgen Valentinstag, benannt nach dem Märtyrer Sankt Valentin, der 270 n. Chr. in Rom starb. Der Tag wird gefeiert, indem man kleine Geschenke und Karten austauscht. Die Kinder aus der achten Klasse sind damit fertig, und die Sekretärin spielt den Briefträger. Ihr bekommt jetzt Karton, Borte und rotes Seidenpapier. In der letzten Stunde heute dürft ihr Geschenke basteln. Klebstoff und Scheren gibt es hier am Werktisch. Gut. Wenn euer Name aufgerufen wird, steht ihr auf.«
Sie hatte die Umschläge gemischt und schon ein paar Namen

aufgerufen, bevor ich überhaupt Notiz davon nahm. Ich mußte an den Brief von gestern denken und die kurzentschlossene Reaktion von Louise und mir.
Diejenigen, die aufgerufen wurden, ihre Valentinsgrüße in Empfang zu nehmen, waren kaum aufgeregter als alle anderen, die Miss Williams beim Öffnen der Umschläge zusahen. »Helen Gray.« Helen Gray, ein großes, schwerfälliges Mädchen aus Louisville, versuchte zu kneifen. »Liebe Valentinsfreundin...« Miss Williams las den schlechtgereimten kindlichen Unsinn vor. Ich kochte vor Scham und Spannung und ärgerte mich über die verrückte Poesie. Ich hätte im Schlaf Besseres zustandegebracht.
»Marguerite Anne Johnson. Ach du lieber Gott, das ist ja mehr ein Brief als ein Valentinsgruß. ›Liebe Freundin. Ich habe dir geschrieben und gesehen, wie du mit deiner Freundin, Miss L., den Brief zerrissen hast. Ich hoffe, du wolltest meine Gefühle nicht verletzen. Ob du antwortest oder nicht, du wirst immer meine Valentinsliebe sein. T. V.‹«
»Hört zu!« Miss Williams grinste und machte weiter, ohne daß wir uns setzen durften, »ihr seid zwar erst in der siebten Klasse, aber ich bin sicher, daß ihr nicht so überheblich seid, einen Brief nur mit den Initialen zu unterschreiben. Aber da gibt es einen Jungen in der achten Klasse, der bald seinen Abschluß macht... blah, blah, blah. Wenn ihr rausgeht, könnt ihr eure Valentinsgrüße und diesen Brief mitnehmen.«
Es war ein lieber Brief und Tommy hatte eine schöne Schrift. Es tat mir leid, daß ich den ersten zerrissen hatte. Seine Aussage, es könne seine Gefühle zu mir nicht beeinflussen, ob ich antwortete oder nicht, machte mich sicher. Er konnte nicht hinter herweißwas her sein, wenn er so sprach. Ich erzählte Louise, daß ich ihm etwas Nettes sagen wollte, wenn er das nächste Mal in den Laden kam. Unglücklicherweise fand ich die ganze Situation so wunderbar, daß ich immer, wenn ich Tommy sah, nur das schönste Gekicher zustandebrachte und keinen zusammenhängenden Satz. Nach einiger Zeit hörte er auf, mich sonderlich zu beachten.

21

Hinter dem Haus steckte Bailey Äste in die Erde und schlug mit einer alten Tischdecke ein Zelt auf. Das sollte sein *Captain Marvel* Versteck sein. Dort führte er Mädchen in die Mysterien der Sexualität ein. Eine nach der anderen, Beeindruckte, Ängstliche und Abenteuerlustige, führte er in den grauen Schatten, nachdem er ihnen erklärt hatte, sie würden Mama und Papa spielen. Mir war die Rolle des Babies und der Aufpasserin zugedacht. Die Mädchen mußten die Röcke hochziehen, er legte sich auf sie und wackelte mit den Hüften.
Manchmal mußte ich die Plane anheben (unser Zeichen, daß sich ein Erwachsener näherte) und konnte ihre pathetischen Ringkämpfe sehen, die selbst dann nicht aufhörten, wenn sie sich über die Schule und Filme unterhielten.
Er spielte dieses Spiel schon ein halbes Jahr, als er Joyce traf. Sie war ein Mädchen vom Land und etwa fünf Jahre älter als Bailey (er war noch nicht ganz elf, als sie sich kennenlernten). Ihre Eltern waren gestorben und sie war mit ihren Brüdern und Schwestern zu verschiedenen Verwandten geschickt worden. Joyce war nach Stamps gekommen, zu einer verwitweten Tante, die noch unter den Ärmsten der Stadt stand. Für ihr Alter war Joyce sehr weit entwickelt. Ihre Brüste waren keine kleinen festen Knospen wie bei den anderen Mädchen ihres Alters; sie füllten das Oberteil ihrer engen Kleider aus. Sie ging so steif, als ob sie eine Ladung Holz zwischen den Beinen trug. Ich hielt sie für ordinär, aber Bailey sagte, sie sei sehr nett und er wolle mit ihr im Zelt spielen.
Mit der besonderen Wahrnehmung einer Frau wußte Joyce, daß sie eine Eroberung gemacht hatte. Sie brachte es fertig, sich am Spätnachmittag und sonnabends im Laden herumzutreiben. Während wir im Laden schuften mußten, erledigte sie Botengänge für Momma. Wenn sie in den Laden kam, klebte ihr Baumwollkleid an ihrem dünnen Körper, weil sie den Hügel heruntergerannt war, und Bailey starrte sie oft an, bis der Stoff wieder trocken war.
Momma machte ihr kleine Geschenke, Nahrungsmittel für ihre Tante. Onkel Willie gab ihr sonnabends manchmal einen *Dime* als Gage für ihre Show.
In der Karfreitagswoche durften wir nicht ins Kino gehen (Momma sagte, wir sollten unsere Seelen heiligen und reini-

gen). Bailey und Joyce entschlossen sich zum Mama-Papa-Spiel. Wie immer mußte ich das Baby sein.
Er öffnete das Zelt und Joyce kroch zuerst rein. Mich ließ Bailey draußen sitzen, ich sollte mit meiner Puppe spielen. Dann ging er hinein und zog die Plane runter.
»He, willst du die Hose nicht aufmachen?« Joyce sprach mit gedämpfter Stimme.
»Nein. Du brauchst nur dein Kleid hochziehn.«
Es raschelte im Zelt und die Wände bauschten sich, offenbar versuchten sie, aufzustehn.
Bailey fragte: »Was machst du denn da?«
»Ich ziehe meinen Schlüpfer aus.«
»Wozu denn das?«
»Wir können es doch nicht machen, wenn ich ihn anlasse.«
»Wieso?«
»Wie willst du ihn denn dann reinkriegen?«
Schweigen. Mein armer Bruder wußte nicht, was sie meinte. Ich hob die Plane hoch und sagte: »Joyce, mach das nicht mit meinem Bruder.« Fast hätte sie gebrüllt, aber sie beherrschte sich. »Marguerite, mach die Tür zu.« Bailey ergänzte: »Ja, mach sie zu. Du sollst mit deiner Puppe spielen.« Ich fürchtete, daß er ins Krankenhaus mußte, wenn er sie gewähren ließ, deshalb warnte ich ihn: »Bailey, wenn du sie das machen läßt, wird es dir leid tun.« Aber er drohte mir, einen Monat lang nicht mehr mit mir zu reden, wenn ich nicht die Tür zumachte. Da ließ ich die Plane schließlich fallen und setzte mich vor dem Zelt ins Gras.
Joyce streckte den Kopf raus und sagte mit zuckersüßer Stimme, wie weiße Frauen in Filmen: »Baby, hol uns ein wenig Holz. Daddy und ich wollen Feuer machen. Dann backe ich dir Kuchen.« Dann schlug ihre Stimme um, als ob sie gleich zuschlagen wollte. »Hau ab, verdammt!« Bailey erzählte mir später, daß Joyce Haare auf ihrem »Ding« hatte. Das käme davon, daß sie es schon mit vielen Jungen »gemacht« hatte. Sie habe sogar Haare unter den Achseln, auf beiden Seiten. Er war mächtig stolz auf ihre Eigenschaften.
Im weiteren Fortgang der Liebesaffäre begann er, immer mehr Dinge aus dem Laden zu klauen. Wir hatten uns immer Bonbons und ein paar Nickels genommen, natürlich auch die sauren Pickles, aber jetzt nahm Bailey, der Joyce's Rabenhunger stillen mußte, ganze Ölsardinenbüchsen, polnische Fett-

saucen, Käse und sogar die teuren Lachsdosen, die selbst unsere Familie sich selten leisten konnte.
Zu dieser Zeit ließ auch Joyce' Bereitschaft nach, kleine Aufträge zu erledigen. Sie klagte über Unwohlsein. Obwohl sie jetzt immer ein paar Münzen besaß, hing sie im Laden herum, aß Planters Erdnüsse und trank Dr. Pepper.
Momma scheuchte sie ein paarmal weg. »Hast du nicht gesagt, daß es dir nicht gutgeht, Joyce? Willst du nicht lieber nach Hause gehn, damit deine Tante was für dich tun kann?«
»Ja, Ma'am.« Widerwillig trollte sie sich von der Veranda, bewegte sich in ihrem steifen Gang den Hügel hinauf und verschwand.
Ich denke, sie war Baileys erste Liebe außerhalb der Familie. Für ihn war sie die Mutter, die ihn so nahe an sich heranließ, wie er es sich erträumte, die Schwester, die weder launenhaft war noch sich entzog, weder verheult noch zu sensibel war. Er mußte nur Essen herbeischaffen, dann blieb ihm ihre Zuneidung erhalten. Es machte ihm nichts aus, daß sie fast eine Frau war. Vielleicht machte sie gerade das attraktiv.
Ein paar Monate blieb sie, dann verschwand sie, wie sie gekommen war, im Nichts. Keine Gerüchte, keine Vermutungen, wohin sie gegangen war und wo sie sich aufhielt. Noch bevor ich erfuhr, daß sie weg war, bemerkte ich die Veränderung an Bailey. Er wurde grüblerisch, und man kann sicher sagen, er wurde blasser. Momma bemerkte es auch und sagte, das käme vom Wechsel der Jahreszeit (der Herbst rückte näher). Sie ging in den Wald, Kräuter sammeln, machte ihm Tee und zwang ihn, löffelweise Schwefelpulver mit Sirup zu schlucken. Die Tatsache, daß er sich nicht wehrte, sondern wortlos seine Medizin schluckte, zeigte, daß er zweifellos krank war.
Als Joyce Bailey in ihren Fängen hatte, konnte ich sie schon nicht leiden, nachdem sie verschwunden war, haßte ich sie. Nun vermißte ich die Toleranz, die ihre Anwesenheit bei ihm ausgelöst hatte (er verzichtete fast völlig auf seine zynischen Bemerkungen und Witze über die Landbevölkerung). Außerdem teilte er wieder seine Geheimnisse mit mir. Aber seit sie weg war, übertraf er mich an Verschwiegenheit. Er schloß sich ab wie ein Stein, den der Teich geschluckt hatte. Es gab keinen Hinweis darauf, daß er sich je wieder öffnen wollte und wenn ich sie erwähnte, antwortete er nur: »Joyce wer?«

Monate später bediente Momma Joyce' Tante und sagte: »Ja
Ma'am, Mrs. Goodman, man hat es nicht leicht im Leben.«
Mrs. Goodman lehnte sich auf eine rote Colakiste. »Ja, Schwester Henderson, das ist die reine Wahrheit.« Sie nuckelte an
ihrem teuren Drink. »Die Dinge ändern sich so schnell, daß
einem der Kopf wegfliegt.« Das war Mommas Art, ein Gespräch anzufangen. Ich war mucksmäuschenstill, um den
Klatsch mitzubekommen, Bailey alles zu erzählen. »Nehmen
wir die kleine Joyce. Sie war immer hier im Laden. Dann löste
sie sich in Rauch auf. Seit Monaten haben wir sie nicht
gesehen, nichts von ihr gehört.«
»Nein. Ich schäme mich... zu erzählen, wie das kam.«
Sie setzte sich auf einen Küchenstuhl. Momma sah mich im
Schatten stehen. »Schwester, der Herr hat kleine Nachtigallen
mit großen Ohren nicht gern. Wenn du nichts zu tun hast,
kann ich dir Arbeit verschaffen.« Ich mußte mich hinter die
Küchentür begeben, um die Wahrheit zu erfahren.
»Ich besitze nicht viel, Schwester Henderson. Aber ich habe
dem Kind gegeben, was ich hatte.«
Momma sagte, daran zweifle sie nicht.
»Nach allem, was ich für sie getan habe, ist sie mit einem
Zugschaffner durchgebrannt. Sie ist genau so ein loses Weib-
stück wie früher ihre Mutter. Man sagt ja, ›die Stimme des
Blutes‹.«
Momma fragte: »Wo hat sie denn die Schlange gebissen?«
»Nun, verstehen Sie mich nicht falsch, Schwester Henderson,
ich mache Ihnen keinen Vorwurf, ich weiß, daß Sie eine
gottesfürchtige Frau sind. Aber es scheint, sie hat ihn hier
getroffen.«
Momma war ganz durcheinander. Solche Sachen in ihrem
Laden? Sie fragte: »Im Laden?«
»Ja, Ma'am. Erinnern Sie sich, wie dieser Haufen Elks zum
Baseballspiel hier war? (Momma mußte sich erinnern, ich
wußte es auch noch.) Nun, wie sich herausstellte, war er einer
von denen. Sie hat mir eine winzige Nachricht dagelassen. Die
Leute in Stamps seien zu gut für sie. Sie habe nur einen Freund
gehabt, Ihr Enkel, Ma'am. Schreibt, sie ginge nach Dallas,
Texas, den Schaffner zu heiraten.«
Momma sagte: »Großer Gott!«
Mrs. Goodman fuhr fort: »Wissen Sie, Schwester Henderson,
sie war nicht lange genug bei mir, um anständiges Benehmen

zu lernen, aber ich vermisse sie sehr. Sie konnte sehr lieb sein, wenn sie wollte.« Momma drückte ihr Beileid aus: »Ja, wir müssen uns immer die Worte der Schrift vor Augen halten. ›Der Herr hats gegeben, der Herr hats genommen, der Name des Herrn sei gelobt.‹«

Ich wußte nicht, wie lange Bailey schon über Joyce Bescheid wußte, aber als ich am Abend versuchte, ihren Namen ins Gespräch zu bringen, sagte er: »Joyce? Sie hat einen gefunden, der es ihr jetzt immer macht.« Das war das letzte Mal, daß ihr Name erwähnt wurde.

22

Der Wind fegte übers Dach und rüttelte an den Schindeln. Scharf pfiff er unter der geschlossenen Tür durch. Der Schornstein gab angstvolle Geräusche von sich, protestierte gegen die gefährlichen Böen, die ihn erschütterten. Eine Meile entfernt krachte die alte *Kansas City Kate* (der wunderbare Zug, der viel zu wichtig war, um in Stamps anzuhalten) durch das Stadtzentrum, woo-woo heulte die Signalpfeife, und fuhr ohne Unterlaß seinem unbekannten glänzenden Ziel entgegen.

Ein Sturm kam auf. Es war die geeignete Nacht, um Jane Eyre wieder zu lesen. Bailey war mit seinen Aufgaben fertig und saß schon mit Mark Twain hinterm Ofen. Ich mußte noch abschließen und mein Buch lag halbgelesen auf der Zuckertheke. Ich war ziemlich sicher, daß Onkel Willie einverstanden war, mich sogar auffordern würde, früher zuzumachen, weil das Wetter schlecht war. So konnten wir Strom sparen und uns in Großmutters Schlafzimmer, das zugleich unsere gute Stube war, versammeln. Bei diesem Wetter, das zum Tornado zu werden drohte, waren nur wenige Leute unterwegs. (Trotz des Sturms war der Himmel klar und unbewegt wie an einem Sommermorgen.) Auch Momma war der Ansicht, daß wir ebensogut schließen konnten. Ich ging raus auf die Veranda, schloß die Fensterläden, legte den Holzriegel vor und machte das Licht aus.

In der Küche klapperten die Töpfe. Momma briet Maiskuchen zur Gemüsesuppe. Die vertrauten Geräusche und Gerüche wärmten mich, während ich von Jane Eyre las, ihrem kalten englischen Landhaus, das einem noch kälteren englischen

Gentleman gehörte. Onkel Willie war in den »Almanach« vertieft, seiner üblichen Abendlektüre, und mein Bruder war weit weg, mit einem Floß auf dem Mississippi.
Ich hörte das Rütteln an der Hintertür als erste. Ein Rütteln und ein Klopfen, Klopfen und Rütteln. Vielleicht war es die verrückte Frau aus dem Turm, ich beachtete es nicht. Dann hörte es Onkel Willie, riß Bailey von Huck Finn los und kommandierte ihn zur Hintertür, Schloß und Riegel zu öffnen. Durch die offene Tür fiel Mondlicht ins Zimmer, ein kalter strahlender Glanz gegen unser armseliges Lampenlicht. Wir alle saßen in angstvoller Spannung da, denn es war kein menschliches Wesen zu sehen. Nur der Wind kam herein, schüttelte die schwache Flamme der Öllampe und vertrieb die Wärme, die unser dickbauchiger Ofen ausstrahlte. Onkel Willie glaubte, es sei nur der Sturm gewesen und ließ Bailey die Tür wieder schließen. Doch gerade, als er den groben Holzriegel vorschieben wollte, drang eine Stimme durch die Ritzen. Sie zischelte: »Schwester Henderson? Bruder Willie?«
Bailey hatte die Tür fast wieder verschlossen. Onkel Willie fragte: »Wer ist da?« Da schob Mr. George Taylor sein mageres braunes Gesicht aus dem Grau ins Licht. Er ließ sich versichern, daß wir noch nicht ins Bett gegangen waren, und wurde hereingebeten. Als Momma ihn sah, lud sie ihn zum Abendessen ein und trug mir auf, in der Asche ein paar süße Kartoffeln zu rösten, damit wir mehr hatten. Seit der arme Bruder Taylor im Sommer seine Frau begraben hatte, aß er sich überall in der Stadt durch. Ich hatte Angst, er wolle Momma heiraten und bei uns bleiben, vielleicht, weil ich gerade in einer romantischen Phase war oder weil Kinder einen eingebauten Überlebensapparat haben.
Onkel Willie schlug den Almanach wieder in seinen zerrissenen Umschlag ein. »Du bist hier jederzeit willkommen, Bruder Taylor, jederzeit, aber heute ist eine böse Nacht. Hier heißt es gerade«, er pochte mit seiner verkrüppelten Hand auf den Almanach, »daß am zwölften November ein Sturm aus dem Osten über Stamps hinwegziehen wird. Eine rauhe Nacht.«
Mr. Taylor blieb genau in der Stellung, die er eingenommen hatte, als er ankam. Wie eine Person, die so verfroren ist, daß sie den Körper nicht einmal aufrichten kann, um näher ans Feuer zu kommen. Er beugte den Kopf und das Feuer spielte auf der polierten Haut seiner Glatze. Aber seine Augen zogen mich

in Bann. Sie saßen tief in dem kleinen Gesicht, kugelrund hervorstechend. Sie schienen wie von einem starken Federhalter gezeichnet und gaben ihm das Aussehen einer Eule. Als er spürte, daß ich ihn unverwandt ansah, bewegte er kaum den Kopf, doch seine Blicke schwirrten umher und landeten bei mir. Wäre sein Aussehen väterlich, verführerisch oder von sonst einer Art, in der Erwachsene auf Kinder wirken, wäre es mir leicht gefallen, zu meinem Buch zurückzukehren. Aber aus seinen Augen sprach ein wäßriges Nichts, ein völlig unerträgliches Nichts. Eine Glasigkeit, die ich nur von neuen Murmeln kannte, von Flaschenspitzen, die aus einer Eiskiste ragten. »Aber wie gesagt, du bist willkommen. Unter diesem Dach gibt es immer einen Platz.« Onkel Willie schien nicht zu merken, daß Mr. Taylor gar nicht zuhörte. Momma trug die Suppe ins Zimmer, nahm den Kessel vom Ofen und stellte den dampfenden Topf aufs Feuer. Onkel Willie sprach weiter: »Momma, ich habe Bruder Taylor grade gesagt, daß er hier immer willkommen ist.« Momma sagte: »So ist es, Bruder Taylor. Du solltest nicht in dem einsamen Haus herumsitzen und dich selbst bemitleiden. Der Herr gibt, der Herr nimmt.«

Ich weiß nicht, ob es Momma oder die blubbernde Suppe auf dem Ofen war, die Mr. Taylor einigermaßen wiederbelebte. Er reckte die Schultern, als ob er eine drückende Last abwürfe, und verzerrte den Mund zu einem schiefen Grinsen. »Schwester Henderson, das ist sehr entgegenkommend ... Ich meine, ich weiß nicht, was ich tun würde, wenn nicht für jeden ... Ich meine, Sie können sich gar nicht vorstellen, was es für mich bedeutet, wenn ich ... na ja, ich meine, daß ich sehr dankbar bin.« Bei jeder Pause schlug er das Kinn gegen die Brust wie eine Schildkröte, die aus dem Panzer kommt, aber seine Augen blieben unverändert.

Momma blieb gegenüber öffentlicher Zurschaustellung von Gefühlen aus nichtreligiösen Quellen immer sehr selbstbewußt. Sie sagte mir, ich solle mitkommen, Brot und Schüsseln holen. Sie trug das Essen, und ich trottete mit der Kerosinlampe hinter ihr her. Das neue Licht gab dem Raum schroffe, unheimliche Konturen. Bailey saß still in sein Buch vertieft, ein buckliger schwarzer Gnom. Sein Finger war den Augen schon eine Seite voraus. Onkel Willie und Mr. Taylor waren verfroren wie Gestalten aus einem Buch über die Geschichte der amerikanischen Neger.

»Nun komm, Bruder Taylor.« Momma drückte ihm eine Schüssel Suppe in die Hand. »Du bist vielleicht nicht hungrig, aber nimm nur etwas Nahrung zu dir.« Ihre Stimme klang nach zärtlicher Sorge, eine Gesunde zu einem Invaliden und ihre einfache Aussage klang begeisternd wahr: »Ich bin dankbar.« Bailey verließ seine Abgeschiedenheit und ging Hände waschen. »Willie, sprich das Gebet.« Momma stellte Bailey die Schüssel hin und beugte den Kopf. Während des Dankgebets stand Bailey im Flur, eine Gestalt aus Gehorsam. Ich wußte aber, daß er mit seinen Gedanken bei Tom Sawyer und Jim war, so wie ich an Jane Eyre und Mr. Rochester gedacht hätte, wären da nicht die glänzenden Augen des verhutzelten Mr. Taylor gewesen.
Anstandshalber aß unser Gast ein paar Löffel Suppe und einige Bissen Brot, dann stellte er die Schüssel auf den Boden. Während wir geräuschvoll aßen, zog etwas im Feuer seine Aufmerksamkeit auf sich.
Momma merkte, daß er ganz abwesend war, und sagte: »Es ist nicht gut für dich, wenn du so weitermachst. Ich weiß, ihr wart eine lange Zeit zusammen, alles in allem...«
Onkel Willie sagte: »Vierzig Jahre!«
»... aber es ist nun ungefähr sechs Monate her, seit sie die ewige Ruhe gefunden hat... du solltest zuversichtlich bleiben. Er gibt uns nie mehr auf, als wir tragen können.« Die Erklärung munterte Mr. Taylor, wieder seine Schüssel zu nehmen. Er rührte mit dem Löffel in der dicken Suppe herum. Als Momma sah, daß er reagierte, sagte sie: »Ihr hattet viele gute Jahre. Solltest dankbar sein dafür. Es ist nur schade, daß ihr keine Kinder hattet.«
Schlagartig änderte sich Mr. Taylors Gesichtsausdruck. Im selben Augenblick, als seine Schüssel wieder auf dem Boden stand, lehnte er sich mit dem Oberkörper zu Großmutter hinüber. Das Verblüffendste war sein Gesicht. Die Erregung unter der dünnen Haut verdunkelte die braune Fläche. Er öffnete den Mund und zeigte die langen Zähne: ein dunkler Raum, möbliert mit ein paar weißen Stühlen. »Kinder.« Wie ein Kaugummi schob er das Wort im leeren Mund herum. »Yes, Sir. Kinder.« Bailey und ich, gewohnt so angeredet zu werden, sahen ihn erwartungsvoll an.
»Das ist es, was sie will!« Er verdrehte seine Augen so lebhaft, als wollten sie aus den Höhlen springen. »Das wars, was sie

sagte: Kinder.« Momma fragte in ihrer Netteleutestimme: »Wer sagte das, Bruder Taylor?« Sie wußte die Antwort. Wir wußten alle die Antwort. »Florida.« Er ballte die runzeligen kleinen Hände zu Fäusten, streckte die Finger aus, ballte sie wieder.
»Sie sagt: ›Ich will Kinder.‹« Seine ohnehin hohe Stimme war jetzt wie die seiner Frau, Florida, und zuckte durch den Raum wie ein Blitz. Onkel Willie hatte aufgehört zu essen und sah ihn an, im Blick etwas wie Mitleid. »Vielleicht hast du geträumt, Bruder Taylor. Es könnte ein Traum gewesen sein.«
Momma kam beschwichtigend zu Hilfe: »Das stimmt. Weißt du, die Kinder haben mir neulich was vorgelesen. Stand drin, die Leute träumen, was ihnen beim Einschlafen so in den Kopf kommt.« Mr. Taylor richtete sich auf. »Es war kein Traum. Ich war genauso wach wie jetzt, in dieser Sekunde.« Er war zornig, seine kleine Maske des Starken verhärtete sich. »Ich will euch erzählen, was passiert ist.« O Herr, eine Geistergeschichte! Ich haßte und fürchtete die langen Winternächte, wenn Kunden noch spät in den Laden kamen, ums Feuer saßen, Erdnüsse rösteten und sich darin zu überbieten versuchten, unheimliche Geschichten über Geister und Gespenster zu erzählen, über Todesfeen, *Voodoos* und andere Schauergestalten. Aber nun eine echte Geschichte, eine, die einer wirklichen Person zugestoßen war, noch dazu letzte Nacht. Das wurde mir zuviel. Ich stand auf und ging zum Fenster.
Mrs. Florida Taylors Beerdigung war im Juni gewesen, als wir unter dem Druck unserer Abschlußprüfung standen. Bailey, Louise und ich hatten unsere Sache gut gemacht und waren sehr mit uns zufrieden. Golden lag der Sommer vor uns, versprach Picknicks und Fischbratfeste, Beerensuche und Crocketspiele bis zum Einbruch der Dunkelheit. Wer versucht hätte, in mein Wohlbefinden einzudringen, wäre verloren gewesen. Ich las und liebte die Schwestern Brontë und ersetzte Kiplings *If* durch *Invictus*. Meine Freundschaft zu Louise festigte sich durch gemeinsame Streiche und Spiele. Mit vielen »Hand aufs Herz, sag es mir« tauschten wir tiefe und dunkle Geständnisse. Ich erzählte ihr nie von St. Louis. Denn ich war dahin gekommen, diesen Alptraum samt Schuld und Furcht, die ihn begleiteten, nicht mehr für ein wirkliches Ereignis zu halten. Das war vor Jahr und Tag einem bösen kleinen Mädchen passiert und hatte mit mir nicht das mindeste zu tun.

Zunächst hatte mich die Nachricht, daß Mrs. Taylor tot sei, nicht mehr berührt als andere Neuigkeiten. Da sie sehr alt war, hatte sie für mein kindliches Denken das einzig Richtige getan: sie war gestorben. Sie war eine recht freundliche Erscheinung gewesen, mit zierlichen Altersschritten und kleinen Händen, sanften Klauen, die gern junge Haut berührten. Immer wenn sie in den Laden kam, mußte ich zu ihr gehen, und sie kratzte mir mit ihren gelben Fingernägeln über die Backen. »Du hast hübsch Farbe im Gesicht bekommen.« Das war ein seltenes Kompliment in einer Welt ohne Lobesworte und glich die Berührung mit den trockenen Fingern wieder aus.
Für Momma war es gar keine Frage: »Du gehst zum Begräbnis, Schwester!«
Sie sagte: »Du gehst, weil Schwester Taylor soviel von dir gehalten hat, daß sie dir ihre gelbe Brosche hinterlassen hat. (Sie vermied es, goldene Brosche zu sagen, denn das wäre unwahr gewesen.) Sie hat zu Bruder Taylor gesagt, ich will, daß Schwester Hendersons Enkelin meine goldene Brosche bekommt. Also gehst du hin!«
Ich war schon einigen Särgen oben auf dem Hügel gefolgt. Weil Momma mich für sehr sensibel hielt, war ich jedoch noch nie gezwungen worden, in einen Trauergottesdienst zu gehen. Im Alter von elf Jahren wirkt der Tod eher unwirklich als erschreckend. Mir kam es vor wie die Verschwendung eines guten Nachmittags, wegen einer verrückten alten Brosche in der Kirche rumzusitzen. Abgesehen davon, daß sie nicht aus Gold war, konnte ich sie nicht einmal tragen, weil sie zu alt war. Aber Momma hatte gesagt, daß ich hingehen mußte, also war ich da.
In blauen Serge- und Kreppkleidern verbreiteten die Klagenden in den ersten Reihen Düsternis und Schwermut. Schüchtern, aber dann erfolgreich, wurde eine Grabeshymne im Rund der Kirche angestimmt. Sie sank ins Herz, legte sich auf jeden frohen Gedanken und kroch in jeden Winkel mit glücklichen Erinnerungen. Zerstörte das Licht und war zugleich hoffnungsvoll: »Am andern Ufer des Jordan ist Friede für die Müden, ist Friede auch für mich.« Das unausweichliche Ziel allen Lebens schien nur einen Schritt weit entfernt. Ich hatte noch nie daran gedacht, daß Sterben und Tod Wörter waren, die auch nur das geringste mit mir zu tun haben könnten. An diesem bedrückenden Tag jenseits des Trostes wurde mir aus

den schweren Gezeiten des Schicksals meine eigene Sterblichkeit geboren.
Nachdem das Klagelied beendet war, begab sich der Pfarrer zum Altar und hielt eine Predigt, die meinen Zustand etwas besserte. Sein Thema hieß: »Du bist mein treuer Diener, an dem ich Wohlgefallen habe.« Seine Stimme drang durch die Düsternis, die der Gesang zurückgelassen hatte. Mit monotoner Stimme warnte er die Zuhörer: »Dieser Tag kann euer letzter sein.« Das beste Mittel gegen das Sterben in Sünde sei »mit Gott ins reine zu kommen«. Dann werde er am Schicksalstag sagen: »Du bist mein treuer Diener, an dem ich Wohlgefallen habe.«
Nachdem er uns die Angst vorm kalten Grab unter die Haut gerieben hatte, sprach er über Mrs. Taylor. »Eine fromme Frau, die den Armen gab, die Kranken besuchte, der Kirche fest verbunden war und überhaupt ein gutes Leben führte.« An dieser Stelle begann er, sich direkt dem Sarg zuzuwenden, den ich bei meiner Ankunft kurz wahrgenommen und dann angestrengt ignoriert hatte.
»Ich hungerte und ihr gabt mir zu essen. Ich dürstete und ihr gabt mir zu trinken. Ich war krank und ihr habt mich besucht. Ich war im Gefängnis und ihr habt mich nicht verlassen. Was ihr getan habt einem dieser meiner geringsten Brüder, das habt ihr mir getan.« Er verließ das Podium und näherte sich dem samtgrauen Kasten. Mit hoheitsvoller Geste zog er den grauen Stoff vom Sarg und starrte auf das offene Mysterium.
»Schlaf weiter, schöne Seele, bis Christus dich in den glanzvollen Himmel ruft.«
Er redete die tote Frau noch weiter an und so halb wünschte ich mir, daß sie beleidigt über die grobe Annäherung aufstünde und ihm antwortete. Mr. Taylor stieß einen Schrei aus. Er stand plötzlich auf und streckte die Arme nach dem Pfarrer, dem Sarg und dem Leichnam seiner Frau aus. Eine lange Minute stand er schwankend mit dem Rücken zur Gemeinde, während die Worte der Predigt durch den Raum hallten, voller Warnungen und reich an Verheißung. Momma und die anderen Damen erreichten ihn rechtzeitig genug, um ihn wieder in die Bank zu drücken, wo er bald darauf wie eine Stoffpuppe zusammenklappte. Mr. Taylor und die hohen Würdenträger der Kirche waren die ersten, die an der Bahre Aufstellung

nahmen, um von der Verstorbenen Abschied zu nehmen, einen flüchtigen Blick auf das zu werfen, was alle Menschen erwartet. Angesichts der Toten wurde die Schuld der Lebenden noch größer und ihre Schritte wurden schwer. Die ganze Gemeinde ging zum Sarg und wieder zurück auf ihre Plätze. Bevor sie den Sarg erreichten, waren ihre Gesichter betroffen, auf dem Rückweg entspannten sie sich, als seien ihre Ängste endgültig bestätigt worden. Sie zu beobachten war wie der heimliche Blick durch ein Fenster vor Einbruch der Dämmerung. Ich strengte mich nicht an, aber es war unmöglich zu übersehen, welche Rolle sie in dem Drama spielten.

Eine Sakristanin im schwarzen Kleid deutete hölzern mit der Hand auf die Reihen der Kinder. Das Zögern führte zu einem unruhigen Gerascheln. Schließlich führte uns ein vierzehnjähriger Junge an. Ich wagte nicht, zurückzubleiben, obwohl mir die Vorstellung, Mrs. Taylor zu sehen, verhaßt war. In der Kirche mischte sich Gestöhn und Geschrei mit dem ermüdenden Geruch schwarzer Wollkleidung im Sommer, der grünen Blätter und gelben Blumen, die verwelkten. Ich konnte nicht unterscheiden, was ich roch und hörte: den bedrückenden Ton des Elends oder den widerlichen Geruch des Todes.

Es wäre leichter gewesen, den verhüllten Körper zu betrachten, doch ich sah in das starre Gesicht. Es erschien mir leer und böse. Es barg Geheimnisse, die ich keinesfalls teilen wollte. Die Backen waren bis an die Ohren eingefallen und ein beflissener Leichenbestatter hatte Lippenstift auf den schwarzen Mund gelegt. Süß und beklemmend war der Geruch des Zerfalls. Er tastete gierig und haßerfüllt nach dem Leben. Doch das alles war hypnotisierend. Ich wollte fort, aber meine Schuhe waren am Boden festgeschmolzen und ich mußte mich am Rand des Sarges festhalten, um nicht umzufallen. Der unvorhergesehene Stau in der Schlange führte dazu, daß sich die Kinder aneinanderpreßten und anzügliches Geflüster drang an mein Ohr.

»Geh weiter, Schwester. Geh weiter!« Das war Momma. Ihre Stimme gab meinem Willen einen Stoß. Irgendwer schubste mich weiter, befreite mich.

In diesem Augenblick unterwarf ich mich der Macht des Todes. Seine Fähigkeit, Mrs. Taylor derart zu verwandeln, überzeugte

mich davon, daß man ihm nicht widerstehen konnte. Ihre hohe Fistelstimme, die die Luft im Laden zerteilt hatte, war für immer verstummt, ihr plumpes braunes Gesicht war eingefallen und platt wie ein Kuhfladen.
Der Sarg wurde mit einem Pferdewagen zum Friedhof gebracht. Auf dem ganzen Weg hielt ich Zwiesprache mit den Todesengeln, fragte, wie sie Zeit, Ort und Person auswählten.
Zum ersten Mal hatte eine Bestattungszeremonie Bedeutung für mich.
»Asche zu Asche, Staub zu Staub.«
Zweifellos kehrte Mrs. Taylor zur Erde zurück, wie sie aus ihr gekommen war. Ich schloß meine Überlegungen damit ab, daß sie wie ein schmutziges Baby ausgesehen hatte, auf dem weißen Satinbezug des Sargs. Ein schmutziges Baby, an einem regnerischen Tag von träumenden Kindern geformt, um sogleich wieder in die lockere Erde zu sinken.
Die Bilder der grimmigen Zeremonie waren noch so lebendig in mir, daß ich überrascht aufsah. Momma und Onkel Willie saßen essend neben dem Ofen. Sie waren weder beunruhigt noch aufgeregt. Als wollten sie zu verstehen geben, daß ein Mann sagen muß, was er zu sagen hat. Aber ich wollte nichts davon hören und der Wind, der sich mit mir verbündete, schüttelte den Chinabaum vor der Hintertür.
»Letzte Nacht, nach dem Beten, leg ich mich in mein Bett. Ja. Wie ihr wißt, dasselbe Bett, in dem sie gestorben ist.« O hätte er nur den Mund gehalten. Momma sagte: »Schwester, setz dich hin und iß deine Suppe. In so einer kalten Nacht brauchst du was Heißes im Magen. Bitte, Bruder Taylor, erzähl weiter.« Ich setzte mich hin und rückte so nah wie möglich an Bailey heran.
»Nun, irgendwas sagte mir, ich solle die Augen öffnen.«
»Was für ein Irgendwas?« Momma fragte, ohne den Löffel wegzulegen.
»Ja, Sir«, erklärte Onkel Willie, »es gibt ein gutes Irgendwas und ein böses Irgendwas.«
»Ja also, ich war mir nicht sicher. Ich entschloß mich, sie aufzumachen, denn, na ja, es konnte ja nur das eine oder das andere sein.«
Onkel Willie fragte: »Ein Babyengel?«
»Ja, Sir. Und es lachte mir direkt ins Gesicht.

Dann hörte ich dieses langanhaltende Stöhnen: Ah-h-h. Na ja, wie sie sagen, Schwester Henderson, wir waren über vierzig Jahre zusammen. Ich kenne Floridas Stimme. Da war ich nicht mehr beunruhigt. Ich rief: Florida? Da lachte dieser Engel noch lauter und auch das Stöhnen wurde stärker.«
Ich setzte meine Schüssel ab und rückte noch näher an Bailey heran. Mrs. Taylor war eine sehr freundliche Frau gewesen, sie hatte immer gelächelt und war geduldig. Das einzige, was mir unangenehm war und mich störte, war ihre Stimme. Wie alle Leute, die fast taub sind, schrie sie. Sie hörte selber kaum, was sie sagte, und hoffte, daß die Leute genauso laut antworteten. Das war, als sie noch lebte. Der Gedanke, diese Stimme käme aus dem Grab, über den ganzen langen Weg vom Hügel bis über meinen Kopf, ließ mir die Haare zu Berge stehen.
»Ja, Sir.« Er sah zum Ofen, und der rote Schein fiel auf sein Gesicht. Das Feuer schien in seinem Kopf zu brennen. »Erst rief ich: Florida, Florida. Was willst du? Und dieser teuflische Engel lachte weiter wie ein Tanzorchester.« Mr. Taylor versuchte zu lachen, schaffte es aber nur, erschrocken auszusehen. »Ich will ein paar ... Das sagte sie: Ich will ein paar ...« Seine Stimme ahmte den Wind nach, einen Wind mit Bronchitis. Er pfiff: »Ich will ein paar Ki-hin-der.«
Bailey und ich fanden uns auf halbem Weg im zugigen Flur wieder. Momma sagte: »Also, Bruder Taylor, das kannst du auch geträumt haben. Du weißt doch, man sagt, was man im Kopf hat, wenn man schlafen geht ...« »Nein, Ma'am, Schwester Henderson. Ich war so wach wie jetzt.« »Hat sie sich angucken lassen?« Onkel Willie hatte einen verträumten Gesichtsausdruck. »Nein, Willie. Alles, was ich gesehen hab, war der kleine fette weiße Babyengel. Aber die Stimme, das war kein Irrtum ... Ich will ein paar Kinder.« Vom kalten Wind hatte ich eisige Füße und einen eiskalten Rücken. Die Erscheinung, die Mr. Taylor gesehen hatte, ließ mir das Blut stocken.
Momma sagte: »Geh, Schwester, hol die lange Gabel für die Kartoffeln.«
»Ma'am?« Sie meinte doch nicht etwa die lange Gabel, die über dem Küchenherd hing, meilenweit entfernt. »Ich sagte, hol die Gabel. Die Kartoffeln brennen an.«
Ich löste meine Beine aus der Erstarrung und stolperte auf den

Ofen zu. Momma sagte: »Dieses Kind würde über ein Teppichmuster stolpern. Weiter, Bruder Taylor, hat sie noch mehr gesagt?«
Und wenn schon, ich wollte es nicht hören. Andrerseits hatte ich kein Bedürfnis, den hellen Raum zu verlassen, wo meine Familie um das anheimelnde Feuer saß.
Ich erreichte das Niemandsland der Dunkelheit. Die Entscheidung fiel mir nun nicht mehr schwer. Ich wußte, daß es eine Qual war, durch das tiefe Schwarz in Onkel Willies Schlafzimmer zu gehen, doch das war immer noch leichter, als herumzustehen und der makabren Geschichte zuzuhören. Außerdem konnte ich es mir nicht leisten, Momma zu verärgern. Wenn sie beleidigt war, mußte ich am Rand des Bettes schlafen und gerade in dieser Nacht brauchte ich ihre Nähe.
Der Schritt in die Dunkelheit, das Gefühl, die Wirklichkeit zu verlassen, versetzte mich fast in Panik. Ich stellte mir vor, nie wieder ins Licht zurückzukehren. Schleunigst fand ich die Tür zum Wohnzimmer wieder. Doch als ich sie öffnete, hörte ich wieder die schreckliche Geschichte und hielt mir die Ohren zu. Ich schloß die Tür. Natürlich glaubte ich an Geister, Gespenster und Erscheinungen. Ich war von einer superreligiösen Großmutter aus dem Süden erzogen worden, und es wäre nicht normal gewesen, wenn ich nicht abergläubisch geworden wäre. Die Reise in die Küche und wieder zurück kann nicht länger als zwei Minuten gedauert haben, aber damals wanderte ich über sumpfige Friedhöfe, kletterte über verstaubte Grabsteine und wich Schwärmen nachtschwarzer Katzen aus.
Wieder im Kreis der Familie fiel mir auf, wie sehr der rotglühende Ofen dem Auge eines Zyklopen glich.
»Ich erinnere mich an die Zeit, als mein Vater starb. Ihr wißt, wir hatten ein sehr enges Verhältnis.« Mr. Taylor hatte sich völlig in die unheimliche Welt des Schreckens versetzt.
Ich unterbrach ihn in seinen Erinnerungen. »Momma, hier ist die Gabel.« Bailey hatte sich hinterm Ofen auf die Seite gerollt. Seine Augen glänzten. Er war mehr von Mr. Taylors krankhafter Lust am Übernatürlichen fasziniert, als von der Geschichte selbst. Momma legte mir die Hand auf den Arm und sagte: »Du zitterst ja, Schwester. Was ist denn los?« Vor Angst hatte ich immer noch eine Gänsehaut.
Onkel Willie lachte und sagte: »Vielleicht hatte sie Angst, in die Küche zu gehen.«

Sein hohes Gekicher berührte mich nicht. Im Angesicht des Unbekannten fühlt sich jeder flau.
»Nein, Sir. Nie habe ich etwas so klar gesehen, wie diesen kleinen Babyengel.« Mechanisch kaute er auf den süßen Kartoffeln herum, die schon fast zu Brei verkocht waren. »Lachte wie ein Haus in Flammen. Was schätzt du, Schwester Henderson, hat das zu bedeuten?«
Momma lehnte sich in ihrem Schaukelstuhl zurück und lächelte sanft: »Wenn du sicher bist, daß du nicht geträumt hast, Bruder Taylor...«
»Ich war genauso wach wie jetzt«, er wurde wieder zornig, »ganz genau wie jetzt!«
»Nun, dann heißt es vielleicht...«
»Das muß ich ja schließlich wissen, ob ich wach bin oder schlafe.«
»... vielleicht bedeutet es, daß Schwester Florida wünscht, daß du in der Kirche mit den Kindern arbeitest.«
»Eins hab ich schon immer zu Florida gesagt: Die Leute wollen nicht, daß du ihnen das Wort im Mund rumdrehst...«
»Vielleicht wollte sie dir sagen...«
»Ich bin doch nicht bekloppt, weißt du. Mein Hirn funktioniert so gut wie eh und je.«
»...daß du eine Klasse in der Sonntagsschule übernehmen sollst.«
»Dreißig Jahre! Wenn ich sage, daß ich wach war, als ich den kleinen fetten Engel sah, dann sollen die Leute gefälligst...«
»Die Sonntagsschule braucht Lehrer. Weiß Gott.«
»...glauben, was ich ihnen sage!«
Ein Dialog wie ein Tischtennismatch, volley übers Netz. Völlig unsinnig, eine Spiegelfechterei. Präzise klatschten die Sätze an der Hacklinie lang. Wie Montagswäsche an der Leine im Wind, mal nach Osten, mal nach Westen und zu keinem andern Zweck, als die Feuchtigkeit aus den Kleidern zu schütteln.
Innerhalb weniger Minuten war das schicksalsschwere Gift verflogen, als sei es nie dagewesen. Inzwischen ermunterte Momma Mr. Taylor, einem der Jenkinsjungen auf der Farm zu helfen. Onkel Willie war am Feuer eingenickt und Bailey zu den beschaulichen Abenteuern Huckleberry Finns zurückgekehrt. Die Veränderung im Raum war bemerkenswert. Die langen düsteren Schatten über dem Bett in der Ecke waren dunklen Ebenbildern der vertrauten Stühle und Gegenstände

gewichen. Das Licht, das unter der Decke getanzt hatte, war ruhig geworden. Nun zeichnete es eher Hasen als Löwen, eher Enten als Golems.
Ich legte einen Bettbezug für Mr. Taylor in Onkel Willies Zimmer und kuschelte mich an Momma. Ich wußte jetzt, daß sie gut und aufrichtig genug war, um bösen Geistern gebieten zu können wie Jesus der stürmischen See. »Friede, sei ruhig.«

23

Die Kinder in Stamps fieberten dem Ereignis entgegen. Auch einige Erwachsene waren aufgeregt, aber unter den Jugendlichen war eine wahre Epidemie ausgebrochen: der Schulabschluß, *graduation*. Sowohl an der *grammar school* als auch an der *high school* standen große Klassen vor dem Abschluß. An den Vorbereitungen beteiligten sich sogar die mit großem Eifer, deren eigene Entlassung noch Jahre entfernt war. Sie probten damit schon ihren großen Tag. Es war Tradition, daß die jüngeren Schüler, die bald die Plätze ihrer Vorgänger einnehmen sollten, ihr Organisations- und Führungstalent beweisen mußten. Sie zogen durch die Schule und auf dem Hof herum und versuchten, die Kleinen herumzukommandieren. Ihre Autorität war noch so neu und ihre Anweisungen oft so merkwürdig, daß sie gelegentlich einfach ignoriert wurden. Aber sie kamen jedenfalls in eine neue Klasse, und so wie es Freundschaften zwischen einem Jungen aus der sechsten mit einem Mädchen aus der achten gab, so normal war es auch, wenn ein Schüler aus der zehnten einen aus der zwölften *Bubba* nannte. Das gegenseitige Verständnis nahm keinen Schaden. Die Abschlußklassen selber bildeten allerdings einen Adel für sich. Wie Reisende mit exotischen Zielen, so bemerkenswert vergeßlich waren sie. Sie kamen ohne Bücher zur Schule, ohne Hefte, sogar ohne Federhalter. Selbst die Lehrer behandelten die älteren Schüler, die ruhig und reifer geworden waren, mit Respekt. Zwar nicht wie Gleichgestellte, aber doch wie Leute, die nur wenig unter ihnen standen. Die Schüler hielten zusammen wie eine große Familie. Nachdem die Tests zurückgegeben und die Noten verteilt waren, sprach sich schnell herum, wer seine Sache gut gemacht hatte, wer besonders ausgezeichnet worden war und wie die Armen hießen, die durchgefallen waren.

Von der weißen Oberschule unterschied sich die *Lafayette County Training School* dadurch, daß es hier weder Rasen noch Hecken, weder Tennisplätze noch Kletterefeu gab. Die beiden Gebäude (in einem die Klassenräume, im andern die Hauswirtschaftsabteilung und die Oberstufe) lagen auf einem schmutzigen Hügel, kein Zaun grenzte ihr Gebiet gegen die benachbarten Höfe ab. Links neben der Schule gab es eine große Fläche, die wir abwechselnd als Baseball- oder Basketballfeld benutzten. Verrostete Ringe auf schwankenden Pfosten waren die einzige ständige Freizeiteinrichtung. Wenn das Spielfeld nicht besetzt war, konnte, wer dazu eigens ernannt war, Schläger und Bälle beim zuständigen Lehrer ausleihen.
Die Abschlußklassen gingen über dieses steinige Feld, daß von einigen schattigen Persimonen bestanden war. Die Mädchen hielten sich meist an der Hand. Sie fanden es nicht mehr unter ihrer Würde, mit jüngeren Schülern zu sprechen. Es ging eine Traurigkeit von ihnen aus, als sei die gute alte Erde nicht mehr ihre Heimat und sie auf dem Weg in eine höhere Welt. Die Jungen, andrerseits, waren offener und freundlicher geworden. Ein deutlicher Wandel gegenüber ihrer Verschlossenheit während der Prüfungsvorbereitungen. Nun schien es so, als ob sie noch nicht bereit waren, sich von der alten Schule zu verabschieden, den vertrauten Wegen, den Klassenzimmern. Nur ein kleiner Prozentsatz ging weiter aufs College – auf eine der Landwirtschafts- und Handwerksschulen im Süden, die schwarze Jugendliche zu Zimmerleuten, Farmern, Handlangern, Maurern, Dienstmädchen, Köchinnen und Kinderschwestern ausbildeten. Die Zukunft lastete schwer auf ihren Schultern. Gegenüber der allgemeinen Freude, die die Jungen und Mädchen ergriffen hatte, die die *grammar school* verließen, waren sie blind.
Eltern, die es sich leisten konnten, hatten bei Sears & Roebuck oder Montgomery neue Schuhe für die Kinder und für sich selbst Konfektionskleidung bestellt. Für die fließenden Gewänder ihrer Kinder engagierten sie die besten Näherinnen. Die Hosen bekamen für das große Ereignis militärische Bügelfalten.
Und es war wichtig, jawohl! Auch Weiße nahmen an der Feier teil, zwei oder drei von ihnen sprachen über Gott und die Heimat. Mrs. Parcels, die Frau des Direktors, spielte den Schulabschlußmarsch, bei dem die jüngeren Abschlußschüler

durch die Gänge einzogen und ihre Plätze vor der Bühne einnahmen. Die älteren warteten in den Klassenzimmern auf ihren dramatischen Auftritt.
Im Laden war ich die Frau der Stunde. Das Geburtstagskind. Der Mittelpunkt. Bailey hatte seinen Abschluß ein Jahr vorher gemacht, hatte aber alle Annehmlichkeiten, die das mit sich brachte, verspielt, weil er sich in Baton Rouge herumtrieb. In meiner Klasse trugen wir buttergelbe Pikeekleider. Meins hatte Momma kreiert. Sie hatte die Träger kreuzweise zu kleinen Kräuseln gerafft und die Taille in Falten geworfen. Ihre dunklen Finger verschwanden unter dem zitronengelben Stoff, als sie den Saum mit Gänseblümchen bestickte. Bevor sie ihr Werk für vollendet erklärte, nähte sie noch an die Ärmel geteilte Manschetten und an den Hals einen gepunkteten Kragen.
Ich würde wunderschön aussehen. Ein Mannequin der Haute Couture. Ich machte mir keine Sorgen, daß ich erst zwölf war und nur die achte Klasse abschloß. Die meisten Lehrer an schwarzen Schulen hatten auch nur dieses Diplom und durften ihre Weisheiten weitervermitteln, das nur nebenbei.
Die Tage waren länger und interessanter geworden. Das fahle Grau früherer Tage war starken, festen Farben gewichen. Ich begann, die Kleidung meiner Mitschüler wahrzunehmen, den Farbton ihrer Haut, ich roch wieder den Duft der Weidenkätzchen. Wolken trieben am Himmel hin und faszinierten mich. Ihre flüchtigen Schatten konnten eine Botschaft verbergen, die ich mit Glück und etwas Zeit bald enträtseln würde. In dieser Phase blickte ich so fromm zum Himmelsgewölbe empor, daß mein Nacken ständig schmerzte. Ich lächelte häufiger, eine ungewohnte Betätigung, von der mir die Kiefer weh taten. Mit diesen beiden Schmerzherden hätte ich mich möglicherweise unwohl fühlen müssen, doch das war nicht der Fall. Als Mitglied eines siegreichen Teams (der Abschlußklasse von 1940) hatte ich unangenehme Empfindungen meilenweit weggeschoben. Vor mir lag die Freiheit, ein offenes Feld.
Jugend und sozialer Aufstieg verbündeten sich mit mir und bannten die Erinnerung an Kränkungen und Beleidigungen. Der Rückenwind plötzlicher Fortschritte belebte meine Kräfte. Die vergossenen Tränen setzten sich ab, wurden Schlamm, später Staub. Jahre der Stagnation ließ ich hinter mir, ein dunkles Moosgewebe.
Nichts als meine eigene Leistung hatte mir einen Spitzenplatz

eingebracht. Während der Feier sollte ich als eine der ersten aufgerufen werden. Am Schwarzen Brett in der Klasse und in der Aula hatte ich kein blaues, kein weißes oder rotes Sternchen. Das heißt, ich hatte nicht unentschuldigt gefehlt, war immer pünktlich gewesen und meine schriftliche Arbeit war unter den besten des Jahres. Die Präambel der Verfassung konnte ich sogar schneller aufsagen als Bailey. Oft stoppten wir die Zeit: »Wirdasvolkdervereinigtenstaatenwillensundeinig...« Ich wußte alle Präsidenten, von Washington bis Roosevelt, auswendig, in chronologischer und alphabetischer Reihenfolge.

Auch mein Haar gefiel mir. Die schwarze Masse war allmählich länger und dicker geworden. Die Locken hielten und ich mußte mir nicht beim Kämmen jedesmal den Skalp ausreißen. Bis zum Überdruß hatten Louise und ich Aufgaben repetiert.

Henry Reed hielt für unsere Klasse die Abschlußrede. Ein kleiner, sehr schwarzer Junge mit verschleierten Augen, einer langen breiten Nase und einem merkwürdig geformten Kopf. Im Wettkampf um die besten Noten bewunderte ich ihn seit Jahren. Meist war er besser als ich, aber das enttäuschte mich nicht. Ich gab mich damit zufrieden, die zweite zu sein. Wie viele schwarze Kinder im Süden lebte er bei seiner Großmutter, die genauso streng wie Momma war und ebenso gut wußte, worauf es ankam. Zu Erwachsenen war er höflich, respektvoll und zurückhaltend, auf dem Sportplatz war er bei den wildesten Spielen dabei. Ich bewunderte ihn wirklich. Höflich sein konnte vermutlich jeder, der ängstlich oder gleichgültig genug war. Aber die Fähigkeit, mit Erwachsenen und Kindern gleichermaßen gut auszukommen, war bewundernswert.

Seine Abschiedsrede stand unter dem Motto: »Sein oder Nichtsein.« Der strenge Klassenlehrer der Zehnten hatte ihm beim Schreiben geholfen. An der Rhetorik hatte er monatelang gefeilt. Überhaupt waren die Wochen vor der Abschlußfeier voll von aufregenden Aktivitäten. Eine Kindergruppe wollte ein Spiel über Butterblumen, Gänseblümchen und Häschen aufführen. Man konnte im ganzen Gebäude hören, wie sie hopsten und kleine Lieder übten. Es klang wie silberne Glocken. Die älteren Mädchen, die keinen Abschluß machten, mußten sich um die Getränke für die Abendfestlichkeiten kümmern. Im Hauswirtschaftsgebäude packte einen der Geruch von Ingwer, Zimt, Muskatnuß und Schokolade, wenn die

angehenden Köchinnen für sich und ihre Lehrer Probestückchen machten.
In jedem Winkel der Werkabteilung wurde frisches Bauholz von Äxten und Sägen zerteilt. Die Jungen von der Bauwerkstatt bauten Kulissen für die Bühne. Wir in den Abschlußklassen wurden von der Betriebsamkeit ferngehalten. Wir mußten in der Bibliothek am andern Ende des Gebäudes sitzen und den Vorbereitungen auf unser Ereignis möglichst teilnahmslos zusehen.
Am Sonntag vorher predigte sogar der Pfarrer über das Thema Schulabschluß. Seine Losung war: »So soll euer Licht leuchten vor den Menschen, daß sie eure guten Werke sehen und euern Vater im Himmel preisen.« Obwohl seine Predigt angeblich an uns gerichtet war, nutzte er die Gelegenheit, um Spieler und Faulenzer vor der schiefen Bahn zu warnen. Wir nahmen das hin, weil er am Anfang des Gottesdienstes unsere Namen vorgelesen hatte.
Unter Negern war es Brauch, am Ende eines Schuljahres den Kindern Geschenke zu machen. Onkel Willie und Momma hatten für mich eine Micky-Maus-Uhr bestellt, so eine, wie Bailey hatte. Louise schenkte mir vier bestickte Taschentücher. (Mein Geschenk an sie waren drei Faltendeckchen.) Mrs. Sneed, die Frau des Pfarrers, machte mir ein Unterhemd für die Abschlußfeier und fast jeder Kunde, der in den Laden kam, schenkte mir einen Nickel oder sogar einen Dime: »Sieh zu, daß du weiter vorankommst.«
Endlich brach der aufregende große Tag an. Bevor ich es ganz begriffen hatte, war ich schon aus dem Bett. Ich sperrte die schwarze Tür auf, um ihn besser zu sehen, aber Momma sagte: »Schwester, komm von der Tür weg und zieh dein Kleid an.«
Ich hoffte, dieser Morgen würde immer in meiner Erinnerung bleiben. Das Sonnenlicht war noch jung und der Tag hatte noch nichts von der beständigen Reife der kommenden Stunden. Unter dem Vorwand, nach meinen neuen Bohnen zu sehen, lief ich barfuß in meinem neuen Kleid in den Hinterhof und überließ mich der zärtlichen Wärme. Ich dankte Gott, daß er mich, ungeachtet meiner Sünden, diesen Tag erleben ließ. In meinem Fatalismus hatte ich irgendwie erwartet zu sterben, durch einen Unfall vielleicht. Niemals die Treppe in der Aula hinaufzusteigen, um mein hart erarbeitetes Diplom dankbar in Empfang zu nehmen. Der gütige Gott war mir gnädig.

Bailey kam im Hemd nach draußen und überreichte mir ein Päckchen. Es war in Weihnachtspapier eingepackt. Er sagte, er habe monatelang dafür gespart. Es fühlte sich an wie eine Schokoladenschachtel, aber mir war klar, daß Bailey nicht für Süßigkeiten gespart haben konnte, die hatten wir schließlich immer vor der Nase.
Er war auf sein Geschenk so stolz wie ich. Es war eine in weiches Leder gebundene Ausgabe der Gedichte von Edgar Allan Poe. Bailey und ich nannten ihn *Eap*. Ich schlug *Annabel Lee* auf. Wir gingen im Garten umher, kühlen Schmutz zwischen den Zehen, und rezitierten die schönen traurigen Verse.
Obwohl es Freitag war, machte Momma ein Sonntagsfrühstück. Als ich nach dem Gebet die Augen aufschlug, lag die Uhr auf meinem Teller. Dieser Tag war ein Traum. Wie von selbst gestaltete sich alles zu meinem Vorteil. Ich mußte an nichts erinnert, für nichts gescholten werden. Ich war viel zu nervös, um irgendwelche Aufgaben zu erledigen. Bailey machte alles freiwillig, bevor er badete.
Tage vorher hatten wir ein Schild für den Laden angefertigt. Als Momma die Lichter ausgemacht hatte, hängte sie es an die Tür: »Wegen Schulabschluß geschlossen.«
Mein Kleid saß perfekt und alle sagten mir, ich sähe darin aus wie ein Sonnenstrahl. Am Hügel, auf dem Weg zur Schule, ging Bailey hinter Onkel Willie. Der muffelte ihn an: »Geh vor, Junior.« Er ärgerte sich, daß er so langsam gehen mußte. Bailey sagte: »Die Frauen sollen vorgehen. Wir Männer bilden die Nachhut.« Wir lachten.
Kleine Kinder kamen wie Feuerfliegen aus dem Dunkel geschossen. Die Kreppkleider aus Papier mit den Schmetterlingsflügeln waren zum Rennen nicht geeignet. Mehr als einmal hörten wir einen trockenen Sturz und das reuevolle »Huhu«, das ihm folgte.
Die Schule strahlte keine Freude aus. Vom Weg am Fuß des Hügels aus erschienen die Fenster kalt und abweisend. Eine Art böse Vorahnung beschlich mich. Hätte Momma mich nicht bei der Hand genommen, hätte ich mich zu Bailey und Onkel Willie zurückfallen lassen, wenn nicht gar hinter sie. Momma machte sich ein bißchen über mich lustig, »du wirst kalte Füße kriegen«, und führte mich auf das Gebäude zu, das nun ganz fremd geworden war.

Auf den Eingangsstufen kehrte meine Selbstsicherheit zurück. Da standen die andern Großen, meine Mitschüler aus der Abschlußklasse. Zurückgekämmtes Haar, eingeölte Beine, neue Kleider, frische Bügelfalten, frische Kavalierstücher und neue Handtaschen, alles selbstgemacht. Wir konnten uns sehen lassen, jawohl! Ich schloß mich meinen Kameraden an und hatte keine Augen mehr für meine Familie, die in der vollen Aula nach ihren Plätzen suchte.

Das Schulorchester stimmte den Marsch an und wie bei den Proben zogen die Klassen ein. Wie geplant standen wir vor unseren Plätzen und setzten uns auf ein Zeichen des Chorleiters. Kaum saßen wir, stimmte das Orchester die Nationalhymne an. Wir standen also wieder auf, sangen die Hymne und sprachen das Treuegelöbnis an den Staat. Danach blieben wir noch eine halbe Minute stehen, bis der Chorleiter und der Direktor uns wieder Zeichen zum Hinsetzen gaben, etwas verzweifelt wie mir schien. Die Aufforderung kam so unerwartet, daß die gut organisierte Choreographie durcheinandergeriet. Eine volle Minute lang tasteten wir nach unseren Stühlen und stießen ungeschickt gegeneinander. Unter Druck ändern sich Gewohnheiten – oder sie verfestigen sich. In unserer Nervosität erwarteten wir das übliche Veranstaltungsschema: nach der amerikanischen Nationalhymne das Treuegelöbnis und danach das Lied, das alle die Negerhymne nannten. Das geschah immer in der gleichen Weise: leidenschaftlich und indem man von einem Fuß auf den andern trat.

Ich fand meinen Platz als letzte und hatte wieder diese schlechte Vorahnung. Als würde etwas passieren, was wir nicht einstudiert hatten, etwas, wobei wir ganz schlecht aussahen. Ich erinnere mich ganz genau, daß ich *wir* dachte, ich machte mir Sorgen um die Abschlußklasse, die Gemeinschaft.

Der Direktor begrüßte »Eltern und Freunde« und bat den Baptistenpfarrer, ein Gebet zu sprechen. Das Bittgebet war kurz und bündig. Einen Augenblick lang glaubte ich, nun sei wieder das Thema vom rechten Weg fällig. Doch als der Direktor auf das Podium kam, hatte sich seine Stimme verändert. Klänge konnten mich völlig in ihren Bann ziehen und die Stimme des Direktors hörte ich sehr gern. Sie sank sanft in die Ohren der Zuhörer. Eigentlich wollte ich ihm gar nicht zuhören, aber er weckte meine Neugier. Aufmerksam richtete ich mich auf.

Er sprach über Booker T. Washington, »unsern großen Führer

von einst«. Dieser habe gesagt, wir sollten einander so nahe sein, wie die Finger an einer Hand. Und so weiter. Dann brachte er ein paar Allgemeinplätze über die Freundschaft der Starken zu den Schwachen. Dabei erlosch seine dünne Stimme fast. Wie ein kleiner Fluß, der in einen Strom mündet und vergeht. Aber dann räusperte er sich und sagte: »Der Redner des heutigen Abends ist ein guter Freund. Er kommt eigens aus Texarkana, um die Festansprache zu halten. Leider muß er uns nach der Rede sofort verlassen, daran sind die Fahrpläne schuld.« Er bat uns um Verständnis. Den Redner ließ er wissen, daß wir ihm alle außerordentlich dankbar seien für die kostbare Zeit, die er uns zur Verfügung stellte. Daß wir bereit seien, die Vorhaben anderer zu verstehen und endlich, ohne weitere Umschweife: »Sie haben das Wort, Mr. Edward Donleavy.«

Durch den Bühneneingang kam nicht einer, es kamen zwei weiße Männer. Der kurze ging zum Rednerpult, der lange ging zum Stuhl in der Mitte und setzte sich. Damit war der Platz des Direktors besetzt. Der stand einen tiefen Atemzug lang stuhllos herum, bis der Pfarrer seinen Platz freimachte und mit mehr Würde, als die Situation erforderte, von der Bühne schritt.

Donleavy sah einmal ins Publikum – offenbar, um sich zu überzeugen, daß wir wirklich vorhanden waren – setzte die Brille auf und begann, aus seinem Blätterhaufen vorzulesen.

Er sei froh, »hier zu sein und zu sehen, daß die Arbeit vorangeht, wie an andern Schulen auch«. Nach dem ersten *Amen* aus dem Publikum wünschte ich dem Lästerer, daß er auf der Stelle tot umfiele. Aber nun fielen *Amens* und *Yes, Sirs* in den Raum, wie Tropfen durch einen zerfetzten Regenschirm.

Dann erzählte er uns von den wundervollen Veränderungen, die er für die Kinder von Stamps auf Lager hatte. Der *Central School* (zentral, also weiß) waren bereits einige Verbesserungen genehmigt worden, die demnächst realisiert werden sollten. Ein bekannter Künstler aus Little Rock sollte den Kunstunterricht übernehmen, das Labor wurde mit den neuesten Mikroskopen und chemischen Apparaten ausgerüstet. Mr. Donleavy ließ keinen Zweifel, wer diesen Fortschritt in *Central High* ermöglicht hatte. Auch uns hatte er in seinem allgemeinen Verbesserungsplan nicht übersehen.

Er teilte mit, er habe die Leute an höchster Stelle darauf

hingewiesen, daß einer der besten Angreifer im Footballteam des Landwirtschaftscollege von der guten alten Lafayette-Schule gekommen sei. Hier waren jetzt weniger Amens zu hören. Die wenigen klangen eher schwermütig.
Er setzte die Lobrede auf uns fort. Er schilderte, wie er damit geprahlt hatte, daß »einer der besten Basketballspieler von Fisk seinen ersten Ball in der Lafayette-Schule in den Korb gebracht hat«. Weiße Jugendliche hatten die Chance, Galileos und Madame Curies zu werden, unsere Jungen durften versuchen, Jesse Owens und Joe Louis zu werden, die Mädchen waren ganz aus dem Spiel.
Owens und der braune Bomber waren große Helden in unserm Weltbild, aber wieso hatte ein Schulbürokrat im weißen Himmel von Little Rock das Recht zu bestimmen, daß diese beiden Männer unsere einzigen Helden zu sein hatten? Wer hatte das Recht, zu entscheiden, daß Henry Reed, um Wissenschaftler zu werden, arbeiten mußte wie Georg Washington Caver: als Schuhputzer für ein lausiges Mikroskop. Bailey war offensichtlich zu klein, um je Athlet zu werden. Wer war dieser Engel, der irgendwo auf seinem Landsitz beschlossen hatte, daß mein Bruder, um Rechtsanwalt zu werden, erst die Strafe für seine Hautfarbe bezahlen mußte: beim Baumwollpflücken, Maishacken und dem zwanzigjährigen Fernstudium in der Nacht.
Die totgeborenen Worte des Mannes fielen wie Steine ins Publikum und allzuviele landeten in meinem Magen. Meine strengen Manieren, Ergebnis einer harten Erziehung, hinderten mich daran, mich umzudrehen. Doch neben mir konnte ich sehen, wie die stolze Abschlußklasse von 1940 den Kopf hängen ließ. In meiner Reihe beschäftigten sich alle Mädchen mit ihren Taschentüchern. Sie machten Liebesknoten, falteten sie zu Dreiecken, die meisten knüllten sie zusammen und preßten sie gegen den Schoß.
Auf dem Podium wurde eine antike Tragödie neu aufgeführt. Professor Parsons saß starr, eine Skulptur des Scheiterns. Sein schwerer massiger Körper schien jeden Willen verloren zu haben und seine Augen verrieten, daß er nun nicht mehr bei uns war. Die anderen Lehrer musterten unentwegt die Flagge rechts über der Bühne, ihre Aufzeichnungen oder die offenen Fenster. Dahinter lag das Spielfeld, dessen Ruhm soeben verkündet worden war.

Noch ehe mein Name aufgerufen wurde, war das Märchen vorbei: der Schulabschluß, Kostümierung, Geschenke und Zeugnisse. Das Ergebnis der Ausbildung war wertlos. Die peinlich genauen Karten, die wir mit drei verschiedenfarbigen Tinten gezeichnet hatten, die komplizierten Fremdwörter, die wir erlernt hatten und aussprechen konnten, der *Raub der Lukretia* ganz und gar auswendig gelernt – für nichts und wieder nichts. Donleavy hatte uns entlarvt.

Wir waren Mägde und Bauern, Handlanger und Waschweiber, und es war albern und vermessen, Höheres anzustreben. Das war der Augenblick, in dem ich wünschte, Gabriel Prosser und Nat Turner hätten alle Weißen im Bett ermordet, Abraham Lincoln wäre *vor* Unterzeichnung der Proklamation zur Abschaffung der Sklaverei erschossen worden, Harriet Tubman am Schlag auf den Kopf gestorben und Christoph Columbus mit der Santa Maria untergegangen.

Neger zu sein, nicht über das eigene Leben bestimmen zu können, war schrecklich. Jung zu sein, aber schon gewohnt, die Vorurteile über die eigene Hautfarbe still und widerspruchslos anzuhören, war brutal. Besser, wir wären alle tot.

Alle, eine Leichenpyramide: Unten die Weißen, dann die Indianer mit ihren verrückten Tomahawks, Wigwams und Verträgen, dann die Neger mit ihren Schrubbern, Rezepten, Baumwollsäcken und Spirituals, die ihnen zum Hals raushingen. Auch die Kinder sollten krepieren, die holländischen über ihre Holzschuhe stolpern und sich den Hals brechen. Die französischen mit dem *Louisiana Purchase* den Teufel holen, die chinesischen mit ihren albernen Schweineschwänzen die Seidenraupen fressen. Die ganze Gattung war ein scheußlicher Irrtum. Wir alle.

Donleavy kämpfte um Wählerstimmen. Er versprach unseren Eltern nach seinem Sieg das einzige geteerte Spielfeld in diesem Teil Arkansas'. Außerdem – er blickte trotz des zustimmenden Gemurmels kein einziges Mal auf – außerdem neue Ausrüstungen für die Hauswirtschaftsabteilung und den Werkraum.

Er sah wohl keinen Grund, über die konventionellsten Dankesworte hinauszugehen. Er schloß, indem er den Männern auf der Bühne kurz zunickte. Der hochgewachsene weiße Mann, der uns nie vorgestellt wurde, stand auf und folgte ihm zur Tür. Sie gingen, und ihre Haltung verriet, daß sie sich nun wirklich

wichtigen Dingen zuwenden konnten. Die Abschlußfeier an der Lafayette-Schule war für sie eine belanglose Episode. Zweifellos hinterließen sie eine triste Stimmung. Sie blieb wie ein ungebetener Gast. Der Chor wurde aufgerufen und sang ein modernes Arrangement von *Vorwärts, christliche Soldaten*. Der neue Text bezog sich auf die Schulabgänger, für die der Ernst des Lebens begann. Er blieb ohne Wirkung. Elouise, die Tochter des Pfarrers trug *Invictus* vor, und ich hätte über die Unverschämtheit der Worte weinen können: »Ich bin Herr meines Schicksals, Steuermann meiner Seele.«
Mein eigener Name war mir fremd geworden. Als ich aufgerufen wurde, mein Diplom entgegenzunehmen, mußte man mich stoßen. Als ich zur Bühne ging, sah ich kaum aus wie eine Amazone. Ich versuchte nicht einmal, im Zuschauerraum Baileys zustimmendes Nicken einzufangen. Marguerite Johnson. Wieder hörte ich den Namen, meine Leistungen wurden gewürdigt, beifälliges Gemurmel unter den Zuhörern, dann nahm ich in einstudierter Weise meinen Platz auf der Bühne ein.
Ich dachte an die Farben, die ich haßte: braunrot, lavendel, beige und schwarz.
Um mich herum Geraschel und Scharren, bis Henry Reed seine Abschiedsbotschaft vortrug: »Sein oder Nichtsein.« Hatte er dem Weißen nicht zugehört? Wir durften nicht *sein*, die Frage war Zeitverschwendung. Henrys Stimme war klar und laut. Ich wagte nicht, ihn anzusehen. Hatte er die Botschaft nicht empfangen? Es gab kein »edler im Gemüt« für Neger, denn die Welt meinte und ließ uns spüren, daß wir kein Gemüt hatten. »Wütendes Geschick?« Das war wohl ein Witz? Nach der Feier hätte ich Henry Reed einiges zu sagen, falls ich die Energie noch aufbringen könnte.
Henry hatte in Rhetorik gut aufgepaßt. Seine Stimme hob sich auf Höhen der Hoffnung und sank in Wellen der Warnung. Alle Englischlehrer hatten ihm geholfen, im Hamletmonolog die Predigt hörbar zu machen: Mann sein, Schaffender, Bildender, entweder Führer oder Werkzeug, die traurige Karikatur, die für andere die Kastanien aus dem Feuer holt. Daß Henry seine Rede so halten konnte, als hätten wir da tatsächlich eine Wahl, versetzte mich in Erstaunen.
Ich hatte schweigend, mit geschlossenen Augen zugehört und innerlich jedem Satz widersprochen. Da hielt das Publikum den

Atem an, etwas Unvorhersehbares kündigte sich an. Ich öffnete die Augen und sah, wie Henry Reed, der konservative, ordentliche Musterschüler, den Zuhörern den Rücken zukehrte und uns, die stolze Abschlußklasse von 1940, ansah. Er begann schleppend zu singen:

>»Erhebt eure Stimmen, laßt uns singen,
>daß Himmel und Erde wiederklingen:
>die Ketten der Sklaverei zerspringen.«

Das war ein Gedicht von James Weldon Johnson, Musik von J. Rosamund Johnson. Das war die Hymne der Neger. Wir sangen sie in Abänderung des Programms.
Unsere Eltern standen auf und stimmten in den ermutigenden Gesang ein. Ein Kindergärtner führte die Kleinsten auf die Bühne und auch sie, die Butterblumen, Gänseblümchen und Häschen erkannten die Situation und versuchten, sich anzuschließen:

>»Steinig war der Weg hinab.
>Bitter war der Peitschenschlag.
>Hoffnungslos war mancher Tag.
>
>Doch wir werden stärker sein.
>Ziehn durch Schmerzen, Not und Pein
>in das Land der Väter ein.«

Jedes Kind kannte dieses Lied wie das ABC. Dieses und »Ich weiß, daß mein Erlöser lebt«. Doch mir war, als hätte ich die Worte, die ich tausendmal gesungen hatte, nie gehört. Mir war nie zuvor bewußt geworden, daß sie mit mir zu tun hatten.
Zwar waren die Worte von Patrick Henry derart eindrucksvoll, daß ich mich aufrichten und mit bebender Stimme wiederholen konnte: »Ich kenne die Wege nicht, die andere gehen. Für mich gibt es nur Freiheit oder Tod.« Doch nun begriff ich zum ersten Mal.

>»Unser Weg führt durch die Nacht,
>Blut und Tränen sind die Spur.
>Herr, so zeige dich doch nur.«

Das Echo des Gesangs verklang im Raum. Henry beugte den Kopf, dankte und setzte sich in die Reihe auf seinen Platz.
Wir waren wieder auf der Höhe. Wir waren wieder, wie wir immer waren. Wir hatten überlebt. Eiskalt und dunkel war die Tiefe, doch nun schien unseren Seelen die helle Sonne. Nicht nur Mitglied der stolzen Abschlußklasse von 1940 war ich, ich war eine stolze Tochter der wunderbaren, der schönen schwarzen Rasse.
Ihr bekannten und unbekannten schwarzen Dichter. Ihr habt eure Leiden preisgegeben und wie oft haben sie uns aufgerichtet. Wer zählt die einsamen Nächte, die eure Lieder weniger einsam, die leeren Töpfe, die eure Erzählungen weniger leer gemacht haben.
Wären wir ein Volk, das seine Geheimnisse leichter enthüllte, wir würden unsern Dichtern Denkmäler bauen und ihre Erinnerung heilig halten. Die Sklaverei hat uns von solcher Schwäche befreit. Es mag genügen zu wissen, daß es die Erbschaft unserer Dichter, Prediger, Musiker und Bluessänger war, die uns die Kraft gab, zu überleben.

24

Der Engel der Zuckerdosen hatte mich endlich erwischt und strafte mich qualvoll für alle *Milky Ways*, die ich gestohlen hatte, für die *Mounds, Mr. Goodbars* und *Mandelhersheys*. Ich hatte zwei große Zahnlücken, Ruinen bis aufs Fleisch. Gegen die Schmerzen half weder Aspirinpulver noch Nelkenöl. Es gab in Stamps keinen schwarzen Zahnarzt, es gab für Schwarze überhaupt keinen Arzt. Früher hatte Momma Zahnschmerzen durch schlichtes Ziehen, Schmerztöter und Gebete kuriert. Sie band am Zahn eine Schnur fest und hielt das andere Ende in der Faust. Diese Therapie war bei mir nicht mehr durchführbar. Es gab einfach kein Stückchen Zahn mehr, an dem man eine Schnur befestigen konnte. Gebete wurden nicht erhört, da war der Gerechtigkeitsengel vor.
Ich litt einige Tage und Nächte, halb bewußtlos vor Schmerz. Ich überlegte ernsthaft, ob ich in den Brunnen springen sollte, und es war kein Spiel. Schließlich entschloß sich Momma, mich zu einem Zahnarzt zu bringen. Der nächste schwarze war 25 Meilen entfernt, in Texarkana. Momma entschied, daß Dr.

Lincoln in Stamps sich um mich kümmern sollte. Wie sie sagte, schuldete er ihr einen Gefallen.

Ich wußte, daß es in der Stadt eine Menge Weiße gab, die ihr einen Gefallen schuldig waren. Bailey und ich hatten die Bücher gesehen, in denen sie die Gelder verzeichnet hatte, die sie während der Depression verliehen hatte, an Schwarze wie Weiße. Die wenigsten hatten es zurückgezahlt. Ich konnte mich nicht erinnern, dort Dr. Lincolns Namen gelesen zu haben. Ich wußte nur, daß er keine schwarzen Patienten annahm.

Wie auch immer, Momma hatte die Entscheidung getroffen und setzte Badewasser auf. Ich war noch nie beim Arzt gewesen. Nach dem Bad (das auch gut für meinen Mund sein sollte) mußte ich von Kopf bis Fuß frische Unterwäsche anziehen. Auf das Bad sprachen die Schmerzen nicht an. Sie waren stärker, als je ein Mensch ertragen mußte.

Bevor wir gingen, sollte ich mir auch noch die Zähne putzen und den Mund mit Listerine ausspülen. Allein der Gedanke, die zusammengebissenen Zähne aufmachen zu müssen, verursachte eine Steigerung der Schmerzen. Momma sagte, daß man sauber zum Arzt geht und die Körperteile, die untersucht werden sollen, besonders reinigt. Ich nahm allen Mut zusammen und machte den Mund auf. Die kalte Luft, das Klopfen und Ziehen in den Backen: ich war kaum noch bei Sinnen. Ich war am Schmerz festgefroren. Die andern mußten mich fast überwältigen, daß ich die Zahnbürste losließ. Es war nicht leicht, mich nach draußen, auf den Weg zum Zahnarzt zu führen.

Momma blieb auf dem Weg nicht stehen. Im Vorbeigehen erklärte sie allen, wir seien auf dem Weg zum Doktor, sie werde auf dem Rückweg reinschauen. Bis zum Teich war meine Welt ganz aus Schmerz. Er strahlte meterweit im Umkreis. Beim Überqueren der Brücke ins weiße Gebiet wurde mein Verstand allmählich klarer. Ich mußte aufhören, zu jammern und aufrecht gehen. Daß weiße Tuch, das um Kinn und Kopf geschlungen war, mußte gerichtet werden. Wenn einer schon starb und ausgerechnet im weißen Teil der Stadt, dann aber mit Stil.

Am andern Ende der Brücke schienen die Schmerzen nachzulassen. Alles, auch meine Zähne, war wie in Watte gepackt, als hätte ein leichter Wind alle Weißen weggeblasen. Die Schotterstraße war glatter geworden, die Steine kleiner und die

Blätter über dem Weg bedeckten uns fast. In Wirklichkeit waren die Schmerzen nicht geringer geworden, doch der Anblick der Fremde ließ es mich glauben.
Im Kopf pochte es weiter im beharrlichen Rhythmus einer Baßtrommel. Aber konnte ein Zahnschmerz am Gefängnis vorbeigehn, Blues und Gelächter der Gefangenen hören und gleich bleiben? Konnten zwei oder ein Mund voll wütende Zahnwurzeln einer Wagenladung weißer Gören begegnen, ihre affige Eitelkeit ertragen, ohne sich weniger wichtig zu nehmen?
Hinter dem Gebäude mit der Zahnarztpraxis war der schmale Dienstbotenpfad, den die Lieferanten des Metzgers und des einzigen Restaurants von Stamps benutzten. Momma und ich nahmen diesen Weg, um an Zahnarzt Lincolns Hintertreppe zu kommen. Die Sonne schien, der Tag hatte harte Konturen, als wir in den zweiten Stock hinaufstiegen. Ein junges weißes Mädchen öffnete, überrascht uns zu sehen. Momma sagte: »Ich möchte den Zahnarzt sprechen. Sagen Sie ihm, Annie ist hier.«
Das weiße Mädchen schlug die Tür zu. Genauso weh wie meine Zähne tat mir, daß Momma sich diesem jungen Mädchen als Annie vorstellte. Es kam mir schrecklich ungerecht vor, Zahn- und Kopfschmerzen zu haben, wenn man schon an der schweren Last trägt, schwarz zu sein. Ich hielt es immer noch für möglich, daß die Zähne sich beruhigten oder von selbst ausfielen. Momma sagte: »Wir warten.« Wir lehnten uns ins Sonnenlicht, gegen das wacklige Geländer der Veranda. So standen wir eine Stunde lang. Dann öffnete er die Tür und sah Momma an.
»Nun, Annie. Was kann ich für dich tun?«
Momma sagte: »Zahnarzt Lincoln, das is meine Enkelin hier. Hat zwei schlechte Zähne, die sie ganz aussem Häuschen machen.«
Sie wartete, daß er ihre Worte bestätigte. Er sagte keinen Ton, verzog keine Miene.
»Sie hat diese Zahnschmerzen jetzt schon fast vier Tage. Heute sag ich zu ihr: Junge Dame, du gehst jetzt zum Zahnarzt.«
»Annie?«
»Yes Sir, Zahnarzt Lincoln?«
Er war aalglatt.
»Annie, du weißt, ich behandele Schwarze nicht, Farbige.«
»Ich weiß, Zahnarzt Lincoln. Aber das is ja nur meine kleine Enkelin, sie wird Ihnen keinen Ärger machen...«

»Annie, jeder hat seine Überzeugungen. In dieser Welt muß man Überzeugungen haben. Meine Überzeugung ist: ich behandle keine Farbigen.«
Die Sonne hatte das Öl auf Mommas Haut getrocknet und die Vaseline im Haar war geschmolzen. Als sie aus dem Schatten des Zahnarztes zurücktrat, sah sie ganz verschmiert aus.
»Ich hätt gedacht, Zahnarzt Lincoln, sie könnten eben mal nach ihr sehen. Es fehlt ihr ja nicht viel. Ich hätt gedacht, Sie sind mir noch einen Gefallen schuldig, oder zwei.«
Er wurde ein wenig rot. »Das hat mit Gefallen nichts zu tun. Ich habe das Geld zurückgezahlt und damit hat sich das. Tut mir leid, Annie.« Er hatte die Hand an der Klinke. »Tut mir leid.« Beim zweiten Mal klang seine Stimme freundlicher, als er in Wirklichkeit sein wollte.
Momma sagte: »Wenn es um mich selber gehn würde, würd ich Sie nich so drängeln. Aber ich kann nicht annehmen, daß Sie nein sagen, nich für meine Enkelin. Als Sie sich Geld geborgt haben, mußten Sie mich nich bitten. Ja, das war auch nich meine Überzeugung. Hab schließlich keinen Geldverleih. Aber Sie warn drauf und dran, daß Sie das Haus hier verlieren, also hab ich versucht, Ihnen zu helfen.«
»Es ist alles zurückgezahlt und deine Lautstärke kann mich auch nicht umstimmen. Meine Überzeugung...« Er ließ die Tür los und ging einen Schritt auf Momma zu: Wir standen jetzt alle drei auf dem schmalen Treppenabsatz: »Annie, es ist meine Überzeugung, daß ich lieber einem dreckigen Köter die Hand ins Maul stecke als einem Nigger.«
Er hatte mich kein einziges Mal angesehen. Er drehte uns den Rücken zu und verschwand durch die Tür im kühlen Hintergrund. Momma brauchte ein paar Minuten, bis sie sich innerlich aufgerichtet hatte. Ich habe viel vergessen, aber nicht ihr Gesicht in diesem Augenblick, das mir fast fremd war. Sie beugte sich vor, griff zur Türklinke und sagte mit ihrer sanften vertrauten Stimme: »Schwester, geh nach unten. Warte auf mich. Ich komme gleich wieder.«
Ich wußte, daß es schon unter normalen Umständen nicht klug war, mit Momma zu streiten. Ich stieg die steile Treppe hinunter, hatte Angst mich umzudrehn und Angst, es nicht zu tun. Als ich die Tür schlagen hörte, war Momma verschwunden.
Momma betrat den Raum, als ob er ihr gehöre. Sie schob die

verrückte Krankenschwester mit einer Hand an die Seite und betrat das Behandlungszimmer des Zahnarztes. Er saß auf seinem Stuhl, schliff seine zierlichen Instrumente und füllte seine Medizinfläschchen mit extrastarken Lösungen. Mommas Augen funkelten wie glühende Kohlen und ihre Arme waren doppelt so lang geworden. Er sah sie erst, als sie ihn schon am Kragen seiner weißen Jacke hatte.
»Steh auf, wenn dir eine Dame begegnet, du elender Schuft.« Ihre Zunge war dünner geworden und die Wörter kamen wohlartikuliert von ihren Lippen. Artikuliert und scharf wie Messer.
Dem Zahnarzt blieb keine Wahl, er mußte strammstehen. Ein paar Minuten später ließ er den Kopf hängen und stammelte nur noch: »Yes Ma'am, Mrs. Henderson.« »Du Lump, hast du gedacht, so spricht ein Gentleman. So wie du mit mir, vor meiner Enkelin?« Obwohl sie Kraft genug hatte, schüttelte sie ihn nicht durch. Sie hielt ihn einfach nur hoch.
»No Ma'am, Mrs. Henderson.«
»No Ma'am, Mrs. Henderson, mehr nicht?«
Sie gab ihm einen winzigen Schlag, doch so kraftvoll, daß Kopf und Körper wackelten. Er stotterte schlimmer als Onkel Willie: »No Ma'am, Mrs. Henderson, es tut mir leid.«
Angeekelt stieß Momma ihn in seinen Zahnarztstuhl zurück.
»Leid tut, was weh tut, und du wirst demnächst der traurigste Zahnarzt sein, der mir je unter die Augen gekommen ist.« Ihr eindrucksvolles Englisch erlaubte ihr gelegentlich volkstümliche Abweichungen.
»Ich wollte dich vor Marguerite nicht auffordern, dich zu entschuldigen, denn es ist nicht nötig, daß sie von meiner Macht etwas weiß. Aber hiermit befehle ich Dir, Stamps bis Sonnenuntergang zu verlassen!«
»Mrs. Henderson, ich kann doch meine Ausrüstung nicht...«
Er zitterte jetzt fürchterlich.
»So, nun mein zweiter Befehl: Du wirst nie wieder als Zahnarzt praktizieren! Nie! Wo du dich das nächste Mal niederläßt, kannst du Viehdoktor werden und räudige Hunde, Katzen mit Cholera und Kühe mit Maul- und Klauenseuche kurieren. Ist das klar?«
Speichel lief ihm aus den Mundwinkeln und Tränen standen ihm in den Augen. »Yes, Ma'am, Danke, daß Sie mich nicht

umbringen. Danke, Mrs. Henderson.« Meine Riesenmomma mit den Gorillaarmen schrumpfte wieder auf normale Größe und sagte: »Bitte, du Schuft, gern geschehen. Solche wie dich umzubringen ist nur Zeitverschwendung.«
Auf dem Weg nach draußen wedelte sie mit dem Taschentuch vor der Krankenschwester herum und verwandelte sie in einen Sack Hühnerbeine.

Momma sah müde aus, als sie die Treppe herunterkam. Aber wer, der solches durchgemacht hatte, wäre nicht müde gewesen? Sie kam zu mir und machte das Tuch unter der Backe fest. (Ich hatte die Zahnschmerzen vergessen, spürte nur, wie sanft ihre Hände waren, um keinen Schmerz auszulösen.) Sie nahm mich bei der Hand. Ihre Stimme blieb immer gleich: »Komm Schwester.«

Ich nahm an, wir gingen nach Hause. Sie würde mir ein Gebräu zubereiten, das dem Schmerz über Nacht ein Ende machte, vielleicht sogar neue Zähne wachsen ließ. Doch sie führte mich in entgegengesetzte Richtung, zum Drugstore. »Ich bringe dich zu Zahnarzt Baker nach Texarkana.«

Nun war ich froh, daß ich gebadet und mit Kaschmirtalkum gepudert worden war. Das war eine wunderbare Überraschung. Das wilde Pochen im Mund war einem ruhigen feierlichen Schmerz gewichen. Momma hatte den bösen weißen Mann ausgelöscht und wir gingen auf die Reise nach Texarkana, nur wir zwei.

Im Greyhound setzte sie sich nach hinten und überließ mir den Fensterplatz. Ich war stolz, ihre Enkelin zu sein. Sicher hatte auch ich etwas von ihren magischen Fähigkeiten. Sie fragte mich, ob ich Angst hätte. Ich schüttelte nur den Kopf und schmiegte mich an ihren kühlen braunen Oberarm. Es war keine Frage, daß kein Zahnarzt – vor allem kein Negerzahnarzt – es wagen konnte, mich zu verletzen. Nicht, wenn Momma dabei war. Auf der Reise ereignete sich nichts, abgesehen davon, daß Momma mir den Arm um die Schulter legte. Das war für sie ein sehr unübliches Verhalten.

Der Zahnarzt zeigte mir Medizin und Nadel, bevor er mein Zahnfleisch betäubte. Wenn er es nicht getan hätte, hätte ich auch keine Angst gehabt. Momma stand direkt hinter ihm. Sie verschränkte die Arme und beobachtete alles, was er tat. Nachdem die Zähne gezogen waren, kaufte sie mir am Seitenfenster eines Drugstore ein Eis. Die Rückfahrt nach Stamps

verlief ruhig, nur mußte ich in eine sehr schmale leere Schnupftabakdose spucken. Das war schwierig in einem Bus, der über unsere Landstraßen holperte.
Zuhause gaben sie mir eine warme Salzlösung, und als ich den Mund ausspülte, zeigte ich Bailey die Löcher, in denen geronnenes Blut klebte. Wie eine Pastetenfüllung. Er sagte, ich sei sehr tapfer. Das war das Stichwort für mich, von der Auseinandersetzung mit diesem Holzkopf von Zahnarzt zu berichten und das Geheimnis von Mommas unglaublichen Kräften preiszugeben.
Ich mußte natürlich zugeben, daß ich die Unterhaltung gar nicht mitangehört hatte, was sollte sie denn sonst gesagt haben? Er stimmte mir halbherzig zu und ich stürmte glücklich in den Laden. (Schließlich war ich krank gewesen.) Momma bereitete das Abendessen vor und Onkel Willie lehnte am Türpfosten. Sie erzählte ihre Version.
»Ging ganz schön hoch, Zahnarzt Lincoln. Sagt, steckt lieber nem Köter die Hand ins Maul. Ich erinner ihn an den Gefallen, schiebt er weg wie ne Fussel. Na gut, ich schick die Schwester runter und geh rein. War ja noch nie in seiner Praxis gewesen, find aber gleich die Tür, wo er die Zähne rausreißt, dahinter. Sind er und die Krankenschwester drin, sehn aus wie ertappte Diebe. Ich bleib einfach da stehn, bis er mich sieht.« Die Töpfe klapperten, als sie sie auf den Ofen stellte. »Er springt auf, als hätt er sich auf ne Heftzwecke gesetzt. Sagt: Annie, ich habe dir schon gesagt, ich murkse nicht in Niggermäulern rum. Ich sag, dann muß es weranders machen. Er sagt: Bring sie nach Texarkana, zum farbigen Zahnarzt, und da sag ich: wenn Sie die Fahrt bezahlen! Da sagt er: Ist alles bezahlt und ich sag ihm: alles, nur die Zinsen noch nicht. Er sagt: Von Zinsen war nie die Rede und ich sag ihm: Aber jetzt kostets Zinsen. Zehn Dollar alles zusammen. Weißt du, Willie, es war nich recht, weil, als ichs ihm geliehen habe, hab ich nich an Zinsen gedacht. Er sagt also schließlich der Zicke, sie soll mir zehn Dollar geben und ich soll ne Quittung unterschreiben. Das hab ich gemacht. Obwohl er vorher schon alles bezahlt hat, aber ich schätze, er is widerlich genug. Kann er ruhig für zahlen.«
Momma und ihr Sohn lachten. Lachten über die Schlechtigkeit des weißen Mannes und ihre harmlose Sünde.
Ich zog meine eigene Version vor, bei weitem.

25

Ich kannte Momma und wußte, daß ich nie aus ihr schlau werden konnte. Ihre Art, alles zum Geheimnis zu machen und überall verborgene Mächte zu wittern, stammte aus dem afrikanischen Busch, hatte die Sklaverei überdauert und durch die Jahrhunderte gewachsen. Jahrhunderte, in denen Versprechen gemacht und gebrochen worden waren. Unter schwarzen Amerikanern gibt es ein Sprichwort, das Mommas Haltung umschreibt: »Wenn du einen Neger fragst, wo er herkommt, sagt er dir, wo er hingeht.« Um diesen Satz zu verstehen, muß man wissen, wer diese Taktik anwendet und wie sie wirkt. Eine unaufmerksame Person wird mit einer Halbwahrheit zufrieden sein, eine aufmerksame wird spüren, daß sie die genaue Antwort nicht bekommen kann, weil die Angelegenheit zu privat ist. So wird niemand vor den Kopf gestoßen, es wird nicht gelogen und nichts wird ausgeplaudert.
Eines Tages erklärte uns Momma, sie werde uns nach Kalifornien bringen. Jetzt, wo wir immer größer würden, brauchten wir unsere Eltern und schließlich sei Onkel Willie verkrüppelt und sie selbst werde alt. Das war alles richtig, aber wir fühlten, daß es nicht die Wahrheit war. Der Laden und die hinteren Räume wurden zu einer Art Abreisefabrik. Momma saß ununterbrochen an der Nähmaschine, nähte uns neue Kleider für Kalifornien und besserte alte aus. Nachbarn brachten aus ihren Truhen Material, das vor Jahrzehnten in Decken eingewickelt und mit Mottenkugeln versehen weggepackt worden war. (Ich bin sicher, daß ich das einzige Mädchen in Kalifornien war, das in einem schillernden Rock aus Moiré, gelben Satinblusen, Kreppkleidern mit Satinrücken und Unterwäsche aus *Crepe de Chine* zur Schule ging.)
Ich bin fest davon überzeugt, die wirkliche Ursache, *der* Grund, uns nach Kalifornien zu bringen, war ein Zwischenfall, bei dem Bailey die Hauptrolle spielte. Er hatte sich angewöhnt, Claude Rains, Herbert Marshall und George McReady zu imitieren. Ich hielt es damals nicht für verwunderlich, daß ein dreizehnjähriger Junge in einer heruntergekommenen Stadt im Süden einen rein englischen Akzent sprach. Seine Helden waren D'Artagnon und der Graf von Monte Christo samt ihren säbelrasselnden Galanterien.
Wenige Wochen bevor Momma ihre Pläne für uns bekanntgab,

kam Bailey zitternd in den Laden. Sein kleines Gesicht war nicht mehr schwarz, eher schmutzig und farblos grau. Er ging wie üblich hinter die Theke mit Süßigkeiten und lehnte sich auf die Registrierkasse. Onkel Willie hatte ihn auf einen Botengang zu irgendwelchen Weißen geschickt und wartete auf eine Erklärung für seine Verspätung. Er sah bald, daß etwas nicht stimmte. Unfähig, damit fertig zu werden, rief er nach Momma. Sie kam aus der Küche.
»Was ist los, Bailey, junior?«
Er sagte nichts. Ich hatte gleich gesehen, daß er in einem Zustand war, der Fragen sinnlos machte. Er mußte etwas so Häßliches gesehen, etwas so Schreckliches gehört haben, daß er paralysiert war. Als wir kleiner waren, hatte er mir einmal erzählt, wenn es ihm schlecht gehe, krieche seine Seele unter das Herz, rolle sich zusammen und lege sich schlafen. Wenn sie wieder aufwache, sei der Gegenstand der Angst verschwunden. Seit wir gemeinsam »Der Untergang des Hauses Usher« gelesen hatten, bestand zwischen uns ein Abkommen: Keiner würde den andern begraben lassen, ohne »absolut positiv« (sein Lieblingsausdruck) sicher zu sein, daß er tot war. Ich mußte außerdem schwören, nie seine schlafende Seele zu wecken, denn der Schock hätte ihn in den ewigen Schlaf versetzen können. Also ließ ich ihn in Ruhe und auch Momma ließ ihn nach kurzer Zeit allein.
Während ich auf Kunden wartete, schlich ich um ihn herum, schmiegte mich an ihn, aber wie ich vermutet hatte, er reagierte nicht. Als der Bann von ihm wich, fragte er Onkel Willie nach dem Schlimmsten, das die Farbigen den Weißen angetan hatten. Onkel Willie, der schon immer unfähig war, solche Dinge zu erklären, weil er sich nur nach Momma richtete, konnte kaum etwas sagen, höchstens »die Farbigen haben den Weißen noch nie ein Haar gekrümmt«. Momma ergänzte, manche Leute behaupteten, die Weißen wären nach Afrika gekommen (das klang in ihrem Mund wie ein verborgenes Tal im Mond), hätten die Schwarzen geraubt und zu Sklaven gemacht. Aber daran glaube niemand im Ernst. Was da in grauer Vorzeit geschehen sei, sei unerklärlich, jetzt hätten sie nun mal die Oberhand. Doch die Zeit sei bald um. Hatte nicht Moses die Kinder Israel aus den blutigen Händen Pharaos befreit und ins Gelobte Land geführt. Hatte der Herr nicht die Männer im Feuerofen und Daniel in der Löwengrube geschützt?

Bailey sagte, er habe einen Mann gesehen, den der Herr nicht geschützt hatte. Er sei nämlich tot gewesen. (Wenn die Nachricht nicht so bedeutend gewesen wäre, hätte Momma hier sicher ein Stoßgebet von sich gegeben. Bailey war einer Lästerung nahe.) Er sagte: »Der Mann war tot und verfault. Verfault ohne zu stinken.«
Momma befahl: »Du, paß auf, was du redest.«
Onkel Willie fragte: »Wer, wer wars denn?«
Bailey war gerade groß genug, daß sein Gesicht über die Kasse ragte. Er erzählte: »Als ich am Knast vorbeikam, hatten ihn ein paar Männer grad aus dem Teich gefischt. Er war in ein Laken gewickelt, sah aus wie eine Mumie. Dann ist ein weißer Mann hingegangen und hat ihn ausgewickelt. Der Mann hat auf dem Rücken gelegen, aber der Weiße hat den Fuß unter die Decke gesteckt und ihn auf den Bauch gedreht.« Er wandte sich an mich: »My, er hatte gar keine Farbe mehr und war aufgeblasen wie ein Ball.« (Wir hatten seit Monaten eine Auseinandersetzung. Bailey behauptete, es gäbe keine Farblosigkeit, während ich argumentierte, wenn es Farben gäbe, müsse auch das Gegenteil vorhanden sein. Das gab er jetzt zu, aber dieser Sieg machte mich nicht froh.) »Die schwarzen Männer traten alle ein paar Schritte zurück, ich auch, aber der weiße Mann blieb stehen, guckte runter und grinste. Onkel Willie, warum hassen sie uns so?«
Onkel Willie sagte: »Sie hassen uns nicht richtig. Sie kennen uns nicht, wie sollen sie uns hassen? Sie haben vor allem Angst.«
Momma fragte, ob Bailey den Mann erkannt habe, aber das Ereignis hatte ihn zu sehr gefesselt.
»Mr. Bubba hat gesagt, ich wäre noch zu jung, sowas anzugucken, ich soll machen, daß ich nach Hause komme. Aber ich mußte dableiben. Dann rief uns der weiße Mann. Er sagte: ›Okay Jungs, bringt ihn in den Knast. Wenn der Sheriff vorbeikommt, wird er die Angehörigen benachrichtigen. Das hier ist ein Nigger und niemand braucht sich aufzuregen.‹ Dann nahmen die Männer das Laken an den Enden. Niemand wollte der Leiche zu nahe kommen, deshalb rollte sie fast wieder auf die Erde. Da hat mich der weiße Mann gerufen, daß ich auch helfe.«
Momma ging hoch. »Wer war das?« Und mehr zu sich selbst: »Wer war dieser weiße Mann?«

Bailey konnte sein Entsetzen nicht verbergen.
»Ich packte eine Ecke des Lakens und ging mit den Männern direkt in den Knast. Ich ging in den Knast und schleppte einen verrotteten, toten Neger.« Die Angst, der Schock, lagen noch in seiner Stimme. Er hatte die sprichwörtlichen Kulleraugen.
»Der Weiße tat so, als ob er uns einsperren würde. Mr. Bubba sagte: ›O, Mr. Jim, wir haben das nicht getan. Wir haben nichts Schlechtes nicht gemacht.‹ Da lachte der weiße Mann uns aus und sagte, wir könnten wohl keinen Spaß vertragen und machte die Tür wieder auf.« Er atmete erleichtert auf. »Oh, ich war so froh, daß ich wieder rauskam aus dem Knast. Die Gefangenen haben gebrüllt, daß sie keinen toten Nigger haben wollen, weil er stinkt. Sie nannten den weißen Mann Boss. Sie sagten: ›Boss, soviel haben wir bestimmt nicht verbrochen, daß du uns einen Nigger hier reinsperren mußt, noch dazu einen toten.‹ Dann lachten sie. Lachten, als wär das komisch.«
Bailey erzählte so schnell, daß er zu stottern vergaß, vergaß sich am Kopf zu kratzen und mit den Zähnen die Fingernägel zu putzen. Bailey war in ein Mysterium entrückt, war gefangen in dem Rätsel, das schwarze Jungen im Süden lösen müssen, zu lösen versuchen, vom siebten Lebensjahr bis zum Tod: das freudlose Puzzle von Ungleichheit und Haß. Eine Erfahrung, die die Frage nach Wert und Sinn aufwarf, von aggressiver Schwäche und aggressiver Arroganz. Sollte der gute Onkel Willie, ein schwarzer Mann, ein Südstaatler, der immer mehr zum Krüppel wurde, die Fragen beantworten? Die ausgesprochenen und unausgesprochenen? Sollte Momma versuchen, ihrem Enkel zu antworten? Sie kannte die Wege der Weißen und die Schliche der Schwarzen, aber das Leben hing davon ab, die Rätsel nicht zu lösen. Nein, sie würde sicher nicht antworten.
Beide gaben typische Erklärungen ab. Onkel Willie sagte sowas wie: »Ich weiß nicht, was aus der Welt werden soll.« Momma betete: »Gott gebe dem armen Mann seinen Frieden.« Ich bin sicher, daß sie in dieser Nacht begann, Einzelheiten unserer Reise nach Kalifornien zu überdenken.
Einige Wochen lang war ihre Hauptsorge das Transportproblem. Sie hatte einen Angestellten der Bahn gegen einige Waren einen Ausweis abgehandelt. Er ermöglichte einen Preisnachlaß, aber nur für sie selbst, und auch das mußte noch bestätigt werden. Die Zeit, die wir verbrachten, war eine Art

Vorhölle bis weiße Leute, die wir nie zu Gesicht bekamen, in
Büros, die wir nie betraten, den Ausweis unterschrieben,
abgestempelt und an Momma zurückgeschickt hatten. Meine
Fahrkarte mußte bar bezahlt werden. So kam Ebbe in unsere
Kasse und unsere finanzielle Stabilität ins Wanken. Momma
entschied, daß Bailey uns nicht begleiten konnte. Wir mußten
fahren, weil der Ausweis ablief. Bailey sollte in einem Monat
nachkommen, wenn unsere finanzielle Lage durch Bezahlung
von Außenständen wieder besser war. Unsere Mutter lebte in
San Francisco, aber Momma hielt es offenbar für klüger,
zunächst nach Los Angeles, zu unserm Vater, zu fahren. Sie
diktierte mir Briefe an beide, daß wir unterwegs waren.
Und wie wir unterwegs waren! Unklar war nur, wann. Unsere
Sachen waren gewaschen, gebügelt und gepackt. Für unbestimmte Zeit trugen wir jene Kleider, die nicht gut genug
waren, unter der kalifornischen Sonne zu glänzen. Die Nachbarn, die für die Schwierigkeiten solch einer Reise Verständnis
hatten, kamen ein paar Millionen mal, um auf Wiedersehen zu
sagen.
»Also Schwester Henderson. Falls wir uns nicht mehr sehen
bevor die Fahrkarte kommt: Gute Reise und komm bald
wieder.« Eine Witwe, Mommas Freundin, hatte sich bereit
erklärt, sich um Onkel Willie zu kümmern. (Kochen, Waschen,
Saubermachen und Gesellschaft leisten.) Dann fand die tausendmal verschobene Abreise aus Stamps endlich statt.
Ich trauerte um Bailey, um Onkel Willie in seiner Einsamkeit,
der mit 35 Jahren noch nie ohne seine Mutter gelebt hatte und
gute Miene zum bösen Spiel machte, und um Louise, meine
beste Freundin. Mrs. Flowers konnte mir nicht fehlen, denn sie
hatte mir das Zauberwort verraten, mit dem ich ein Leben lang
Diener herbeirief: Bücher.

26

Junge Leute leben so intensiv, daß sie vieles einfach ausblenden
müssen. Bis zum letzten Tag unserer Reise dachte ich nicht an
das Wiedersehen mit Mutter. Ich fuhr einfach nur nach
Kalifornien: zu den Orangen, in den Sonnenschein, zu den
Filmstars, Erdbeben und (schließlich wurde es mir klar) zu
Mutter. Würde von Mr. Freeman die Rede sein? Erwartete

man, daß ich von selbst darüber sprach? Momma konnte ich auf keinen Fall fragen und Bailey war meilenweit weg.
Ich quälte mich mit diesen Gedanken, daß die verfilzten Sitze hart wurden, die gekochten Eier sauer und wenn ich Momma ansah, kam sie mir zu groß, zu schwarz und sehr altmodisch vor. Alles war fremd: Die kleinen Städte, wo niemand winkte, die andern Passagiere im Zug, die sehr freundlich zu mir waren.
Ich war auf die Begegnung mit Mutter so unvorbereitet wie ein armer Sünder aufs Jüngste Gericht. Allzuplötzlich stand sie vor mir, kleiner als in der Erinnerung, doch um so glanzvoller. Sie trug ein hellbraunes Wildlederkostüm, passende Schuhe und einen männlich wirkenden Hut mit einer langen Feder. Sie strich mir mit den Handschuhen übers Gesicht. Abgesehen von den geschminkten Lippen, den weißen Zähnen und den leuchtenden schwarzen Augen sah sie aus, wie soeben einem gelbbraunen Bad entstiegen. Mutters und Mommas Umarmung auf dem Bahnsteig, ein Bild, das stark in mir haften blieb, trotz der Aufregung von damals und aus der Distanz von heute. Mutter war ein fröhliches Küken, das hinter der großen, starken und dunklen Henne herpickte. Sie gaben Töne einer tiefen inneren Harmonie von sich. Mommas tiefe langsame Stimme unterlegte das hastige Zwitschern meiner Mutter wie Kieselsteine den rauschenden Bach.
Die junge Frau küßte, lachte, sammelte unsere Mäntel ein und ließ das Gepäck abtransportieren. Sie erledigte alle Einzelheiten mühelos, jemand vom Land hätte den halben Tag dafür gebraucht. Ich war wieder ganz platt. Sie war ein Wunder für mich. Solange ich in Trance war, hielt sich die nagende Ungewißheit in Grenzen.
Wir gingen in ein Appartement. Ich schlief auf einem Sofa, das für die Nacht auf wunderbare Weise zu einem großen bequemen Bett verwandelt wurde. Bis wir uns niedergelassen hatten, blieb Mutter in Los Angeles. Dann kehrte sie nach San Francisco zurück, um das Leben für ihre Familie zu organisieren, die sich so plötzlich vergrößert hatte. Gelegentlich besuchte uns Vater Bailey. Er trug Obsttüten unterm Arm und strahlte wie ein Sonnengott, der seine dunklen Geschöpfe gnädig erwärmt und erleuchtet.
Ich baute mir eine eigene Welt, war verzaubert. Erst nach Jahren wurde mir bewußt, wie fabelhaft Momma sich an das

fremde Leben anpaßte. Eine alte Negerfrau aus dem Süden, die das ganze Leben im Schutz ihrer Gemeinschaft verbracht hatte, lernte mit weißen Hausbesitzern, mexikanischen Nachbarn und fremden Negern umzugehen. Sie ging in Supermärkte einkaufen, die größer waren als die Stadt, aus der sie kam. Sie hatte mit Dialekten zu tun, die ihr kreischend im Ohr geklungen haben müssen. Sie, die sich niemals weiter als fünfzig Meilen von ihrem Geburtsort entfernt hatte, fand sich in einem Labyrinth spanischer Straßennamen zurecht, in diesem Rätsel, das Los Angeles heißt.

Sie lernte dieselbe Art von Freundinnen kennen, die sie immer gehabt hatte. Am späten Sonntagnachmittag, vor dem Abendgottesdienst, kamen die alten Frauen zu uns in die Wohnung, getreue Abbilder Mommas, aßen die Reste der Sonntagsmahlzeit und führten religiöse Gespräche über ein besseres Leben im Jenseits.

Als die Vorbereitungen für den Umzug nach Norden abgeschlossen waren, überraschte uns Momma mit der Mitteilung, daß sie nach Arkansas zurückkehren wollte. Ihre Arbeit war getan. Jetzt brauchte Onkel Willie sie. Wir hatten schließlich unsere Eltern, die wenigstens im gleichen Staat lebten. Für Bailey und mich kamen trübe Tage der Ungewißheit. Schön und gut, wir hatten unsere Eltern, aber wer waren sie eigentlich? Waren sie strenger als Momma? Schlecht. Waren sie großzügiger? Noch schlechter. Konnten wir diese schnelle Sprache lernen? Ich bezweifelte es. Noch mehr bezweifelte ich, daß ich je begreifen würde, warum sie so oft und so laut lachten.

Ich war bereit, nach Stamps zurückzukehren, sogar ohne Bailey. Aber Momma fuhr ohne mich nach Arkansas und nahm die Ruhe, in die sie eingehüllt war wie in Baumwolle, mit.

Mutter fuhr uns über den großen weißen Highway nach San Francisco. Es hätte mich nicht gewundert, wenn er unendlich gewesen wäre. Sie redete ununterbrochen und zeigte uns Sehenswürdigkeiten. Als wir an Capistrano vorbeikamen, sang sie einen Schlager, den ich schon mal im Radio gehört hatte: »Wenn die Schwalben nach Capistrano zurückkehren.« Sie erzählte unentwegt lustige Geschichten, versuchte uns für sich einzunehmen. Aber ihre bloße Anwesenheit als unsere Mutter war uns genug. Es war ermüdend, wie sie ihre Energie verschwendete.

Der große Wagen gehorchte einer einzigen Hand am Steuer. Sie zog so stark an ihren *Lucky Strikes*, daß die Backen Täler in ihrem Gesicht bildeten. Nichts konnte märchenhafter sein als die Tatsache, daß wir sie endlich gefunden und ganz für uns allein hatten: in der kleinen Welt eines fahrenden Autos.
Obwohl wir von ihr begeistert waren, entging weder Bailey noch mir ihre Nervosität. Wir sahen uns verstohlen an und lächelten. Wir hatten die Macht, diese Gottheit aus dem Gleichgewicht zu bringen. Das machte sie menschlich.
Ein paar graue Monate verbrachten wir in Oakland. Die Wohnung mit einer Badewanne in der Küche lag so nah am Bahnhof der *Southern Pacific*, daß sie bei Abfahrt und Ankunft jedes Zuges wackelte. Ich wurde vielfältig an St. Louis erinnert – da waren die Onkel Tommy und Billy und Großmutter Baxter mit dem Kneifer. Aufrechte Haltung war wieder gefragt, obwohl der mächtige Baxterclan nach dem Tod Großvater Baxters vor einigen Jahren harte Zeiten durchmachte.
Wir gingen zur Schule, aber kein Familienmitglied fragte nach Qualität und Ergebnis unserer Arbeit. Wir gingen zum Sportplatz. Dort gab es ein Footballfeld, ein Basketballfeld und Tischtennisplatten unter Markisen. Statt in die Kirche gingen wir sonntags ins Kino.
Ich schlief in einem Zimmer mit Großmutter Baxter. Sie rauchte stark und hatte chronische Bronchitis. Sie sammelte tagsüber ihre halbgerauchten Zigaretten und legte sie in einen Aschenbecher neben ihr Bett. Nachts wachte sie hustend auf, tastete nach einer Kippe und inhalierte im Schein der Streichholzflamme das Nikotinkonzentrat, bis ihre gereizte Kehle betäubt war. In den ersten Wochen wurde ich vom wackelnden Bett und dem Tabakgeruch wach, doch allmählich gewöhnte ich mich daran und schlief friedlich weiter.
Eines Nachts weckte mich ein anderes Schütteln. Im Dämmerschein, der durch das Fenster fiel, sah ich meine Mutter neben dem Bett knien. Sie kam mit dem Mund nah an mein Ohr. »Ritie«, flüsterte sie. »Ritie, komm. Aber mach ganz leise.« Sie erhob sich geräuschlos und verließ das Zimmer. Gehorsam und schlaftrunken folgte ich ihr. Durch die halbgeöffnete Küchentür sah ich im Licht Baileys Beine in Schlafanzughosen. Sie baumelten von der zugedeckten Badewanne herunter. Auf der Küchenuhr war es halb drei. Zu dieser Uhrzeit war ich noch nie auf gewesen.

Ich sah Bailey fragend an, aber er gähnte wie ein Schaf. Ich wußte sofort, daß nichts Schlimmes zu befürchten war. Dann zerbrach ich mir den Kopf nach einem wichtigen Datum. Niemand hatte Geburtstag, es war weder 1. April noch Allerheiligen, aber irgendwas mußte sein.
Mutter schloß die Küchentür und sagte, ich solle mich neben Bailey setzen. Sie stemmte die Hände in die Hüften und erklärte, wir seien zu einer Party eingeladen.
Was für ein Grund, uns mitten in der Nacht zu wecken! Keiner von uns beiden sagte ein Wort. Sie fuhr fort: »Ich gebe eine Party und ihr seid meine einzigen Gäste!«
Sie machte den Herd auf und holte ein Blech mit knusprigen braunen Plätzchen heraus und zeigte uns hinten auf dem Ofen einen Topf Milchschokolade. Wir konnten nicht anders, wir mußten unsere schöne wilde Mutter einfach anlachen. Als wir loslachten, stimmte sie ein, den Finger noch auf dem Mund, um zu sagen, daß wir leise sein mußten. Wir wurden formvollendet bedient. Sie entschuldigte sich, daß sie keine Band hatte, die für uns spielte. Statt dessen sang sie selbst. Sie tanzte den *Time Step*, die *Snake Hips* und *Suzy Q*. Welches Kind kann einer Mutter widerstehen, die so freimütig und offen lacht, vor allem dann, wenn das Kind reif genug ist, den Sinn des Spaßes zu verstehen.
Mutters Schönheit war ihre Macht. Sie führte bei ihr zu einer unerschütterlichen Ehrlichkeit. Als wir sie fragten, wo sie arbeite, führte sie uns zur siebten Straße. Verrauchte Bars und Tabakläden steckten in der Häuserfront zwischen Kirchen. Sie zeigte uns *Raincoats Pinochle Parlor* und Slim Jenkins protzigen Saloon. Sie spielte manchmal für Geld *Pinochle*, pokerte bei Mutter Smith oder ging auf ein paar Drinks in Slims Saloon. Sie erzählte uns, daß sie nie jemanden betrogen hatte und dies auch nicht vorhatte. Ihre Arbeit war ebenso ehrlich, wie die der fetten Mrs. Walker (einem Dienstmädchen), die nebenan wohnte und »verdammt besser bezahlt wurde«. Mutter wollte für keinen das Abwaschwasser wegschütten und nirgends die Küchenhure spielen. Der liebe Gott hatte ihr Verstand gegeben und sie nutzte ihn, um ihrer Mutter und ihren Kindern zu helfen. Es war nicht nötig, daß sie uns sagte: »Viel Spaß auf dem Weg.«
Leute auf der Straße waren spontan glücklich, sie zu sehen.
»He, Baby, was gibts Neues?«

»Alles bestens, Baby, bestens.«
»Wie gehts denn so, schöne Frau?«
»Wie solls schon gehn, wenn man so schlecht gebaut ist?« (Ihr Lachen strafte sie Lügen.)
»Und du Momma, alles in Ordnung?«
»Wie ich höre, haben die Weißen noch die Oberhand.« (Sie sagte das so, als sei es nicht ganz wahr.)
Mit ihrem Humor und ihrer Einbildungskraft half uns Mutter sehr. Gelegentlich nahm sie uns in chinesische Restaurants oder italienische Pizzastuben mit. Wir erfuhren, was ungarisches Goulasch und Irish Stew ist. Über die Mahlzeiten erfuhren wir, daß es außer uns noch andere Menschen auf der Welt gab.
Bei aller Fröhlichkeit kannte Vivian Baxter kein Mitleid. In Oakland kursierte damals eine Redensart, die ihre Haltung gut wiedergibt. »*Sympathy* ist das Wort gleich nach *Shit* im Wörterbuch und ich kann nicht mal lesen.« Ihr Temperament war ungebrochen, und leidenschaftliche Charaktere, die kein Mitleid kennen, lieben melodramatische Szenen. Bei jedem Wutausbruch war meine Mutter fair. Toleranz und Nachsicht waren nicht ihre Natur.
Vor unserer Ankunft aus Arkansas hatte sich ein Vorfall ereignet, dessen Protagonisten in Krankenhaus und Knast gelandet waren. Mutter betrieb mit einem Geschäftspartner (vielleicht war er auch etwas mehr) ein Restaurant mit Spielcasino. Folgt man Mutters Version, so nahm ihr Partner seine Verantwortung auf die leichte Schulter. Als sie ihn zur Rede stellte, reagierte er überheblich und spielte sich auf. Er tat etwas Unverzeihliches, er nannte Mutter eine Nutte. Zwar fluchte sie so freimütig, wie sie lachte, aber in ihrer Umgebung hatte niemand zu fluchen. Und selbstverständlich ließ sie sich nicht beleidigen. Mit Rücksicht auf die Geschäftsverbindung reagierte sie zurückhaltend: »Du nennst mich nicht noch einmal Nutte, merk dir das bitte!« Der wütende Mann wiederholte das Wort – und Mutter schoß auf ihn. Sie hatte Probleme erwartet und vorsichtshalber eine kleine 32er eingesteckt.
Getroffen wankte der Mann auf sie zu. Sie sah keinen Grund, wegzulaufen. Sie hatte ihn treffen wollen, aber nicht töten. Jetzt schoß sie erneut. Es muß für beide eine schizophrene Situation gewesen sein. Sie trieb ihn mit jedem Schuß weiter

voran und er veranlaßte sie, immer häufiger zu schießen. Sie verteidigte sich, bis er sie umklammerte und zu Boden riß. Die Polizei mußte ihn losreißen, um ihn in den Krankenwagen zu schaffen. Als sie am folgenden Tag auf Kaution entlassen wurde, sah sie im Spiegel ihre »blauen Augen«. Es mußte passiert sein, als er die Arme um sie schlang. Sie bekam leicht blaue Flecken. Der Mann überlebte die zwei Treffer. Ihre Geschäftsverbindung wurde aufgelöst, aber sie hatten weiterhin Respekt voreinander. Er war zwar von ihr angeschossen worden, aber fairerweise hatte sie ihn gewarnt. Er war stark genug gewesen, ihr zwei blaue Augen zu schlagen und zu überleben. Bewundernswerte Fähigkeiten.
Der Zweite Weltkrieg begann am Sonntagnachmittag auf dem Weg ins Kino. Die Leute auf der Straße brüllten: »Krieg! Wir haben Japan den Krieg erklärt!« Ich rannte den ganzen Weg nach Hause. Ich hatte Angst, bombardiert zu werden, bevor ich bei Mutter und Bailey ankam. Großmutter Baxter beruhigte mich. Amerika werde nicht bombardiert, solange Franklin Delano Roosevelt Präsident sei. Er war schließlich ein ausgefuchster Politiker und wußte, was er tat.
Bald darauf heiratete Mutter Daddy Clidell, der sich als der erste wirkliche Vater entpuppte, den ich kennenlernte. Er war ein erfolgreicher Geschäftsmann. Er und Mutter brachten uns nach San Francisco. Onkel Tommy, Onkel Billy und Großmutter Baxter blieben in dem großen Haus in Oakland.

27

In den ersten Monaten des Zweiten Weltkriegs zeigten sich im *Fillmore District* von San Francisco, der *Western Addition*, deutlich die Spuren einer Revolution. Oberflächlich betrachtet ein friedlicher, undramatischer Vorgang, bei genauem Hinsehen eine Tragödie.
Stillschweigend verwandelte sich der Fischmarkt *Yakomoto* in *Sammys* Schuhputzsalon. Aus *Yashigiras* Eisenwarenhandlung wurde *La Salon de Beauté*, Inhaberin Miss Clorinda Jackson.
Die japanischen Läden, in denen die Amerikaner japanischer Abstammung eingekauft hatten, wurden von schwarzen Unternehmern übernommen. In weniger als einem Jahr verwan-

delte sich das Japanerviertel in eine neue Heimat schwarzer Zuwanderer aus dem Süden. Statt nach Tempura, rohem Fisch und Cha roch es nun nach Kutteln, Gemüse und Schinken.
Vor meinen Augen verschwand die asiatische Bevölkerung. Ich konnte Japaner nicht von Chinesen unterscheiden und Laute wie Ching und Chan waren mir ebenso fremd wie Moto und Kao.
Die Japaner verschwanden lautlos und ohne Widerstand zu leisten. Die Neger nahmen ihre Plätze ein: begruben ihre Zwistigkeiten, hörten laute Musik und gaben sich dem Glauben hin, sich von den Fesseln des Südens befreit zu haben. In wenigen Monaten wurde aus dem japanischen Viertel das Harlem von San Francisco.
Wer Unterdrückung nicht kennt, könnte vielleicht erwarten, daß die zugewanderten Neger sich mit den vertriebenen Japanern solidarisiert hätten. Unter dem Gesichtspunkt, daß sie selbst jahrhundertelang einem Sklaven- und Konzentrationslagerleben unterworfen waren, hätte man das erwarten können. Aber es fehlte das Gefühl für ein gemeinsames Schicksal.
Während des Kriegs wurden auf den ausgetrockneten Ländereien in Georgia und Mississippi Arbeitsagenten eingesetzt. Sie hatten die schwarzen Zuwanderer angeworben. Sie waren geblendet von der Perspektive in dreistöckigen Häusern zu wohnen (aus denen sofort Slums wurden) und zwei- oder dreistellige Summen in der Woche zu verdienen. Zum ersten Mal konnten sie Geld ausgeben: für die chemische Reinigung, den Taxifahrer, die Kellner. Die Werften und Munitionsfabriken im Kriegsboom vermittelten ihnen den Eindruck, daß sie gebraucht wurden, wichtig waren. Eine fremde, angenehme Rolle. Konnte man von diesen Leuten erwarten, daß sie ihr neues Selbstwertgefühl zugunsten einer anderen Rasse aufgaben? Einer von der sie bis dahin gar nicht wußten, daß es sie gab? Ein anderer, subtilerer Grund war noch wichtiger: Die Japaner waren keine Weißen. Sie hatten andere Augen, eine andere Sprache und andere Sitten. Man mußte sie also nicht fürchten, folglich auch nicht beachten. Das war das wesentliche, unbewußte Motiv der Gleichgültigkeit.
Kein Familienmitglied, kein Freund sprach jemals über die verschwundenen Japaner. Als hätten sie nicht gelebt und nie die Häuser bewohnt, die jetzt uns gehörten. Von unserm Haus

an der *Post-Street* fiel der Hügel sacht nach Fillmore hin ab, Markt und Mittelpunkt unseres Stadtteils. Zwei Häuserblöcke vorher gab es in unserer Straße zwei Restaurants mit Tag- und Nachtbetrieb, zwei Billardsäle, zwei Spielhallen, Imbißstuben, Kosmetiksalons, Schuhputzer, Frisöre und schließlich vier Kirchen. Es gab unter den Negern in San Francisco während des Krieges eine emsige Geschäftigkeit. Unsere beiden Häuserzeilen lagen nur an Nebenstraßen und ihr Charakter wiederholte sich vielfach im ganzen Viertel, das acht bis zehn Häuserblöcke umfaßte. Eine Atmosphäre ständigen Wandels, eine unsichere Kriegszeit mit zweifelhaften Gestalten, das nahm mir das Gefühl, nicht hierherzugehören. In San Francisco empfand ich mich als Teil eines großen Ganzen. Nicht so sehr in bezug auf die schwarzen Einwanderer, die ortsansässigen Neger und Weißen oder gar auf die Asiaten, sondern im Verhältnis zur Zeit und zur Stadt. Ich konnte die arroganten jungen Matrosen verstehen. Sie zogen randalierend durch die Stadt, behandelten jede Frau als Prostituierte oder als feindliche Agentin, die zur Niederlage der USA im Krieg beitragen wollte. Die wöchentlichen Luftschutzübungen und die heimliche Angst, San Francisco könnte bombardiert werden, verstärkten mein Zugehörigkeitsgefühl. Das Leben war ein einziges großes Risiko, das hatte ich schon immer gewußt.

Die Stadt reagierte auf den Krieg wie eine kluge, bedrängte Frau. Sie gab auf, was nicht zu halten war und sicherte das Erreichbare. So wie diese Stadt wollte ich als Erwachsene sein. Freundlich, aber nie überschwenglich, kühl aber nicht empfindungslos, manierlich aber nicht steif.

»Eine Stadt, die weiß wie.« Für die Leute hieß das die Bucht, der Nebel, das Hotel *Sir Francis Drake*, *Chinatown*, *Top o'the Marks* und *Sunset District*, so gut, so weiß. Für mich, das dreizehnjährige schwarze Mädchen aus dem Süden, war die Stadt Freiheit und Schönheit selbst. Der Nebel war nicht einfach der Dampf der Schiffe in der Bucht, der sich vor den Bergen verfing, sondern ein weicher, unpersönlicher Atem. Sanft begrüßte er den Reisenden. Die Existenz von San Francisco war wie ein Medikament für mich. Ich verlor meine Ängste, wurde unerschrocken.

Selbstbewußt ging ich davon aus, daß niemand die Stadt so bedingungslos liebte wie ich. Ich lief herum, betrachtete *Top o'the Marks*, aber der Blick vom Hügel in Oakland hatte mich

mehr beeindruckt als dieses müde Gebäude und seine in Pelze gehüllten Besucher. Ich lernte die Stadt kennen und fand die großen Sehenswürdigkeiten leer und uninteressant. Die Marineoffiziere und ihre herausgeputzten Frauen mit weißen Babies lebten in einem fremden Raum, einer anderen Zeit. Die gepflegten alten Damen in Autos mit Chauffeur und die blonden Mädchen mit Wildlederschuhen und Kaschmirpullovern waren möglicherweise in San Francisco zu Hause, aber zu meinem Bild der Stadt gehörten sie allenfalls als Gold auf dem Rahmen.
Ressentiment und Stolz schritten Hand in Hand über die schönen Hügel. Die Einheimischen hüteten die Stadt wie ihren Besitz. Sie hatten es nicht mehr mit Touristen zu tun, die sie höflich willkommen hießen, sondern mit groben, ungeschliffenen Hinterwäldlern. Und sie lebten mit einer peinlichen Schuld: der Internierung ihrer ehemaligen Schulkameraden japanischer Herkunft.
Aus dem Süden, den Hügeln in Arkansas und den Sümpfen Georgias, kamen auch weiße Analphabeten, deren Vorurteile ungebrochen waren. Die schwarzen Zuwanderer hatten ihre Furcht vor den Weißen nicht völlig verloren, die schmerzvollen Lektionen der Geschichte nicht vergessen. In der Kriegsindustrie mußten Schwarze und Weiße Seite an Seite arbeiten, aber Feindseligkeiten brachen auf und verschwanden im Gesicht der Stadt wie Furunkel.
Leute aus San Francisco hätten bei ihrer *Golden-Gate-Bridge* geschworen, daß es im Herzen ihrer vollklimatisierten Stadt keinen Rassismus gab. Doch das war ein trauriger Irrtum.
Damals machte folgende Geschichte die Runde: Eine weiße Frau hatte sich in der Straßenbahn geweigert, neben einem schwarzen Zivilisten zu sitzen, obwohl er ihr bereitwillig Platz gemacht hatte. Sie erklärte, sie wolle nicht neben einem Drückeberger sitzen, der außerdem noch Neger war. Sie fügte hinzu, es sei ja wohl das Wenigste, daß er für sein Land kämpfe, genau wie ihr Sohn in *Iwo Jima*. Man erzählte weiter, der Mann habe sich vom Fenster abgewandt und seinen armlosen Ärmel vorgezeigt. Dann habe er ruhig und mit großer Würde geantwortet: »Bitten Sie also ihren Sohn, ein wenig nach meinem Arm zu suchen, den ich dort gelassen habe.«

28

Ich hatte gute Noten und wurde nach meiner Ankunft aus Stamps zwei Semester höhergestuft. Dennoch hielt ich mich selber für unfähig zur High-School zu gehen. Eine für Mädchen war ganz in der Nähe unseres Hauses. Die jungen Damen dort waren schneller, schlagfertiger, gemeiner und voreingenommener als irgend jemand an der *Lafayette County Training School*. Viele der Negermädchen kamen wie ich direkt aus dem Süden, aber sie hatten die hellen Lichter von *Big D* (Dallas) oder *T Town* (Tulsa, Oklahoma) gesehen. Das behaupteten sie jedenfalls und ihre Aussprache bestätigte es. Sie hatten eine Aura der Unbesiegbarkeit. Zusammen mit ein paar mexikanischen Schülern zogen sie herum, trugen Messer in ihren großen *Pompadours* und schüchterten die anderen Schüler ein. Neger, Weiße, Mexikaner, die nicht mit Furchtlosigkeit gepanzert waren. Glücklicherweise kam ich an die *George Washington High School*.

Das schöne Gebäude lag auf einem niedrigen Hügel in einem weißen Wohnbezirk, etwa sechzig Blocks vom Negerviertel entfernt. Im ersten Semester war ich eine von drei schwarzen Schülern. Dadurch lernte ich mein Volk noch mehr lieben. Wenn ich morgens mit der Straßenbahn das Getto durchquerte, durchlitt ich traumatische Ängste. Bald würde ich mich außerhalb meiner vertrauten Umgebung wiederfinden. Die Schwarzen, die in der Bahn saßen, wenn ich ausstieg, waren vierzig Blocks weiter alle verschwunden. Ich war allein auf sauberen Straßen, vor gepflegten Rasenflächen, weißen Häusern und reichen Kindern. Auf dem Heimweg am Abend hatte ich freudigere Empfindungen. Erwartungsvoll und erleichtert sah ich die ersten Schilder: *Barbecue, Do Drop Inn, Home Cooking* und die ersten braunen Gesichter auf der Straße. Ich erkannte daran, daß ich wieder im eigenen Land war.

In der Schule selbst mußte ich enttäuscht einsehen, daß ich nicht annähernd die brillanteste Schülerin war. Die weißen Jugendlichen hatten das bessere Vokabular und weniger Angst. Das war ausschlaggebend. Sie zögerten nie, sich auf eine Frage des Lehrers zu melden. Sie antworteten aggressiv, selbst wenn es falsch war. Ich mußte mir immer erst über alles genau klar werden, ehe ich wagte, mich zu melden.

Die *George Washington High School* war die erste richtige

Schule, die ich besuchte. Vielleicht wäre mein ganzer Aufenthalt dort verlorene Zeit gewesen, aber er fand seinen Sinn durch die einmalige Persönlichkeit einer brillanten Lehrerin. Miss Kirwin war ein seltener Fall. Eine Erzieherin, die das Wissen liebte, das sie vermittelte. Ich bin fest davon überzeugt, daß die Liebe zu ihrem Beruf weniger von der Beziehung zu den Schülern, als von dem Bedürfnis herrührte, die Gegenstände ihres Wissens anderen zur Aufbewahrung zu geben, damit sie erhalten blieben.

Sie und ihre unverheiratete Schwester arbeiteten seit über zwanzig Jahren im städtischen Schulsystem von San Francisco. Meine Miss Kirwin war eine große, korpulente, blühende Dame, deren Haar in vielen Schlachten grau geworden war. Sie gab Staatsbürgerkunde und Zeitgeschichte. Am Ende eines Kurses in ihrer Klasse waren die Bücher so sauber, die Seiten so steif, wie man sie uns ausgehändigt hatte. Miss Kirwins Schüler mußten ihre Bücher nie oder nur selten aufschlagen.

Sie begrüßte jede Klasse mit: »*Good morning, ladies and gentlemen.*« Noch nie hatte ich einen Erwachsenen so höflich zu Teenagern reden hören. (Normalerweise glauben Erwachsene, daß Höflichkeit ihrer Autorität abträglich ist.) »Im *Chronicle* steht heute ein Artikel über den Bergbau in Carolina. Ich möchte, daß jemand dieses Thema für mich ausarbeitet.«

Wie die andern begeisterten Schüler las ich nach zwei Wochen in ihrer Klasse die Zeitungen von San Francisco, *Time, Life* und alles, was ich sonst noch ergattern konnte. Miss Kirwin bestätigte, was Bailey mir einmal gesagt hatte: »Jedes Wissen ist konvertierbare Währung, abhängig nur vom Markt.«

Sie bevorzugte niemand. Keiner war der Lehrerliebling. Wer ihr im Verlauf einer Unterrichtsstunde gefallen hatte, konnte nicht damit rechnen, am nächsten Tag bevorzugt zu werden. Umgekehrt hatte niemand etwas zu befürchten. Täglich konfrontierte sie uns mit einem reinen Gewissen und handelte, als sei unseres ebenso rein. Zurückhaltend und ihrer Überzeugungen sicher, verschwendete sie keine Zeit an Oberflächlichkeiten. Statt einzuschüchtern, gab sie Anstöße. Während einige Lehrer sich überwanden, nett, »liberal« zu mir zu sein und andere mich völlig ignorierten, schien Miss Kirwin gar nicht zu bemerken, daß ich schwarz und also anders war. Ich war einfach Miss Johnson und wenn ich ihr eine Frage beantwortet hatte, hörte ich niemals mehr als das Wort: »Richtig.« Wie

jeder andere Schüler, der eine korrekte Antwort gegeben hatte.
Als ich Jahre später nach San Francisco zurückkehrte, besuchte ich sie gelegentlich in der Schule. Sie erinnerte sich noch, daß ich Miss Johnson war und über einen klaren Verstand verfügte, den solle ich auch gebrauchen. Wenn ich so neben ihrem Pult herumtrödelte, ermutigte sie mich bei keinem dieser Besuche, länger zu bleiben. Sie verhielt sich, als hätte ich noch andere Besuche zu machen. Ich fragte mich oft, ob sie wußte, daß sie die einzige Lehrerin war, an die ich mich erinnerte.
Ich erfuhr nie, warum ich einen Studienplatz an der *California Labor School* bekam. Es war ein College für Erwachsene. Viele Jahre später fand ich heraus, daß es auf der schwarzen Liste des Ausschusses gegen unamerikanische Aktivitäten stand. Ich war vierzehn und nahm den Studienplatz und erhielt auch einen für das folgende Jahr. Ich wählte die Fächer Drama und Tanz. Dort waren schwarze und weiße Erwachsene. Drama hatte ich einfach deshalb gewählt, weil ich den Hamletmonolog so sehr mochte, »Sein oder Nichtsein«. Ich hatte noch nie ein Theaterstück gesehen und Filme brachte ich mit Theater nicht in Zusammenhang. Ich hatte den Monolog tatsächlich nur ein einziges Mal gehört: als ich ihn vor dem Spiegel melodramatisch selbst in Szene gesetzt hatte.
Es fiel mir schwer, meine Neigung zu exaltierten Gesten und einer gefühlsinnigen Stimme zu zügeln. Wenn Bailey und ich uns Gedichte vorlasen, klang er immer wie ein wütender Basil Rathbone und ich wie eine verrückte Bette Davies. An der *California Labor School* machte eine starke, teilnahmsvolle Lehrerin der Melodramatik schnell und umstandslos ein Ende. Sie ließ mich sechs Monate lang Pantomime machen.
Den Kurs in Tanz zu nehmen, hatten Bailey und Mutter mich ermutigt. Er gab mir Privatunterricht in Gymnastik, die meine Beine verlängern und meine Hüften weiten sollte. Einen besseren Beweggrund konnte ich nicht haben.
Die Scheu, mich in einem engen schwarzen Trikot durch einen großen leeren Raum zu bewegen, hielt nicht lange an. Natürlich dachte ich zuerst, jeder müsse meinen gurkenförmigen Körper anstarren, Knie, Ellbogen und Brüste, die knorrigen Beulen. Aber in Wirklichkeit achtete niemand besonders auf mich. Wenn die Lehrer über den Boden schwebten und ihren Tanz mit Arabesken abschlossen, waren meine diesbezüglichen

Befürchtungen verflogen. Ich wollte lernen, mich so zu bewegen, wollte lernen, »den Raum zu besetzen«, wie sie es nannten. Zu dieser Zeit waren Miss Kirwins Klasse, das Abendessen mit Bailey und Mutter, Drama und Tanz die Dreh- und Angelpunkte meiner Tage.
Bis zu diesem Zeitpunkt hatte ich im Leben Verbündete gefunden, die sehr seltsame Bettgenossen gewesen wären: Momma mit ihrem feierlichen Schicksalsglauben, Mrs. Flowers mit ihren Büchern, Bailey mit seiner Liebe, Mutter mit ihrer Fröhlichkeit, Miss Kirwin mit ihrem Wissen und meine Abendkurslehrer mit Drama und Tanz.

29

Unser Haus mit seinen vierzehn Zimmern war typisch für die Bauweise in San Francisco nach dem Erdbeben. Wir hatten eine Reihe von Untermietern. Mit ihren Verschiedenheiten, Sprechweisen und Eßgewohnheiten kamen und gingen sie. Werftarbeiter polterten in metallbeschlagenen Stiefeln die Treppe hinauf. Grellgeschminkte Prostituierte kicherten unterm Make-up und hängten ihre Perücken an die Türgriffe. Unten in der Küche führte ein Ehepaar – beide mit Collegeabschluß – lange Erwachsenengespräche mit mir. Als der Mann in den Krieg mußte, verwandelte sich die Frau, die gern und herzlich gelacht hatte, in einen stummen Schatten, der nur selten an der Wand auftauchte. Etwa ein Jahr lang lebte ein älteres Ehepaar bei uns. Sie besaßen ein Restaurant. Sie waren für mich als Teenager weder anziehend noch interessant, aber der Mann hieß Onkel Jim und die Frau Tante Boy. Ich bekam nie heraus, weshalb.
Die Verbindung von Zärtlichkeit und Strenge ist eine unschlagbare Kombination. Wie Not mit Intelligenz, die nicht durch formale Bildung geschliffen ist. Ich hatte Daddy Clidell zunächst als weiteren gesichtslosen Namen hingenommen, eine Eroberung auf der Liste meiner Mutter. Ich hatte im Lauf der Jahre gelernt, erfolgreich Interesse oder wenigstens Aufmerksamkeit vorzutäuschen, während sich mein Kopf völlig frei mit andern Dingen beschäftigte. Ich hätte also in seinem Haus leben können, ohne ihn je zu sehen und ohne daß er es bemerkt hätte. Aber sein Charakter forderte meine Bewunde-

rung heraus. Er war ein einfacher Mann. Seine mangelnde Bildung verursachte keinen Minderwertigkeitskomplex. Noch erstaunlicher war, daß es ihn nicht überheblich machte, trotz seines Handicaps erfolgreich gewesen zu sein. Er pflegte oft zu sagen: »Drei Jahre meines Lebens war ich in der Schule. In Slaten, Texas. Schwere Zeiten und ich mußte meinem Vater auf der Farm helfen.«

In dieser einfachen Feststellung lag kein Vorwurf und es war keine Prahlerei, wenn er sagte: »Wenn ich heute ein bißchen besser lebe, dann weil ich niemandem Unrecht tue.« Er besaß Mietshäuser, später auch Billardsäle und war als seltener Fall eines »ehrenwerten Mannes« bekannt. Er litt nicht, wie viele dieser »ehrenwerten Männer« unter der abscheulichen Form von Rechtschaffenheit, die den Erfolg schmälert. Er kannte die Karten und die Herzen der Männer. Mutter brachte uns bestimmte Lebensnotwendigkeiten bei: Körperpflege, aufrechte Haltung, Tischsitten, Manieren in feinen Restaurants, höfliches Grüßen. Von Daddy Clidell lernte ich Pokern, Blackjack und andere Kartenspiele. Er trug teure maßgeschneiderte Anzüge und als Krawattennadel einen großen gelben Diamanten. Von den Juwelen abgesehen, kleidete er sich konservativ und bewegte sich im unbewußten Pathos eines Mannes mit festen Ansichten. Verblüffenderweise ähnelte ich ihm. Wenn er mit Mutter und mir über die Straße ging, sagten seine Freunde oft: »Clidell, das ist garantiert deine Tochter. Streite das bloß nicht ab.«

Auf solche Bemerkungen folgte stolzes Gelächter, denn er hatte nie Kinder gehabt. Ein spätes, heftiges Vatergefühl. Er stellte mir die schillernsten Figuren der schwarzen Unterwelt vor. Eines Nachmittags wurde ich in unser Eßzimmer geholt. Ich machte die Bekanntschaft von *Stonewall Jim, Just Black, Cool Clide, Tight Coat* und *Red Leg*. Daddy Clidell stellte sie als erfolgreichste Hochstapler der Welt vor. Sie sollten mir ein paar Tricks beibringen, damit mich nie einer reinlegen konnte.

»Es ist noch nie einer reingelegt worden, der nichts für umsonst haben wollte.« Das war die einleitende Grundregel. Dann erzählten sie, wie sie sich unter bigotten Weißen ihre Opfer aussuchten und wie sie sich ihre Vorurteile zunutze machten. Ihre Gesichter waren unterhaltsam, lustig, etwas pathetisch und ihre Moral war, ein schwarzer Betrüger könne

sich noch so dumm anstellen, der mächtige arrogante Weiße war immer der Verlierer.
Wie an eine Lieblingsmelodie erinnere ich mich an Mr. Red Legs Geschichte.
»Du mußt das Prinzip der Umwandlung kennen. Alles, was gegen dich arbeitet, kannst du genausogut für dich arbeiten lassen. In Tulsa war son Würstchen. Hatte soviel Neger reingelegt, daß er eine Negerbescheißgesellschaft gründen konnte. Mußte natürlich denken, schwarze Haut heißt verdammter Idiot. *Just Black* und ich fuhren nach Tulsa und checkten ihn aus. Stellte sich raus, daß er das perfekte Opfer war. Seine Mama muß bei 'nem Indianermassaker in Afrika den Rappel gekriegt haben. Er haßte Neger nur ein bißchen mehr wie er Indianer verachtete. Und er war gierig.
Black und ich beobachteten ihn eine Weile.
Wir beschlossen, die Bank zu setzen, er war es wert. Das heißt, wir investierten ein paar tausend Dollar in die Vorbereitung. Wir holten einen weißen Jungen aus New York, großer Hochstapler, ein echter Künstler. Er spielte einen Immobilienmakler aus dem Norden, der in Oklahoma wertvolles Land kaufen wollte. In Tulsa eröffnete er sein Büro. Wir nahmen ein Stück Land in der Nähe von Tulsa unter die Lupe, unter einer Brücke, die Zoll kostete. Früher war das Land Teil einer Indianerreservation, jetzt gehörte es dem Staat. Just Black mußte das Opfer ködern und spielte den Deppen. Unser Freund aus New York stellte einen Sekretär an und ließ Visitenkarten drucken, Black machte sich an das Opfer ran. Er machte ein Angebot. Erzählte ihm, er hätte gehört, er wär der einzige weiße Mann, dem ein Schwarzer vertrauen könne. Er erwähnte ein paar von den armen Irren, die der Gauner ausgenommen hatte. Das soll dir nur zeigen, wie Weiße mit ihrer Selbsttäuschung zu schlagen sind. Er glaubte Black alles.
Black erzählte weiter von seinem Freund, halb Indianer, halb Schwarzer. Ein weißer Makler aus dem Norden hätte rausgefunden, er wär der einzige Besitzer eines wertvollen Stück Lands. Der Mann aus dem Norden wolle es kaufen. Der Typ reagierte, als hätte er 'ne Ratte gerochen. Roch n' Haufen Niggergeld unter der Nase.
Wollte natürlich Genaueres über das Grundstück wissen, aber Black ließ ihn abfahrn. Sagte dem Würstchen, daß es nur dadrum ging, ob er interessiert wär. Na klar, und wie er

interessiert wär. Sagte Black, daß er seinem Freund Bescheid sagen würde und daß sie sich wieder in Verbindung setzen würden. Black traf sich ungefähr drei Wochen lang mit unserm Opfer, in Autos, an Straßenecken. Er hielt ihn solange hin, bis der Typ vor Unruhe und Gier fast verrückt war. Schließlich ließ Black ganz nebenbei den Namen des Grundstücksmaklers aus dem Norden fallen. Von da an hatten wir 'nen großen Fisch an der Angel und mußten ihn nur noch an Land ziehn. Wir warteten, daß er mit unserm Büro Kontakt aufnahm. Tat er auch. Das Würstchen kam in unsern Laden, berief sich auf seine Hautfarbe und bot Spots, unserm weißen Jungen, ein Bündnis an. Spots weigerte sich darüber zu reden, sagte nur, das Land wär im Süden von den größten Immobilienkonzernen genau geprüft worden. Er sollte bloß nicht rumrennen und viel Staub aufwirbeln, dann wär für ihn vielleicht auch 'ne schöne Stange Geld drin. Wenn der Staat von Nachforschungen nach dem Eigentümer Wind bekäme, würde er den Verkauf gesetzlich verbieten. Spots sagte dem Typ, sie würden in Verbindung bleiben. Er kam noch drei- oder viermal ins Büro, umsonst. Als wir sahen, daß er reif war, brachte mich Spots zu ihm. Der Depp war glücklich wie 'ne Tunte im Pfadfindercamp. Er bildete sich ein, mein Kopf wär in der Schlinge und er tät grade das Feuer unter meinen Füßen anstecken. Ich hatte noch nie soviel Spaß, jemanden hochzunehmen.

Na, wie dem auch sei, ich spielte erstmal den Ängstlichen. Just Black sagte mir, das ist ein weißer Mann, dem unser Volk vertrauen kann. Ich sagte, trau keinem Weißen, er will unsereinen nur legal um die Ecke bringen und mit deiner Frau ins Bett. Entschuldige Clidell. Darauf versicherte er mir, er wäre der einzige Weiße, bei dem das anders wäre. Seine besten Freunde wärn Farbige. Ich wußte damals nicht, daß er tatsächlich von einer farbigen Frau großgezogen worden war und sie manchmal besuchte. Ich gab schließlich nach und er begann, über die Weißen im Norden herzuziehn. Sie täten Neger auf der Straße schlafen lassen, die Neger müßten die Klos mit bloßen Händen saubermachen und lauter so Horrordinger. Ich sagte, ganz schockiert: ›Dann werde ich mein Land nicht diesem Mann verkaufen, der fünfundsiebzigtausend Dollar geboten hat.‹ Just Black sagte: ›Ich könnte mit soviel Geld gar nichts anfangen.‹ Ich sagte: ›Ich will nur soviel Geld, daß ich für meine alte Mom ein Haus kaufen kann, einen Laden und

eine Reise nach Harlem.‹ Der Typ fragte, was das kosten sollte und ich sagte, schätzungsweise fünfzigtausend Dollar.
Da erklärte er, mit soviel Geld in der Tasche wär doch kein Neger sicher. Das würden ihm die Weißen wegnehmen. ›Ich weiß‹, sagte ich, ›aber ich muß mindestens vierzigtausend haben.‹ Er war einverstanden. Wir gaben uns die Hand drauf. Ich sagte, es würde meinem Herzen guttun, daß der widerwärtige Yankee unterging, auf ›unserm‹ Land. Wir trafen uns am nächsten Morgen und ich unterschrieb in seinem Auto den Vertrag. Er zahlte bar.
Black und ich hatten unsere Sachen drüben in Hot Springs, Arkansas, im Hotel gelassen. Als der Handel perfekt war, gingen wir zum Wagen und fuhren rüber nach Hot Springs, über die Grenze. Das war alles.«
Sie erzählten noch mehr Geschichten, sonnten sich im Glanz ihrer Triumphe und das Gelächter wollte nicht enden. Diese Geschichtenerzähler, schwarze Männer, die vor der Jahrhundertwende geboren worden waren, hätten allen Voraussetzungen nach ihr Leben nutzlos im Schatten verbringen müssen. Aber sie nutzten ihren Verstand, die verschlossenen Türen aufzubrechen. Sie wurden nicht nur wohlhabend, sie übten mit ihren Geschäften auch Rache.
Für mich waren sie keine Kriminellen, auf ihre Taten war ich stolz.
Die Bedürfnisse einer Gesellschaft bestimmen ihre Ethik. In den schwarzen amerikanischen Gettos war der ein Held, der die Brocken vom Tisch der Herren verschmäht und sich mutig und einfallsreich eine lukullische Mahlzeit verschafft. Deshalb wird der Hausmeister, der einen kleinen Verschlag bewohnt, sich aber zum Vergnügen einen drosselblauen Cadillac leistet, nicht ausgelacht, sondern bewundert. Die Hausangestellte, die sich für vierzig Dollar Schuhe kauft, wird nicht kritisiert, sondern mit Beifall belohnt. Wir wissen, daß sie ihre geistigen und physischen Kräfte voll einsetzen müssen. Was jeder einzelne sich leisten kann, ist ein Gewinn für alle.
Das schwarze Bewußtsein mißt Übertretungen der Gesetze mit einer anderen Elle als das weiße. Verwirrend ist daran oft nur die Bescheidenheit der Delikte. Man fragt sich, warum Neger nicht mehr Banken ausrauben, nicht größere Beträge unterschlagen und nicht mehr Schmiergelder in die Gewerkschaften stecken. »Wir sind Opfer des größten Diebstahls der Welt. Das

Leben fordert einen Ausgleich. Also ist es ganz in Ordnung, wenn wir jetzt ein bißchen rauben.« Diese Meinung ist richtig, wenn die Chancen ungleich sind.
Meine Erziehung und die meiner schwarzen Freunde war völlig anders, als die Erziehung unserer weißen Schulkameraden. In der Schule mußten wir alle Partizipformen der Vergangenheit lernen, aber zuhause und auf der Straße mußten Schwarze das s beim Plural weglassen und die Nachsilben von Verben in der Vergangenheitsform. Wir waren uns der Kluft zwischen geschriebenem und gesprochenem Wort bewußt. Wir lernten von einer in die andere Sprache zu wechseln, ohne daß uns die Anstrengung bewußt wurde. In der Schule waren wir fähig zu sagen: »Das ist nicht ungewöhnlich.« Aber in derselben Situation auf der Straße sagten wir: »Kommt schon mal vor.«

30

Ich machte eine Ferienreise, genau wie Jane Withers und Donald O'Connors. Daddy hatte mich eingeladen, den Sommer mit ihm in Südkalifornien zu verbringen und ich war furchtbar aufgeregt. Vater strahlte soviel Überlegenheit aus! Insgesamt glaubte ich, er lebe auf einem Herrensitz, umgeben von Ländereien und lasse sich von einer livrierten Dienerschaft bedienen.
Mutter half mir so gut sie konnte, Sommerkleider einzukaufen. Das typische Vorurteil von Leuten in San Francisco über den Süden. Mutter behauptete, ich brauchte nichts als jede Menge Shorts, Radfahrschuhe, Sandalen und Blusen, weil »Südkalifornier sowieso nie was anderes tragen«.
Daddy Bailey hatte eine Freundin, die mir ein paar Monate vor der Reise geschrieben hatte. Sie wollte mich vom Zug abholen. Wir hatten als Erkennungszeichen weiße Nelken vereinbart. Meine bewahrte der Schaffner im Kühlschrank des Speisewagens auf, bis wir die kleine heiße Stadt erreichten.
Auf dem Bahnsteig sah ich an den Weißen vorbei. Ich suchte unter den wartenden Negern, die auf dem Bahnsteig auf und ab gingen. Es gab keinen Mann so groß wie Daddy und keine wirklich strahlende Dame. (Ich hatte beschlossen, daß nach Mutter alle Frauen Daddys aufsehenerregend schön sein mußten.) Ich sah ein kleines Mädchen in einer weißen Bluse, zu

unwahrscheinlich, sie schied aus. Der Bahnsteig leerte sich und wir gingen ständig aneinander vorbei. Schließlich, ich konnte es kaum glauben, hielt sie mich an: »Marguerite?« Ihre gellende Erwachsenenstimme erschreckte mich. Sie war wohl doch kein kleines Mädchen.
Sie sagte: »Ich bin Dolores Stockland.« Verblüfft, aber um gutes Benehmen bemüht, sagte ich: »Hallo. Mein Name ist Marguerite.«
Daddys Freundin? Ich schätzte sie auf Anfang zwanzig. Ein gekräuseltes Kleid, Pumps, Handschuhe, sie war ordentlich und seriös. Sie war durchschnittlich groß mit einem unförmigen Mädchenkörper. Ich dachte, sofern sie Daddy heiraten wollte, mußte es schrecklich für sie sein, eine Stieftochter vor sich zu sehn, die viel größer war und nicht einmal hübsch. (Später erfuhr ich, daß Daddy Bailey ihr gesagt hatte, seine Kinder seien niedliche kleine Knöpfe von acht und neun Jahren. Sie war so sehr darauf angewiesen, ihm zu glauben, daß sie nicht einmal an meinen langatmigen Sätzen, die ich ihr schrieb und an den vielsilbigen Wörtern, die ich liebte, erkannte, wie alt ich offensichtlich war.)
Ich bildete nur ein neues Glied in einer langen Kette von Enttäuschungen. Daddy hatte ihr versprochen, sie zu heiraten. Er dachte aber nicht daran, sondern heiratete später eine Frau namens Alberta. Auch sie war klein und zierlich und kam aus dem Süden. Dolores beherrschte, als ich sie kennenlernte, alle Posen der schwarzen Bourgeoisie. Deren materielle Grundlage hatte sie allerdings nicht. Daddy nannte kein Herrenhaus mit Dienern sein eigen. Er hauste in einem Wohnwagenpark am Rand einer Stadt, die selber nur zum Stadtrand gehörte. Dolores lebte bei ihm und hielt die Wohnung so sauber und ordentlich wie einen Sarg. In den Glasvasen standen künstliche Blumen aus Wachs herum. Sie stand auf gutem Fuß mit der Waschmaschine und dem Bügelbrett. Ihr Frisör konnte mit absoluter Treue und Pünktlichkeit rechnen. Da tauchte ich auf.
Sie strengte sich wirklich an, aus mir etwas zu machen, das sie einigermaßen akzeptieren konnte. Ihr erster Versuch scheiterte vollständig. Es lag an meinem unterentwickelten Sinn für Kleinigkeiten. Sie bat, redete mir zu, schließlich befahl sie mir, mich um mein Zimmer zu kümmern. Ich wußte nicht wie und kannte meine täppische Ungeschicktheit, das hemmte meine Bereitschaft. Auf dem Kleiderschrank in meinem Zimmer

standen kleine Porzellanfiguren, weiße Frauen mit Sonnenschirmen, chinesische Hundchen, Cupidos mit fetten Bäuchen und Tiere aller Art aus geblasenem Glas. Wenn ich das Bett gemacht, den Boden aufgewischt und die Kleider aufgehängt hatte, passierte mit tödlicher Sicherheit das Unglück. Wenn ich den Nippes abstauben wollte, faßte ich eine Figur zu fest an, ein oder zwei Beine brachen ab, oder ich hielt sie nicht fest genug, dann fiel sie in Scherben.
Daddy trug ständig ein amüsiertes, ungerührtes Gesicht zur Schau. Er schien an dem Ärger eine teuflische Freude zu haben. Sicher war es so, daß Dolores ihren großgewachsenen Liebhaber anbetete. Über die Wohnung unter Mittelklassenniveau muß sie seine Diktion getröstet haben, die rollenden *ers* und *errers*. Daddy sprach nicht, er hielt Reden. Er arbeitete in der Küche eines Marinehospitals, das nannten die beiden: Diätkoch bei der Marine. Der Kühlschrank war immer voll mit Schinkenstückchen, halben Braten und Hähnchenvierteln. Dad war ein ausgezeichneter Koch. Während des 1. Weltkriegs war er in Frankreich gewesen, außerdem Portier im exklusiven Breakers Hotel. Deshalb aßen wir oft europäisch. Manchmal gab es *Coque au Vin, prime ribs aux jus* oder Wiener Schnitzel mit den entsprechenden Beilagen. Seine Spezialität war jedoch die mexikanische Küche. Einmal in der Woche fuhr er über die Grenze und kaufte Gewürze und andere Zutaten. Sie schmückten unseren Tisch dann als *Pollo en salsa verde* und *Enchilada con carne*. Mit nur etwas weniger Zurückhaltung und etwas mehr Realismus hätte Dolores selbst darauf kommen können, daß die Gewürze und Zutaten in der eigenen Stadt in ausreichender Menge angeboten wurden. Dad hätte keinen Grund gehabt, zum Einkaufen nach Mexiko zu fahren. Aber natürlich war es in einem der pittoresken mexikanischen Mercados viel aufregender, ein Abenteuer der Bilder und Gerüche. Und es hob natürlich ungeheuer, wenn sie sagen konnte: »Mein Ehemann Mr. Johnson, der Diätspezialist der Kriegsmarine, ist eben mal nach Mexiko gefahren, um ein paar Sachen fürs Abendessen einzukaufen.« Sie wurden nur noch von ein paar anderen eingebildeten Leuten übertroffen, die in einen weißen Stadtteil fuhren, um Artischocken zu kaufen.
Dad sprach fließend spanisch. Ich lernte es seit einem Jahr und wir konnten uns ein wenig unterhalten. Ich glaube, mein Sprachgefühl war die einzige Fähigkeit, die Dolores beein-

druckte. Ihr eigener Mund war zu verkrampft, ihre Zunge zu träge, um mit fremden Lauten zu experimentieren. Aber ich muß zugeben, daß ihr Englisch, wie alles übrige an ihr, völlig in Ordnung war.

Wochenlang führten wir einen Machtkampf, bei dem Dad demonstrativ hinter der Auslinie stehenblieb. Er feuerte weder an noch buhte er aus, aber er amüsierte sich köstlich. Einmal fragte er mich: »Du, *er*, magst du deine Mutter leiden, *errer*?« Ich dachte, er meinte wirklich meine Mutter, also antwortete ich ja – sie sei schön, fröhlich und sehr lieb. Er sagte, er meine nicht Vivian Baxter, sondern Dolores. Ich machte ihm klar, daß ich sie überhaupt nicht mochte, sie sei gemein, unansehnlich und übermäßig anspruchsvoll. Er lachte und als ich hinzufügte, sie ihrerseits könne mich nicht leiden, weil ich zu groß, zu arrogant und nicht reinlich genug für sie sei, lachte er noch mehr und sagte sowas wie: »So ist das Leben!«

Eines Abends kündigte er an, er wolle am nächsten Tag nach Mexiko fahren, um Lebensmittel fürs Wochenende zu kaufen. Das war nicht ungewöhnlich, bis er hinzufügte, er wolle mich mitnehmen. In die lähmende Stille hinein fügte er hinzu, eine Reise nach Mexiko sei eine gute Gelegenheit für mich, spanisch zu sprechen.

Dolores' Schweigen kam vermutlich aus Eifersucht, meins aus Überraschung. Mein Vater hatte bisher kaum Emotionen gezeigt, schien nicht sehr stolz auf mich zu sein. Er hatte mich keinen Freunden vorgestellt und mir keinen interessanten Ort in Südkalifornien gezeigt. Unglaublich, daß er mich auf eine exotische Reise nach Mexiko mitnehmen wollte. Nun, ich überlegte schnell, daß ich es ja verdient hatte. Ich war seine Tochter und bis jetzt verdienten meine Ferien nicht diesen Namen. Hätte ich mich gewehrt und gesagt, er solle Dolores auch mitnehmen, hätten wir uns viel Ärger, Gewalt und beinahe eine Tragödie erspart.

Aber ich war jung und vielzusehr mit mir selbst beschäftigt. Die Aussicht, Sombreros, Rancheros, Tortillas und Pancho Villa zu sehen, ließ meine Fantasie nicht ruhen. Wir verbrachten einen ruhigen Abend. Dolores stopfte ihre perfekte Unterwäsche und ich tat so, als läse ich einen Roman. Mit einem Drink in der Hand hörte Dad Radio und beobachtete die Szenerie dessen, was ich heute für ein trauriges Spektakel halte.

Am Morgen brachen wir zu dem Auslandsabenteuer auf. Die schmutzigen Straßen Mexikos erfüllten meine Erwartungen nach etwas Ungewöhnlichem. Nur wenige Meilen von den glatten kalifornischen Highways und den (für mich) großen Gebäuden entfernt, holperten wir über Schotterstraßen, die sich mit den übelsten Pfaden in Arkansas messen konnten, die Landschaft war mit Lehmhütten und Verschlägen aus Wellblech übersät. Hunde, mager und schmutzig, strichen um die Häuser und Kinder spielten in unschuldiger Nacktheit, oder beinahe nackt, mit ausrangierten Autoreifen. Die eine Hälfte der Bevölkerung sah aus wie Tyrone Power oder Dolores del Rio und die andere wie Akim Tamiroff und Katina Paxinou, höchstens fetter und älter.
Dad gab keine Erklärung, als wir durch die Grenzstadt fuhren und den Weg ins Landesinnere einschlugen. Obwohl ich überrascht war, behielt ich meine Verwunderung für mich und stellte keine Fragen. Nach ein paar Meilen hielten wir bei einem uniformierten Posten. Er und Dad begrüßten sich wie alte Bekannte und Dad stieg aus dem Wagen. Er griff in das Türfach und nahm eine Flasche Likör mit ins Wachhäuschen. Sie lachten und unterhielten sich länger als eine halbe Stunde, während ich im Wagen saß und versuchte, die gedämpften Wörter zu übersetzen. Schließlich kamen sie heraus und schlenderten zum Wagen. Dad hatte noch immer die Flasche dabei, aber sie war nur noch halbvoll. Er fragte den Posten, ob er mich heiraten wolle. Ihr Spanisch war gröber als mein Schul-Spanisch, aber ich konnte sie doch verstehen. Verführerisch fügte mein Vater hinzu, ich sei erst fünfzehn Jahre alt. Augenblicklich lehnte sich der Mann in den Wagen und streichelte meine Wangen. Vermutlich hatte er vorher geglaubt, ich wäre nicht nur häßlich, sondern auch alt, und nun zog ihn die Tatsache, daß ich vermutlich unberührt war, an. Er sagte zu Dad, er wolle mich heiraten und wir würden »viele Babies« haben. Mein Vater hielt dieses Versprechen für das Komischste, was er gehört hatte, seit wir von zu Hause aufgebrochen waren. (Er hatte brüllend gelacht, als Dolores meinen Abschiedsgruß nicht erwidert hatte, und ich dachte mir, als wir losfuhren, sie hätte nichts gehört.) Der Posten ließ sich von meinen Anstrengungen, seinen herumtatschenden Händen zu entkommen, nicht entmutigen und ich wäre hinüber auf den Fahrersitz gerutscht, wenn nicht Dad die Tür geöffnet hätte

und eingestiegen wäre. Nach vielen *adiós* und *bonitas* und *espositos* ließ Dad den Wagen an, und schon waren wir wieder auf unserem schmutzigen Weg.
An den Straßenschildern erkannte ich, daß wir auf dem Weg nach Ensenada waren. Auf diesen Meilen zwischen den Berghängen, entlang der kurvenreichen Straße, fürchtete ich, niemals nach Amerika, in die Zivilisation, zur englischen Sprache und breiten Straßen zurückzukehren. Er nippte an der Flasche und sang Bruchstücke mexikanischer Lieder, während wir die gewundene Bergstraße hinauffuhren. Es stellte sich heraus, daß nicht die Stadt Ensenada unser Ziel war, sondern ein Fleck, etwa fünf Meilen außerhalb der eigentlichen Stadt. Wir hielten im schmutzigen Hof einer *Cantina*, wo einige halbnackte Kinder pausenlos hinter ein paar schäbigen Hühnern herjagten. Der Lärm des Wagens hatte Frauen in die Tür des zusammengeschusterten Gebäudes gelockt, störte aber weder die schmuddeligen Kinder, noch das aufgeregte Geflügel bei ihrer einfältigen Beschäftigung.
Eine Frauenstimme sang: »Baylee, Baylee.« Und plötzlich füllte eine ganze Schar Frauen die Tür und strömte in den Hof. Dad sagte mir, ich solle aussteigen, und wir gingen den Frauen entgegen. Er erklärte eilig, ich sei seine Tochter, was alle unfaßbar lustig fanden. Wir wurden in einen langgestreckten Raum geführt, an dessen einem Ende sich eine Bar befand. Tische standen wacklig auf dem Fußboden aus losen Brettern. Die Decke zog meine Aufmerksamkeit auf sich und ließ sie nicht mehr los. Papierschlangen in allen möglichen Farben zitterten in der beinahe reglosen Luft, und während ich sie bestaunte, fielen einige auf den Boden. Niemand schien davon Notiz zu nehmen, oder falls doch, schien es ohne Bedeutung, daß ihr Himmel einstürzte. Auf den Hockern bei der Bar saßen ein paar Männer, welche meinen Vater locker und familiär begrüßten. Ich wurde herumgeführt und allen mit Namen und Alter vorgestellt. Mein förmliches Schul-»*Cómo está usted*« wurde als die charmanteste aller möglichen Äußerungen entgegengenommen. Die Leute klopften mir auf die Schulter, schüttelten Dad die Hand und sprachen ein Ratatat-Spanisch, dem ich nicht folgen konnte. Baylee war der Held der Stunde, und wie er sich in der unverhüllten Zuneigung wärmte, erkannte ich einen neuen Zug an diesem Mann. Sein spöttisches Lächeln verschwand, und er hörte auf, affektiert zu

sprechen. (Es wäre auch schwierig gewesen, in das schnelle Spanisch *ers* einzuflechten.)

Es war schwer zu glauben, daß er ein einsamer Mensch war, der hartnäckig in Flaschen, unter Weiberröcken, im Dienst der Kirche und mit dünkelhaften Berufsbezeichnungen seinen »persönlichen Platz« suchte, den er schon vor der Geburt verloren und seitdem nicht wiedergefunden hatte. Mir war klar, daß er nie nach Stamps gehört hatte und noch viel weniger in die langsam-bewegende, langsam-denkende Familie Johnson. Zum verrückt werden: mit der Sehnsucht nach Größe mitten in einem Baumwollfeld geboren zu werden.

In dieser mexikanischen Bar war Dad entspannt, wie ich ihn nie zuvor gesehen hatte. Es gab keinen Grund, diesen mexikanischen Bauern etwas vorzuspielen. So wie er war, einfach er selbst, war er ihnen beeindruckend genug. Er war Amerikaner. Er war schwarz. Er sprach fließend Spanisch. Er hatte Geld und konnte Tequila mit den Besten unter ihnen trinken. Die Frauen mochten ihn ebenso. Er war groß, ansehnlich und generös.

Es war eine kleine Fiesta. Jemand steckte Geld in die Musikbox und allen wurden Drinks serviert. Ich bekam eine warme Coca-Cola. Musik strömte aus der Maschine, hohe Tenorstimmen, einmal fest, dann wieder zitternd, den leidenschaftlichen Rancheros zuliebe. Männer tanzten, zuerst alleine, dann miteinander, und gelegentlich schloß sich eine Frau dem fußstampfenden Ritual an. Ich wurde zum Tanz gebeten. Ich zögerte, denn ich war mir nicht sicher, ob ich den Schritten folgen konnte, aber Dad nickte und ermutigte mich, es zu versuchen. Ich hatte mich schon über eine Stunde lang vergnügt, bevor ich es realisierte. Ein junger Mann hatte mir gezeigt, wie man Zettel an der Decke befestigen konnte. Zuerst muß der ganze Zucker aus einem mexikanischen Kaugummi herausgekaut werden, dann gibt einem der Barkeeper ein paar Papierstreifen, worauf man entweder ein Sprichwort oder eine sentimentale Bemerkung schreibt. Man nimmt den Kaugummi aus dem Mund und klebt ihn an das Ende der Wimpel. Dann sucht man eine freie Stelle an der Decke, zielt, wirft und stößt gleichzeitig einen blutrünstigen Schrei aus, der bei einem Wildpferd-Rodeo nicht fehl am Platz wäre. Nach ein paar piepsigen Fehlversuchen überwand ich meine Zurückhaltung und entriß meinen Stimmbändern einen Schrei, der Zapata zur Ehre gereicht hätte. Ich war glücklich, Dad war stolz und meine

Freunde waren gütig. Eine Frau brachte *Chicharrones* (in den Südstaaten heißen sie *Cracklings*) in einer schmierigen Zeitung. Ich aß die gebratenen Schweinehäute, tanzte und kreischte und trank die süße klebrige Coca-Cola mit der größten Sorglosigkeit und Selbstvergessenheit, die ich je erlebt habe. Als neue Zecher sich dem Fest anschlossen, wurde ich als *la niña de Baylee* vorgestellt und ebenso schnell akzeptiert. Der Nachmittagssonne gelang es nicht, den Raum durch das eine Fenster zu erhellen, und die dichtgedrängten Körper und Gerüche und Töne verschmolzen zu einem aromatischen und künstlichen Zwielicht. Ich realisierte, daß ich meinen Vater seit einiger Zeit nicht mehr gesehen hatte. »*Dónde está mi padre?*« fragte ich meinen Tanzpartner. Mein Schul-Spanisch muß in den Ohren des Bauern so pretentiös geklungen haben wie: »Wohin gehet mein Erzeuger?« in den Ohren eines Berglers aus dem Ozark-Gebirge. Jedenfalls hatte es ein heulendes Gelächter zur Folge, eine bärentötende Umarmung und keine Antwort. Als der Tanz zu Ende, quetschte ich mich so unaufdringlich wie möglich durch die Menge. Ich erstickte fast im Nebel meiner Panik. Er war nicht im Raum. Hatte er mit dem Posten hinten am Paß etwas ausgemacht? Ich hätte es ihm zugetraut. Mein Getränk war präpariert worden. Diese Gewißheit ließ mich taumeln, und die tanzenden Paare verschwammen vor meinen Augen. Dad war weg. Vermutlich hatte er schon den halben Rückweg hinter sich, das Geld für meinen Verkauf in der Tasche. Ich mußte die Tür, die meilen- und bergweit entfernt schien, erreichen. Menschen stellten sich mir in den Weg: »*Dónde vas?*« Meine Antwort war förmlich und doppeldeutig: »*Yo voy por ventilarme*« oder »*Ich gehe mich auszulüften*«. Kein Wunder, daß ich ein großer Hit war.
Durch die offene Tür sah ich Dads *Hudson* in einsamem Glanz stehen. Er hatte mich also doch nicht verlassen. Das wiederum bedeutete: ich stand nicht unter Drogen. Ich fühlte mich schlagartig besser. Niemand folgte mir in den Hof, wo die späte Nachmittagssonne sanft den grellen Mittag vertrieb. Ich beschloß, mich in seinen Wagen zu setzen und zu warten, weit konnte er nicht gegangen sein. Mir war klar, er war bei einer Frau, und je länger ich darüber nachdachte, desto leichter konnte ich mir vorstellen, welche der lachenden *Señoritas* er mitgenommen hatte. Da war eine kleine zierliche Frau mit sehr roten Lippen gewesen, die seit unserer Ankunft begehrlich an

ihm gehangen hatte. Zunächst hatte ich mir nichts gedacht, sondern lediglich ihr Vergnügen wahrgenommen. Im Wagen versuchte ich, mich an die Szene zu erinnern. Sie war als erste auf ihn zugeeilt, und er hatte schnell gesagt: »Dies ist meine Tochter« und »Sie spricht Spanisch«. Wüßte Dolores davon, sie würde unter die Decke ihrer falschen Gefühle kriechen und umgehend sterben. Der Gedanke an ihr Ableben war lange Zeit meine einzige Unterhaltung, aber die Musik und das Gelächter und die Schreie von Cisco Kid unterbrachen meine angenehmen Racheträumereien. Schließlich wurde es dunkel und Dad war offensichtlich außerhalb meiner Reichweite in einem der hinteren Verschläge. Eine schreckliche Furcht stieg langsam in mir hoch beim Gedanken, ich müßte die Nacht allein im Wagen verbringen. Die Furcht war entfernt verwandt mit meiner vorherigen Panik. Der Schrecken überwältigte mich nicht völlig, kroch mir aber lähmend durch den Kopf. Ich könnte die Fenster hochkurbeln und die Türen verschließen. Ich könnte mich flach auf den Boden des Wagens legen und mich klein und unsichtbar machen. Unmöglich! Ich versuchte die flutende Angst einzudämmen. Warum hatte ich vor den Mexikanern Angst? Schließlich waren sie freundlich zu mir gewesen, und mein Vater würde es bestimmt nicht zulassen, daß seine Tochter schlecht behandelt würde. Wirklich? Wie konnte er mich in dieser verkommenen Bar alleinlassen und mit einer Frau verschwinden? Verdammt nochmal, nein! entschied ich und öffnete der Hysterie alle Schleusen. Begannen die Tränen erst zu fließen, gab es kein Halten mehr. Nun mußte ich also sterben in einem dreckigen mexikanischen Hof. Die besondere Person, die ich war, die kluge Seele, die Gott und ich gemeinsam geschaffen hatten, sollte also ohne Anerkennung und ohne einen nennenswerten Beitrag aus dem Leben scheiden. Wie unbarmherzig war das Schicksal und wie hilflos dieses arme schwarze Mädchen.

Ich entdeckte seinen Schatten in der Nacht und war drauf und dran aus dem Wagen zu springen und zu ihm zu rennen, als ich sah, daß er von der kleinen Frau, die ich bei unserer Ankunft gesehen hatte, und einem Mann geschoben wurde. Er stolperte und torkelte, aber sie hielten ihn fest und leiteten seinen schwankenden Gang auf die Tür der *Cantina* zu. War er erstmal drinnen, kamen wir vielleicht nie mehr von hier weg. Ich stieg aus dem Wagen und lief zu ihnen hin. Ich fragte Dad, ob er sich nicht ein wenig im Wagen ausruhen wolle. Er sah noch genug, um mich zu erkennen und antwortete, das sei exakt, was ich im Sinn habe; er wäre etwas müde und wolle sich ausruhen, bevor wir losfuhren. Er machte seinen Freunden seinen Wunsch auf Spanisch klar, und sie dirigierten ihn zum Wagen. Als ich die Vordertür öffnete, sagte er, nein, er müsse sich einen Moment lang auf den Rücksitz legen. Wir schafften ihn in den Wagen und versuchten seine langen Beine möglichst bequem unterzubringen. Er begann schon zu schnarchen, während wir noch an ihm herumzerrten. Es klang nach dem Anfang eines langen und tiefen Schlafs und wie eine Warnung, daß wir schließlich doch noch die Nacht im Wagen verbringen müßten, mitten in Mexiko.

Ich dachte schnell nach, und das Paar lachte und sprach in unverständlichem Spanisch auf mich ein. Ich hatte noch nie ein Auto gefahren, aber immer aufmerksam zugesehen, und meine Mutter war zum besten Fahrer in San Francisco erklärt worden. Jedenfalls hatte *sie* sich dazu erklärt. Ich war ausgesprochen intelligent und in bester körperlicher Verfassung. Klar konnte ich fahren. Idioten und Mondsüchtige fuhren Auto, warum nicht die brillante Marguerite Johnson? Ich sagte dem Mexikaner, er solle den Wagen wenden, wiederum in meinem vorzüglichen Schul-Spanisch, und benötigte ungefähr eine Viertelstunde, um mich verständlich zu machen. Er muß mich gefragt haben, ob ich fahren könne, aber ich kannte das spanische Wort für fahren nicht, ich wiederholte immer nur »si, si« und »gracias«, bis er einstieg und den Wagen in Richtung Highway drehte. Er bewies, daß er die Situation begriffen hatte, er ließ den Motor laufen. Ich setzte meine Füße auf Kupplung und Bremse, legte einen Gang ein und hob beide Füße. Mit einem schrecklichen Aufheulen schoß der Wagen aus dem Hof.

Als wir auf die Schotterstraße stießen, war der Motor fast abgewürgt, und ich trat wieder fest mit beiden Füßen auf Bremspedal und Kupplung. Wir kamen nicht mehr vom Fleck, machten eine Unmenge Lärm, aber der Motor lief weiter. Da begriff ich, daß ich, um vorwärts zu kommen, zwar beide Pedale loslassen mußte, aber nicht zu abrupt, da sich der Wagen sonst wie im Veitstanz schüttelte. Mit diesem umfassenden Verständnis der Fortbewegung mittels Verbrennungsmotor fuhr ich das Gebirge hinunter in Richtung Calexico, etwa fünfzig Meilen entfernt. Es ist schwer zu verstehen, weshalb meine lebhafte Fantasie und meine Neigung zur Ängstlichkeit mich nicht mit mörderischen Szenen von blutigen Unfällen auf den *risco de Mexiko* versorgten. Ich kann mir nur denken, daß alle meine Sinne auf das Lenken des bockenden Wagens konzentriert waren.

Als es vollständig dunkel geworden war, fummelte ich an den Knöpfen herum, drückte und zog, bis es mir gelang, das Licht zu finden. Wie ich mich auf diese Suche konzentrierte, verlangsamte sich der Wagen, ich hatte vergessen auf die Pedale zu treten; der Motor gluckste, der Wagen machte einen Satz, dann ging die Maschine aus. Ein dumpfes Geräusch von hinten ließ mich wissen, Dad war vom Sitz gefallen, was ich schon Meilen vorher erwartet hatte. Ich zog die Handbremse und erwog sorgfältig meinen nächsten Schritt. Der Gedanke Dad zu fragen, war unbrauchbar. Der Fall zu Boden hatte ihn nicht geweckt, und mir würde dieses ebensowenig gelingen. Daß ein Auto an uns vorbeiführe, war nicht zu erwarten – seit wir am frühen Morgen am Wachhäuschen vorbeigekommen waren, hatte ich kein motorisiertes Gefährt mehr gesehen. Wir standen bergab, so daß ich annehmen konnte, mit etwas Glück bis nach Calexico rollen zu können – zumindest bis zum Posten. Ich wartete noch, bis ich mir überlegt hatte, was ich ihm sagen könnte, bevor ich die Handbremse löste. Am Häuschen würde ich den Wagen stoppen und ganz selbstbewußt mit ihm reden, wie mit einem Bauern, der er ja auch war. Ich würde ihn anweisen, den Wagen wieder in Gang zu bringen und ihm dann einen Quarter oder gar einen Dollar aus Dads Tasche in die Hand drücken.

Mit diesem soliden Plan im Kopf löste ich die Bremse, und wir rollten die Piste hinunter. Ich pumpte auch mit Gaspedal und Kupplung, in der Hoffnung, unsere Talfahrt dadurch zu beschleunigen, und – Wunder der Wunder – der Motor sprang wieder an. Am Berg drehte der *Hudson* durch. Er rebellierte und wäre auch bei seinem Versuch, mich abzuschütteln, den Hang hinunter gesprungen, unser sicherer Tod, hätte ich die Kontrolle auch nur für eine Sekunde verloren. Die Herausforderung war großartig. Ich, Marguerite Johnson, stand einer elementaren Opposition gegenüber. Während ich das Steuerrad festhielt und drehte und das Gaspedal auf den Boden preßte, beherrschte ich Mexiko und die Kraft und das Alleinsein und die jugendliche Unerfahrenheit und Bailey Johnson senior und den Tod und die Gefahr, ja sogar die Schwerkraft. Nach einer Zeit, die mir wie tausendundeine Nacht der Herausforderung erschien, ließ das Gefälle allmählich nach, und wir fuhren an verstreuten Lichtern auf beiden Seiten der Straße vorbei. Egal was passierte, jetzt, nachdem ich gesiegt hatte. Der Wagen wurde langsamer, als ob er gezähmt worden wäre, und schien widerwillig aufzugeben. Ich pumpte noch fester, und so erreichten wir endlich das Postenhäuschen. Ich zog die Handbremse und brachte den Wagen zum Stehen. Es war nicht mehr nötig, mit dem Posten zu sprechen, der Motor lief ja, aber ich mußte warten, bis er den Wagen gesehen und das Zeichen zur Weiterfahrt gegeben hatte. Er unterhielt sich angeregt mit Leuten in einem Auto, das bergwärts stand. Das Licht aus der Baracke zeigte ihn vornübergebeugt und sein Oberkörper war ganz im offenen Wagenfenster verschwunden. Ich hielt den Wagen bereit, um sogleich den nächsten Abschnitt unserer Reise in Angriff nehmen zu können. Als der Posten sich aufrichtete, entdeckte ich, daß es nicht der Mann war, der am Morgen so zudringlich gewesen war. Dies überraschte mich verständlicherweise, und als er zackig salutierte und »*Pasa*« bellte, löste ich die Bremse, trat auf die Pedale und ließ sie dann etwas zu schnell los. Der Wagen umging meine Absicht. Er sprang nicht nur nach vorne, sondern auch nach links und wirbelte sich mit ein paar wütenden Sätzen dem anderen Wagen, der eben losfuhr, in die Seite. Dem metallischen Krachen folgte ein spanischer Wortschwall, der von allen Seiten auf mich einstürzte. Wieder, seltsam genug, waren meine Empfindungen frei von Furcht. Ich frage mich in folgender Reihenfolge: War ich verletzt, war sonst jemand verletzt, mußte ich ins Gefängnis, was sagten die Mexikaner und schließlich, war Dad aufgewacht? Die erste und die letzte Frage konnte ich sofort beantworten. Im Hochgefühl des Adrenalins, das mir während der Talfahrt in den Kopf gestiegen war, fühlte ich mich so gut wie nie zuvor, und das Schnarchen meines Vaters durchschnitt das Protestgeschrei von draußen. Ich stieg aus, um nach der *policía* zu fragen, aber der Posten kam mir zuvor. Er sagte ein paar Worte, die wie eine Perlenkette aneinanderhingen, aber eines davon war *policía*. Die Leute krochen aus ihrem Wagen hervor, ich versuchte mich zu fassen und sagte laut und zu höflich »*Gracias, señor*«.

Die Familie, etwa acht oder mehr Personen aller Altersstufen und Größen, lief um mich herum, unterhielt sich erhitzt und musterte mich, als wäre ich eine Statue im Stadtpark und sie eine Schar Tauben. Jemand sagte *joven*, was heißt, ich sei jung. Ich versuchte herauszufinden, wer so intelligent war, damit ich mich an sie oder ihn wenden konnte; aber sie wechselten ihre Positionen so schnell, daß ich die Person nicht ausmachen konnte. Jemand anderer vermutete »Borracho«. Ja gewiß, ich muß wie eine Tequila-Brennerei gerochen haben, denn Dad hatte die ganze Zeit über lautstark Alkohol ausgeatmet, und ich hatte die Fenster gegen die kalte Nachtluft verschlossen. Es war nicht anzunehmen, daß einer dieser Fremden irgend etwas verstanden hätte, wenn ich versucht hätte, es ihnen zu erklären. Jemand hatte die Idee, in den Wagen zu schauen. Ein Schrei zog kurz alle Aufmerksamkeit auf sich. Die Leute – es schienen über hundert zu sein – drängten um die Fenster und weitere Schreie ertönten. Einen Moment lang glaubte ich, etwas Schreckliches wäre passiert. Vielleicht während des Aufpralls... Ich zwängte mich auch an ein Fenster, um sehen zu können, aber wie ich mich an das rhythmische Schnarchen erinnerte, trat ich kühl beiseite. Der Posten muß geglaubt haben, er habe ein Kapitalverbrechen vor sich. Er gestikulierte und gab Töne von sich wie »Paßt auf sie auf« oder »Laßt sie nicht aus den Augen«. Die Familie kam zurück, diesmal nicht so nahe, dafür aber in drohender Haltung, und als ich eine zusammenhängende Frage aus dem Stimmengewirr heraushörte, »*Quién es?*« antwortete ich trocken in allem Gleichmut, den ich aufbringen konnte: »*Mi padre.*« Als Volk enger Familienbande und wöchentlicher Fiestas verstanden sie plötzlich die Situation. Ich war ein kleines armes Mädchen, das sich um seinen betrunkenen Vater kümmerte, der zulange auf einem Fest gewesen war. *Pobrecita.*

Der Posten, der Vater und ein oder zwei Kinder machten sich an die Herkulesarbeit, meinen Vater zu wecken. Ich beobachtete kühl, wie die Leute mich und ihr arg beschädigtes Auto umrundeten. Die beiden Männer schüttelten und stießen und zerrten, und die Kinder sprangen meinem Vater auf der Brust herum. Den Erfolg der Aktion möchte ich den Kindern zuschreiben. Bailey Johnson wachte spanisch auf: »*Qué tiene? Qué pasa? Qué quiere?*« Jeder andere hätte vermutlich gefragt: »Wo bin ich?« Aber offensichtlich war dies eine gängige

mexikanische Erfahrung. Als ich sah, daß er einigermaßen bei Bewußtsein war, ging ich zum Wagen, schob die Leute gelassen beiseite und sagte von der erhöhten Position aus, die jemand einnimmt, der einen randalierenden Wagen zur Räson gebracht und einen tückischen Berg überwunden hat: »Dad, es hat einen Unfall gegeben.« Nach und nach erkannte er mich und wurde wieder mein pre-mexikanische-Fiesta Vater.
»Ein Unfall, huh? *Er*, wer ist Schuld? Du, Marguerite? *Errer*, warst du's?«
Es war sinnlos, ihm zu erzählen, wie ich seinen Wagen in den Griff bekommen und fast fünfzig Meilen weit gelenkt hatte. Im Augenblick erwartete ich keinen Beifall von ihm, ich brauchte ihn auch nicht.
»Ja, Dad, ich bin in ein anderes Auto gefahren.«
Er hatte sich noch immer nicht völlig aufgerichtet, konnte also nicht wissen, wo wir waren. Aber vom Boden aus, wo er saß, als wäre dies sein natürlicher Platz, sagte er: »Im Handschuhfach. Die Versicherungspapiere. Nimm sie raus und *er* gib sie der Polizei, und komm dann wieder zurück.«
Der Posten steckte seinen Kopf durch die andere Tür, bevor ich eine ätzende, aber höfliche Antwort geben konnte. Er bat Dad, aus dem Wagen zu steigen. Nie aus der Fassung zu bringen, langte mein Vater ins Handschuhfach und holte die zusammengefalteten Papiere und die halbvolle Schnapsflasche, die er dort gelassen hatte, hervor. Er bedachte den Posten mit seinem künstlichen Lachen und stieg umständlich aus dem Wagen. Als er endlich auf dem Boden stand, überragte er die wütenden Leute. Er überschaute kurz Ort und Situation und legte dann dem anderen Fahrer den Arm um die Schultern. Freundlich und nicht im geringsten herablassend beugte er sich zum Posten und sprach zu ihm, worauf die drei Männer in die Baracke gingen. Nach wenigen Minuten drang lautes Gelächter aus der Hütte; die Krise war vorüber, aber ebenso das Vergnügen.
Dad schüttelte allen Männern die Hand, streichelte die Kinder und lächelte einnehmend den Frauen zu. Ohne die beschädigten Autos eines Blickes zu würdigen, schob er sich hinters Steuer. Er sagte, »Komm steig ein«, und, als wäre er nicht vor einer halben Stunde rettungslos betrunken gewesen, fuhr er unbeirrt heimwärts. Er sagte, er hätte gar nicht gewußt, daß ich Auto fahren könne, und fragte mich, ob mir sein Wagen gefalle. Ich war wütend, weil er sich so schnell erholt hatte, und enttäuscht, weil

er die Größe meiner Leistung nicht würdigte. So beantwortete ich beides, die Feststellung und die Frage mit einem Ja. Bevor wir die Grenze erreichten, kurbelte er das Fenster herunter, und die frische Luft war mir willkommen und unangenehm kalt. Er sagte, ich solle seine Jacke vom Rücksitz nehmen und anziehen. Wir fuhren in die Stadt, jeder in seinem eigenen kalten Schweigen.

31

Dolores schien noch an derselben Stelle zu sitzen wie vergangene Nacht. Ihre Haltung war so unverändert, daß es schwer zu glauben war, sie sei schlafen gegangen, habe gefrühstückt und sogar ihre Frisur frisch gefestigt. Dad sagte lässig: »Hello, kid« und ging ins Bad. Ich grüßte sie: »Hallo, Dolores«. (Den Anspruch einer familiären Anrede hatten wir längst fallengelassen.) Sie antwortete kurz und höflich und wandte sich Faden und Nadelöhr zu. Sie hatte mit der Herstellung von Vorhängen für die Küche begonnen. Das war vernünftig, frisch gestärkt würden sie bald den Wind abhalten. Es gab nichts weiter zu sagen, also ging ich in mein Zimmer. Innerhalb von Minuten brach im Wohnzimmer ein Streit aus, den ich so gut verfolgen konnte, als wären die Wände aus Papier.
»Bailey, du läßt deine Kinder zwischen uns kommen.«
»Kid, du bist zu empfindlich. Die Kinder, er, meine Kinder können nicht zwischen uns kommen, wenn du sie nicht läßt.«
»Was soll ich denn machen?« – sie weinte – »Sie machen es einfach.« Und nach einer Pause: »Du hast deiner Tochter deine Jacke gegeben!«
»Hätt ich sie erfrieren lassen sollen? Hätte dir das gefallen, Kid?« Er lachte. »Dies ist nicht dein Ernst, oder?«
»Bailey, du weißt, daß ich deine Kinder gernhaben wollte, aber sie...« Sie war nicht imstande, uns zu beschreiben.
»Warum zum Teufel sagst du nicht, was du meinst? Du bist ein anspruchsvoller kleiner *bitch*, nicht? So hat Marguerite dich genannt und sie hat recht!« Ich zitterte bei dem Gedanken, wie jetzt der Eisberg ihres Hasses gegen mich wuchs.
»Marguerite kann zur Hölle gehn, Bailey Johnson! Ich heirate dich, nicht deine Kinder.«

»Traurig für dich, armes Schwein. Ich gehe aus. Gute Nacht.«
Die Wohnungstür fiel zu. Dolores weinte und wimmerte erbärmlich, schluchzte und schneuzte in ihr Taschentuch. Ich saß in meinem Zimmer und dachte, wie gemein und grausam Vater war. Er hatte beim Ausflug nach Mexiko sein Vergnügen gehabt und war dennoch unfähig, freundlich zu der Frau zu sein, die geduldig auf ihn gewartet hatte und ihren Hausfrauenpflichten nachgegangen war. Sicher wußte sie, daß er getrunken hatte und daß wir nicht einmal eine Tortilla mit nach Hause gebracht hatten, obwohl wir mehr als zwölf Stunden weg gewesen waren, konnte ihr auch nicht entgangen sein.
Sie tat mir leid und ich fühlte mich auch ein bißchen schuldig. Auch ich hatte mein Vergnügen gehabt. Ich hatte *chicharrones* gegessen, während sie vermutlich für eine sichere Rückkehr gebetet hatte. Ich hatte in den Bergen ein Auto bezwungen, während sie über die Treue meines Vaters nachgegrübelt hatte. Ihre Behandlung war weder fair noch freundlich. Ich beschloß, zu ihr zu gehen und sie zu trösten. Ich war entzückt von der Idee, ohne Ansehn der Person Gnade walten zu lassen, genauer gesagt, jemandem gnädig zu sein, der mich überhaupt nicht interessierte. Ich war von Grund auf gut. Unverstanden, ungeliebt und dennoch: einfach gut. Mehr noch, ich hatte Mitleid. Ich stand mitten im Zimmer, aber Dolores sah mich nicht an. Sie zog den Faden durch das geblümte Kleid, als müßte sie die zerrissenen Enden ihres Lebens zusammennähen. Ich sagte mit meiner Florence-Nightingale-Stimme: »Dolores, ich möchte nicht zwischen dir und Dad stehen. Ich hoffe, du glaubst mir.« So, das war geschafft. Diese gute Tat versöhnte mich mit dem Rest des Tages.
Den Kopf noch immer gesenkt sagte sie: »Niemand hat mit dir geredet, Marguerite. Es gehört sich nicht, zu horchen, wenn andere Leute sich unterhalten.« Mit einem winzigen Anklang von Schärfe in der Stimme antwortete ich: »Ich habe noch nie im Leben gelauscht. Aber selbst wenn ich total taub wär, wär's mir schwergefallen, nicht zu hören, was du gesagt hast. Ich dachte nur, es ist nötig, dir zu sagen, daß ich kein Interesse dran habe, zwischen dir und meinem Vater zu stehen. Das ist alles.«
Meine Mission war fehlgeschlagen und erfolgreich zugleich. Sie weigerte sich, sich beruhigen zu lassen, aber ich hatte mich

vorteilhaft und christlich ins Licht gerückt. Ich wandte mich zum Gehen.
»Nein, das ist nicht alles.« Sie blickte auf. Ihr Gesicht war aufgedunsen und ihre Augen rot und geschwollen. »Warum gehst du nicht zu deiner Mutter zurück, sofern du eine hast?« Ihr Tonfall war so unterwürfig, als wollte sie mich bitten, einen Topf Reis für sie zu kochen. Sofern ich eine hatte? Gut, sie sollte es hören.
»Ich habe eine und sie ist Welten besser als du, sie ist schön und intelligent und...«
»Und...« ihre Stimme war schneidend: »Sie ist eine Hure.« Wenn ich älter gewesen wäre, länger bei meiner Mutter gelebt hätte oder Dolores' Enttäuschung besser verstanden hätte, vielleicht wäre meine Antwort nicht so gewalttätig gewesen. Diese schreckliche Beschimpfung verletzte nicht nur meine Tochterliebe, sie bedrohte meine Existenz. Denn wenn in dieser Anklage nur ein Funken Wahrheit war, konnte ich nicht länger mit Mutter weiterleben, doch das wollte ich.
Bis zur Weißglut gereizt, ging ich auf Dolores zu: »Dafür schlag ich dich, du verrückte alte Nutte!« Ich warnte sie und schlug zu. Sie schoß wie eine Fliege aus dem Stuhl und bevor ich zurückspringen konnte, hatte sie mich umklammert. Ich spürte ihr Haar unter meinem Kinn und zwei- oder dreimal preßte sie die Arme um meine Hüften. Ich mußte ihre Schultern mit aller Gewalt wegstoßen, um mich aus dieser Krakenumklammerung zu befreien. Keine von uns gab einen Laut von sich, bis ich sie schließlich aufs Sofa stieß. Da begann sie zu schluchzen. Arme Irre. Was hatte sie denn erwartet, wenn sie meine Mutter eine Hure nannte? Ich verließ das Haus. Unterwegs spürte ich etwas Feuchtes am Arm. Es war Blut. Dolores Schluchzen klang wie ein Donner in der Abendluft. Aber ich blutete. Ich betrachtete den Arm, fand keine Wunde. Ich legte den Arm an die Hüfte und als ich ihn wegzog, spürte ich frisches Blut. Ich *war* verletzt! Bevor ich es noch ganz begriffen hatte, genug verstand, um zu reagieren, öffnete Dolores, immer noch schluchzend, die Tür. Statt die Tür zuzuschlagen, als sie mich sah, rannte sie wie eine Verrückte die Treppe hinunter. Ich sah einen Hammer in ihrer Hand. Ich fragte mich nicht, ob ich ihn ihr vielleicht wegnehmen könnte, sondern flüchtete. Dads Wagen stand im Hof und bot zum zweiten Mal an diesem Tag eine großartige Zuflucht.

Ich sprang hinein, kurbelte die Fenster hoch und schloß die Türen ab. Dolores flitzte um den Wagen herum und schrie, eine Todesfee mit zornrotem Gesicht.
Daddy Bailey war bei Nachbarn zu Besuch. Sie hörten die Schreie und umringten Dolores. Sie schrie, ich hätte sie angesprungen und versucht, sie umzubringen. Bailey sollte mich lieber nicht zurück ins Haus bringen. Ich saß im Auto und spürte, wie mir das Blut den Hintern runterlief. Die Leute beruhigten Dolores, ihre Wut kühlte ab. Mein Vater konnte mich dazu bewegen, ein Fenster aufzumachen. Er sagte mir, er werde Dolores ins Haus bringen. Ich sollte im Wagen warten, bis er zurückkäme, sich um mich zu kümmern. Die Ereignisse des Tages stürzten über mir zusammen und machten mir das Atmen schwer. Nach all den klaren Siegen dieses Tages sollte ich nun den Erstickungstod sterben. Hoffentlich blieb Daddy nicht zulange im Haus. Ich hatte zuviel Angst, um an der Wohnungstür nachzufragen, außerdem verbot mir mein weiblicher Stolz, auch nur zwei Schritte mit Blut auf dem Kleid zu gehen. Ich hatte es immer befürchtet, nein gewußt, alle Mühen waren umsonst gewesen. (Die Angst, daß alles nichtig ist, war mein Leben lang eine Plage.) Aufregung, Sorge, Erleichterung und Zorn hatten mich ganz erschlagen. Willenlos wartete ich, daß mein Schicksal sich erfüllte. Der, der alle Fäden in der Hand hielt, sollte mich führen wie eine Marionette.
Ein paar Minuten später kam mein Vater die Stufen herunter. Wütend warf er die Wagentür hinter sich zu. Er setzte sich in eine Blutlache, aber ich warnte ihn nicht. Während er noch überlegte, was mit mir zu tun sei, fühlte er die Feuchtigkeit durch die Hose.
»Was zur Hölle ist das?« Er stemmte sich in die Hüften und strich mit der Hand über die Hose. Im Lichtschein der Veranda sah er seine rote Hand. »Was ist das, Marguerite?«
Mit einer Nüchternheit, die ihm zur Ehre gereichen konnte, sagte ich: »Ich bin verletzt.«
»Was heißt das, verletzt?«
Eine Minute lang kostete ich seine Verwirrung aus.
»Verletzt!« Es war köstlich. Es machte mir gar nichts aus, in den karierten Polstern zu verbluten.
»Wann? Von wem?«
Nicht einmal in einem so kritischen Augenblick sprach Vater Slang.

»Dolores hat mich geschnitten.« Meine Wortkargheit zeigte, wie sehr ich das alles verachtete.
»Schlimm?«
Ich hätte ihn darauf aufmerksam machen können, daß ich kein Arzt und für eine genaue Untersuchung schlecht ausgerüstet war. Aber Frechheiten hätten meine Position geschwächt.
»Ich weiß es nicht.«
Er setzte den Wagen in Gang. So sachte, daß ich neidisch eingestehen mußte, daß ich nicht Autofahren konnte, obwohl ich seinen Wagen gelenkt hatte.
Ich glaubte, auf dem Weg zu einem Unfallkrankenhaus zu sein. Ich machte mir ernsthaft Gedanken über meinen Tod und meinen letzten Willen. Ich versank in die Zeitlosigkeit einer Nacht ohne Datum. Zum Arzt wollte ich sagen: »Der Finger bewegt sich und schreibt. Es erscheint die Schrift an der Wand, der Finger bewegt sich...« Und meine Seele wurde in Gnade erlöst. Bailey sollte meine Bücher bekommen, meine Lester-Young-Platten und meine Liebe aus einer anderen Welt. Erschöpft hatte ich mich schon dem Vergessen überantwortet, als der Wagen hielt.
Dad sagte: »Okay Kid, *errer*, gehn wir.«
Wir befanden uns in einer merkwürdigen Einfahrt und noch ehe ich den Wagen verlassen hatte, stand Dad schon auf den Stufen eines typisch südkalifornischen Hauses in ländlichem Stil.
Die Türglocke läutete und er schob mich die Stufen hinauf. Als die Tür geöffnet wurde, gab er mir ein Zeichen, draußen zu bleiben. Schließlich tropfte mir ja das Blut vom Körper und ich konnte sehen, daß das Wohnzimmer einen Parkettboden hatte. Daddy ging hinein, schloß aber die Tür nicht ganz. Wenig später erschien an der Seite des Hauses eine Frau und rief mich leise. Ich folgte ihr in einen Aufenthaltsraum und sie fragte mich, wo ich verletzt sei. Sie war ruhig und schien es ernst zu meinen. Ich machte mein Kleid auf und wir betrachteten beide die offene Wunde an meiner Hüfte. Sie war so zufrieden wie ich enttäuscht war, daß das Blut an den Rändern schon geronnen war. Sie wusch den Schnitt mit einer Flüssigkeit aus Haselnußlaub aus und verband mich fest mit extralangen Mullbinden. Dann ging sie ins Wohnzimmer. Dad schüttelte dem Mann, mit dem er gesprochen hatte, die Hand, dankte meiner Krankenschwester und wir gingen.

Im Wagen erklärte er mir, daß das Paar zu seinen Freunden gehörte und daß er die Frau gebeten habe, mir zu helfen. Er habe ihr gesagt, wenn die Fleischwunde nicht allzu tief sei, wäre er dankbar, wenn sie sie behandeln könnte. Sonst hätte er mich in ein Krankenhaus gebracht. Ob ich mir den Skandal vorstellen könne, wenn die Leute dahinterkämen, daß seine, Baileys Johnsons Tochter, von seiner Freundin verletzt worden sei? Er war schließlich Freimaurer, Mitglied im *Elk Club*, Diätspezialist der Marine und erster Negerdiakon der lutherischen Kirche. Kein Neger in der Stadt konnte noch den Kopf hoch tragen, wenn unser Unglück bekannt würde. Während die Dame (ich erfuhr nie den Namen) die Wunde verband, hatte er andere Freunde angerufen, um mir einen Schlafplatz zu besorgen. Ein anderer Wohnwagen auf einem anderen Campingplatz. Ich wurde hereingelassen und bekam ein Nachthemd und ein Bett. Dad sagte, er käme am nächsten Mittag vorbei.
Ich ging ins Bett und schlief, als sei mein Todeswunsch wahr geworden. Am Morgen machte mir weder die öde, trostlose Umgebung noch meine steife Hüfte etwas aus. Ich machte mir ein großes Frühstück, setzte mich hin, las in einem eleganten Magazin und wartete auf Dad. Mit meinen fünfzehn Jahren hatte mich das Leben gelehrt, daß Aufgeben zur rechten Zeit ebenso ehrenhaft ist wie Widerstand leisten, vor allem, wenn man keine Wahl hat.
Als mein Vater kam, trug er über der gestreiften Baumwolluniform eines Marinediätkochs eine Jacke. Er fragte mich, wie ich mich fühle, gab mir eineinhalb Dollar und einen Kuß und sagte, er werde erst spät am Abend gehen. Er lachte wie immer. Nervös?
Als ich wieder allein war, überlegte ich, was wäre, wenn die Wohnungsinhaber zurückkämen. Ich konnte mich nicht einmal erinnern, wie sie aussahen. Wie konnte ich ihre Verachtung oder ihr Mitleid ertragen? Wenn ich verschwand, war Dad alle Sorgen los, von Dolores zu schweigen. Was sollte ich tun? Hatte ich Nerven, Selbstmord zu begehen? Wenn ich in den Ozean sprang, würde ich blutig wieder auftauchen wie der Mann, den Bailey in Stamps gesehen hatte? Der Gedanke an meinen Bruder ließ mich innehalten. Was würde er ohne mich anfangen? Eine Zeitlang übte ich mich in Geduld und wartete. Dann raffte ich mich auf und ging.

Ich machte mir ein paar Thunfischsandwichs mit Pickles, steckte einen Mullbindenvorrat in die Tasche, zählte mein Geld (ich hatte über drei Dollar und ein paar mexikanische Münzen) und ging nach draußen. Als ich hörte, daß die Tür hinter mir zufiel, war die Entscheidung gefallen. Ich hatte keinen Schlüssel und nichts auf der Welt konnte mich dazu bringen, herumzustehen und zu warten, bis Dads Freunde mich mitleidig hereinlassen würden.
Wieder in Freiheit begann ich, mir Gedanken über meine Zukunft zu machen. Daß meine Lösung offenbar Heimatlosigkeit hieß, machte mir nur kurze Zeit Sorgen. Ich hätte nach Hause zu Mutter fahren können, aber so ging das nicht. Ich hätte mich nie erfolgreich genug abschirmen können. Sie hätte meine Wunde an meiner Seite bemerkt. Sie war zu aufmerksam, die verkrusteten Verbände zu übersehen und meine Zufriedenheit über meine Verletzung. Wenn ich die Wunde vor ihr nicht verbergen konnte, war mit Sicherheit eine weitere Gewalttat fällig. Ich dachte an den armen Mr. Freeman. Die Schuld, die mir ins Herz geschrieben war, war noch nach all den Jahren ein nörgelnder Begleiter in meinem Kopf.

32

Ich verbrachte den Tag, indem ich ziellos durch die hellen Straßen lief. Die lauten Arkaden mit Spielsalons, das Gelächter und Gerede von Seeleuten und Kindern, die Glücksspiele waren sehr verlockend. Nachdem ich durch eine dieser Straßen gegangen war, war mir jedoch klar, daß ich nur Illusionen verlieren und kein Geld gewinnen konnte. Ich ging in eine Bibliothek und verbrachte einen Teil des Tages mit dem Lesen von Science-fiction. Im Marmorwaschraum der Bibliothek wechselte ich den Verband.
Auf einer flachen Straße kam ich an einem Schrottplatz vorbei, der mit alten Autokarosserien übersät war. Die toten Kolosse waren so merkwürdig abweisend, daß ich mich entschloß, sie mir näher anzuschaun. Auf dem verschlungenen Weg an den Wracks vorbei schoß mir eine Notlösung durch den Kopf. Ich konnte einen sauberen oder einigermaßen sauberen Wagen finden und in ihm die Nacht verbringen. In blindem Optimismus vertraute ich darauf, am anderen Morgen eine bessere

Lösung zu finden. Mir fiel ein großer grauer Wagen nahe dem Zaun ins Auge. Die Sitze waren noch nicht herausgerissen und ohne Räder und Felgen lag er flach auf den Kotflügeln. Der Gedanke, fast im Freien zu schlafen, tat meinem Freiheitssinn gut. Ich flog wie ein Drachen im sanften Wind und nur mein eigener Wille war der Anker. Nachdem ich mir den Wagen ausgesucht hatte, kroch ich hinein und aß meine Thunfischsandwichs. Dann suchte ich das Bodenblech nach Löchern ab. Ich fürchtete mich mehr davor, daß Ratten eindringen und mir die Nase abbeißen konnten (kürzlich war in der Zeitung über derartige Fälle berichtet worden) als vor den schemenhaften Kolossen und der hereinbrechenden Dunkelheit.

Mein Wagen war eine Insel und der Schrottplatz ein Meer. Ich war allein und voll Wärme. Das Festland war nur eine Entscheidung weit. Es war endgültig Abend geworden. Die Straßenbeleuchtung wurde eingeschaltet und die Scheinwerferkegel vorüberfahrender Autos drangen in meine Welt ein. Ich zählte die Lichter, sprach meine Gebete und schlief ein.

Ein strahlender Morgen weckte mich und ich fand mich umgeben von Fremden. Ich war vom Sitz gerutscht und hatte die Nacht in einer unbequemen Stellung verbracht. Ich bog meine Glieder zurecht, um mich aufzurichten. Da sah ich draußen vor den Fenstern eine Ansammlung schwarzer, mexikanischer und weißer Gesichter. Sie lachten und bewegten den Mund, aber was sie sagten drang nicht bis zu meinem Zufluchtsort. Ihr Verhalten ließ keinen Zweifel, daß sie sich lustig machten. Ich wußte, daß sie nicht verschwinden würden, bevor sie nicht erfahren hatten, wer ich war. Ich öffnete die Tür und überlegte mir irgendeine Geschichte (eventuell die Wahrheit), damit ich meine Ruhe hatte.

Die Fensterscheiben und meine Benommenheit hatten ihre Gestalten verzerrt. Ich hatte geglaubt, es seien Erwachsene, wenigstens Bürger von Brobdingnag. Als ich draußen stand, sah ich nur eine Person, die größer war als ich. Ich war nur wenige Jahre jünger als sie alle. Sie fragten mich nach dem Namen, wo ich herkam und was mich auf den Schrottplatz geführt hatte. Sie gaben sich mit der Erklärung zufrieden, daß ich Maya hieß, aus San Francisco war und nicht wußte, wo ich hin sollte. Mit übertriebener Gebärde hieß mich ein großer Junge willkommen. Er nannte sich Bootsie. Er sagte, ich könne solange bleiben, wie ich die Regel akzeptierte, daß zwe

Personen verschiedenen Geschlechts nicht miteinander schliefen. Tatsächlich hatte jeder einen eigenen Schlafplatz, es sei denn es regnete. Da einige der Wagen leck waren, zwang schlechtes Wetter dazu, daß zwei sich einen Schlafplatz teilten. Es wurde nicht gestohlen. Nicht aus moralischen Gründen, sondern weil es gefährlich war, wenn Polizei auf dem Schrottplatz erschien. Alle waren minderjährig und wahrscheinlich hätte man sie ins Erziehungsheim oder zu Pflegeeltern gesteckt. Statt dessen arbeiteten alle irgendwo. Die Mädchen sammelten leere Flaschen und arbeiteten am Wochenende in schmierigen Imbißstuben. Die Jungen gingen Rasenmähen, putzten Tischtennishallen und erledigten für schwarze Ladenbesitzer Botengänge. Alles Geld wurde von Bootsie verwaltet und für die Gemeinschaft verwendet.

Während des Monats, den ich auf dem Autofriedhof verbrachte, lernte ich fahren, fluchen und tanzen. Der ältere Bruder eines Jungen besaß einen Wagen, der sogar fuhr. Lee Arthur war der einzige Junge in der Bande, der zuhause wohnte, bei seiner Mutter. Mrs. Arthur arbeitete nachts. Freitagabends gingen alle Mädchen in ihre Wohnung, um zu baden. Unsere Wäsche wuschen wir im Waschsalon, aber alles, was gebügelt werden mußte, brachten wir in Lees Wohnung. Wie alles andere wurde das Bügeln gemeinsam organisiert.

Samstagabends gingen wir zum *Jitterbug* Wettbewerb in den *Silver Slipper*, je nachdem ob einer tanzen konnte oder nicht. Die Preise waren verlockend (25 Dollar für das beste Paar, 10 für die zweiten und 5 für die dritten). Bootsie war der Meinung, wenn alle mitmachten, seien unsere Chancen größer. Mein Partner war Juan, ein mexikanischer Junge. Obwohl er kaum besser tanzen konnte als ich, waren wir die Sensation auf dem Parkett. Er war sehr klein, wenn wir uns drehten, flog ihm sein glatter schwarzer Haarschopf um den Kopf. Ich war dürr, schwarz und lang wie ein Baum. An meinem letzten Schrottplatzwochenende gewannen wir tatsächlich den zweiten Preis. Der Tanz, den wir aufführten, war unnachahmlich und unbeschreiblich. Man kann nur sagen, daß die Leidenschaft, mit der wir uns auf der kleinen Tanzfläche herumschleuderten, nur der Hingabe vergleichbar war, die man bei ehrlichen Ringkämpfen und dem Handdrücken sieht.

Nach einem Monat hatte sich mein Denken so verändert, daß ich mich selbst kaum wiedererkannte. An die Stelle meiner

unsicheren Familienverhältnisse war die Selbstverständlichkeit
getreten, mit der meinesgleichen mich aufgenommen hatten.
Bezeichnend, daß heimatlose Kinder, Treibsand in der Schizophrenie
des Krieges, mich in die Gemeinschaft der Menschen
aufnehmen mußten. Nachdem ich mit einem weißen Mädchen
aus Missouri, einem mexikanischen Mädchen aus Los Angeles
und einem schwarzen Mädchen aus Oklahoma leere Flaschen
gesammelt und verkauft hatte, konnte ich mich nie wieder völlig
außerhalb der Menschheit fühlen. Das Fehlen jeglicher Kritik in
unserer zufälligen Gemeinschaft blieb nicht ohne Einfluß auf
mich und gab mir fürs ganze Leben ein wenig Toleranz.
Ich rief Mutter an. Ihre Stimme kam aus einer anderen Welt. Ich
bat sie um Geld für die Rückfahrt. Sie wollte mein Flugticket an
Daddy schicken, aber ich sagte, es sei leichter für mich, wenn ich
es selbst bei der Fluggesellschaft abholen könnte. Sie sollte es
nur bezahlen. Mit dem Charme, der typisch für Mutter war,
wenn sie eine Chance hatte großzügig zu sein, stimmte sie zu.
Auf dem Schrottplatz führten wir ein zwangloses Leben. Ich
erwartete, mein Fortgehen stieße bei meinen neuen Freunden
nicht auf Widerstand. Ich hatte recht. Nachdem ich mein
Flugticket abgeholt hatte, kündigte ich ziemlich beiläufig an,
daß ich am nächsten Tag wegfahren wollte. Sie nahmen meine
Abreise so gleichmütig hin wie meine Ankunft. (Das war keine
Schauspielerei.) Jeder wünschte mir Glück. Ich wollte weder
vom Schrottplatz noch von meinem Wagen Abschied nehmen
und verbrachte die letzte Nacht in einem Nonstopkino. Ein
Mädchen, dessen Name und Gesicht mir im Laufe der Jahre
entfallen sind, gab mir einen »allumfassenden Freundschaftsring«
und Juan schenkte mir ein schwarzes Spitzentaschentuch.
Für den Fall, daß ich noch einmal in die Kirche gehen sollte.
Ziemlich ungekämmt und verwahrlost und ohne Gepäck kam
ich in San Francisco an. Mutter sah mich an und sagte: »Ist bei
deinem Vater die Verpflegung so schlecht? Du solltest mehr
essen, damit du wieder was auf die Rippen bekommst.« Sie nahm
das gleich in Angriff und bald saß ich vor einer weißen
Tischdecke, vor Körben voll Essen, ausschließlich für mich
gekocht.
Ich war wieder zu Hause. Meine Mutter war eine vornehme
Dame. Dolores war eine Närrin, vor allem aber eine Lügnerin.

33

Nach meiner Rückkehr aus dem Süden schien das Haus kleiner und ruhiger geworden zu sein. Der erste Glanz und Glamour von San Francisco war an den Rändern matt geworden. Aus den Gesichtern der Erwachsenen war die Weisheit gewichen. Ich hatte ein Stück meiner Jugend an meine Erfahrungen abgetreten, doch der Gewinn war größer als der Verlust.
Auch Bailey war viel älter geworden. Sogar um Jahre älter als ich. In dem Sommer, der das Ende unserer Jugend war, hatte er Freunde gefunden. Eine Gruppe Straßenjungen, die mit allen Wassern gewaschen waren. Von nun an fielen in seine Sätze Slangausdrücke wie Klöße in einen Topf. Möglicherweise war er froh mich zu sehen, aber er verhielt sich kaum so. Ich versuchte, ihm von meinen Abenteuern, meinem Pech zu erzählen. Er reagierte unerwartet so gleichgültig, daß mir die Geschichte nicht über die Lippen kam. Seine neuen Kumpane brachten Wohnzimmer und Eingangshalle in Unordnung. Sie trugen Fellmäntel und breitkrempige Hüte und an ihren Gürteln hingen lange, schlangenartige Ketten. Heimlich tranken sie Gin und erzählten sich schmutzige Witze. Obwohl ich mich nicht beklagen konnte, sah ich ein, daß das Erwachsenwerden kein so schmerzloser Vorgang ist, wie man meinen könnte.
Auf einem Gebiet kamen mein Bruder und ich uns näher. Ich hatte den Dreh fürs Tanzen in der Öffentlichkeit raus. Alle Lektionen von Mutter, die ganz ohne Anstrengung tanzen konnte, hatten unmittelbar nicht gefruchtet. Aber mit meiner neuen, leicht erworbenen Sicherheit konnte ich mich den Rhythmen überlassen. Ich ließ mich von ihnen tragen, wohin sie wollten. Mutter erlaubte uns, zu Big-Band-Tanzveranstaltungen in die Stadthalle zu gehen. Dort war viel Publikum. Wir tanzten *Jitterbug* bei Count Basie, *Lindy* und *Big Apple* bei Cab Calloway und *Half Time Texas Hop* bei Duke Ellington. Es war nur eine Sache von Monaten und der gute Bailey und seine lange Schwester waren als ›diese Tanzverrückten‹ stadtbekannt. (Eine zutreffende Bezeichnung.)
Obwohl ich mein Leben aufs Spiel gesetzt hatte, den guten Ruf meiner Mutter zu verteidigen (allerdings ohne zu ahnen, was auf mich zukam), verlor ich mehr und mehr Interesse an Ansehen und gutem Namen in der Nachbarschaft. Es war mir

nicht gleichgültig, aber es gab lauter wichtigere Dinge. Ich dachte oft, das Leben wird langweilig, weil ich alle Überraschungen schon erlebt hatte. Innerhalb von zwei Monaten war ich so blasiert geworden.
Mutter und Bailey waren mit dem Ödipuskomplex beschäftigt. Sie waren unzertrennlich, aber die kulturellen und gesellschaftlichen Normen, Ethos und Moral geboten die Trennung. Mit einer faulen Ausrede schickte Mutter Bailey aus dem Haus. Mit einer ebensofaulen Ausrede kam er der Aufforderung nach. Bailey war sechzehn. Er war für sein Alter zu klein, aber schön genug für jede Liebschaft. Doch er war hoffnungslos in seine Mutter verliebt.
Ihre Freunde waren Helden, große Männer der Szene. Sie trugen Chesterfield-Mäntel, das Stück 200 Dollar, Schuhe von Busch, das Paar fünfzig Dollar, und Knox-Hüte. Sie ließen sich ihr Monogramm in die Hemden sticken und die Hände maniküren. Für einen sechzehnjährigen Jungen war die Konkurrenz solcher Rivalen allzugroß. Er tat, was er tun mußte. Er legte sich eine weiße Prostituierte zu, einen Diamantring am kleinen Finger und einen teuren Harris-Tweedmantel. Es war ihm nicht bewußt, daß diese neuen Besitztümer das Sesam-öffnedich ins Himmelreich seiner Mutter sein sollten. Und sie dachte nicht im Traum, daß ihre eigenen Neigungen ihn zu solchen Exzessen trieben.
Ich hörte und sah, wie die Tragödie sich langsam ihrem Höhepunkt näherte. Allein der Gedanke, sie aufzuhalten, war unsinnig. Es wäre leichter gewesen, die Verhinderung des Sonnenaufgangs oder eines Hurrikans zu planen. So sehr Mutter eine schöne Frau war, der alle Männer ihren Tribut an Aufmerksamkeit zollten, so sehr war sie auch Mutter, und zwar »eine verdammt gute«. Ihr Sohn war nicht dazu auf der Welt, um sich von einer abgetakelten weißen Hure ausnehmen zu lassen. Ihr seine Jugend zu opfern und sein Erwachsenwerden ruinieren zu lassen. Verdammt nochmal, nein! Bailey seinerseits war so gut ihr Sohn, wie sie seine Mutter war. Er war nicht bereit, sich demütigen zu lassen, nicht einmal von der schönsten Frau der Welt. Das war zufällig seine Mutter und änderte nichts an seiner Entschlossenheit.
Ausziehen? Teufel, ja. Morgen? Warum nicht heute? Warum nicht sofort? Alle Schritte waren genau besprochen, doch keiner von beiden konnte sich bewegen. In den Wochen des

erbitterten Gezänks versank ich hoffnungslos in Grübelei. Wir durften nicht lästern, nicht einmal offen sarkastisch sein, aber Bailey hatte eine spitze Zunge und die Worte, die er an Mutter richtete, waren für sie bittere Medizin. Zingzong, schlug sie zurück (mit Leidenschaftsausbrüchen, die dem stärksten Mann die Brust enthaaren konnten). Hinterher war sie herzlich traurig (aber nur mir gegenüber).
Sie hatten mich aus ihrem Macht- und Liebeskampf herausgelassen. Sie hatten mich an der Seitenlinie vergessen, weil sie keine Claqueure brauchten. Ich spielte in etwa die Rolle wie die Schweiz im 2. Weltkrieg. Um mich herum explodierten Geschosse, Seelen wurden gemartert und ich – in den Grenzen selbstauferlegter Neutralität – war machtlos.
Die Konfrontation kam unangekündigt, an einem ganz normalen Abend. Es war nach elf und ich hatte meine Tür nur angelehnt, weil ich hören wollte, ob Mutter wegging, wie ich hoffte, oder das Knarren der Treppe, wenn Bailey nach oben lief.
Im ersten Stock lief weit aufgedreht der Plattenspieler. Lonnie Johnson sang: »Wirst du dich morgen Nacht erinnern, was du mir heute Nacht gesagt?« Gläser klirrten und Stimmen stießen gegeneinander. Es war eine Party, die da von unten heraufklang. Bailey hatte Mutters Gebot ignoriert, um elf zu Hause zu sein. Falls er noch vor Mitternacht zurückkam, begnügte sie sich vielleicht damit, ihm ein paar schneidende Worte ins Gesicht zu schlagen.
Mitternacht kam und war schnell vorüber. Ich saß aufrecht im Bett und legte die Karten zu ersten von vielen Paciencen.
»Bailey!«
Meine Armbanduhr zeigte das ungleiche V für ein Uhr.
»Ja, liebe Mutter?« En garde. Seine Stimme klang barsch, und säuerlich betonte er »liebe«.
»Vermutlich willst du ein Mann sein... Macht den Plattenspieler aus.« Letzteres schrie sie den Partygästen zu. »Ich bin dein Sohn, liebe Mutter.« Ein scharfer Hieb. »Ist es elf Uhr, Bailey?« Eine Finte, um den Gegner wehrlos zu machen.
»Es ist nach eins, liebe Mutter.« Er hatte den Kampf eröffnet und nun fielen offen die Schläge.
»Clidell ist der einzige Mann hier im Haus. Wenn du glaubst, so sehr ein Mann zu sein...« Ihre Stimme überschlug sich, scharf wie ein Rasiermesser.

»Ich gehe, liebe Mutter!« Der veränderte Tonfall gab seiner Ankündigung Gewicht. Mit einer kalten Bewegung hatte er ihr Visier durchstoßen.
Sie war mattgesetzt und hatte keine Wahl. Sie konnte nur halsüberkopf weiter durch den Tunnel des Zorns. »Dann, verdammtnochmal, mach, daß du Land gewinnst.«
Aber sie war es, die davonlief; ich hörte ihre Schritte auf dem Linoleum in der Halle. Bailey steppte die Treppe rauf zu seinem Zimmer.
Unkontrolliert kommt die Erlösung, wenn der Regen endlich den niedrigen Himmel aus schmutzigem Okker wegwäscht. Ein fast übersinnliches Gefühl: Man ist Zeuge des Weltuntergangs und dadurch wird der Weg zum Erreichbaren frei. Die Eindrücke, die man empfängt sind nicht gewöhnlich, aber auch nicht geheimnisvoll.
Bailey ging von zu Hause weg. Um ein Uhr nachts ging Bailey, mein kleiner Bruder, der mich an einsamen Tagen in der Hölle vor Kobolden, Gnomen, bösen Geistern und Teufeln geschützt hatte, von zu Hause weg.
Ich hatte das unvermeidliche Ereignis die ganze Zeit erwartet und nicht gewagt, in seinem Elendsbündel herumzuwühlen, auch nicht, ihm anzubieten, es tragen zu helfen.
Dennoch ging ich jetzt in sein Zimmer und sah, wie er seine gepflegten Kleidungsstücke in einen Kissenbezug stopfte. Seine Reife brachte mich in Verlegenheit. In dem kleinen zusammengekniffenen Gesicht fand ich die Züge meines Bruders nicht wieder. Ich wußte nicht, was ich ihm sagen sollte. Als ich ihn fragte, ob ich ihm helfen könne, antwortete er: »Laß mich mit diesem Scheiß allein.«
Ich lehnte mich gegen den Türrahmen, sagte nichts mehr und half ihm einfach durch meine Anwesenheit.
»Sie will mich raushaben, was? Ich seh zu, daß ich so schnell hier rauskomme, daß die Luft Feuer fängt. Die nennt sich Mutter? Puh, ich will verdammt sein. Die hat mich zum letzten Mal gesehn. Ich schaffe es. Ich schaffe es immer.«
Irgendwann bemerkte er, daß ich noch dastand und es fiel ihm wieder ein, daß wir irgendwas miteinander zu tun hatten.
»Maya, wenn du auch weg willst, komm mit. Ich kümmere mich um dich.«
Er wartete nicht auf die Antwort, sondern setzte sein Selbstgespräch fort. »Sie wird mich nicht vermissen und ich werde sie

nicht vermissen. Zur Hölle! Zur Hölle mit ihr und allen andern.«
Er war fertig. Er schleuderte noch die Schuhe oben auf die Hemden und Krawatten und stopfte Socken in den Bezug. Wieder erinnerte er sich an mich.
»Maya, du kannst meine Bücher haben.«
Die Tränen kamen mir nicht Baileys wegen, auch nicht wegen Mutter oder mir selbst, sondern wegen der Hilflosigkeit aller Sterblichen, die das Leben erleiden. Um so ein bitteres Ende vermeiden zu können, mußten wir erst alle wiedergeboren werden, wiedergeboren mit dem Wissen um Alternativen. Aber dann?
Bailey schnappte den lumpigen Bettbezug und drückte sich an mir vorbei auf die Treppe. Als die Haustür zufiel, war von unten nur noch der Plattenspieler zu hören. Nat King Cole rief die Welt auf, »sich aufzurichten und zu fliegen«. Als ob menschliche Wesen sich das aussuchen könnten.
Am nächsten Morgen hatte Mutter rote Augen, ein verquollenes Gesicht. Aber sie lächelte. »Es ist, wie es ist«, sagte dieses Lächeln, der kleine Halbmond des Mundes. Sie machte Frühstück, redete über Geschäfte und putzte herum, wo sie gerade stand. Niemand erwähnte Bailey. Alles schien in Ordnung und wie immer.
Doch die unausgesprochenen Gedanken vergifteten die Atmosphäre. Ich mußte in mein Zimmer gehen, um Luft zu holen. Ich konnte nur vermuten, wo Bailey hingegangen war. Ich entschloß mich, ihn zu suchen und ihm meine Hilfe anzubieten. Ich ging zu einem Haus mit vielen Erkerfenstern. Hinter den Glasscheiben waren grüne und rosa Buchstaben geklebt: ZIMMER. Auf mein Klingeln öffnete eine Frau in unbestimmbarem Alter über dreißig und sagte, Bailey Johnson wohne im obersten Stockwerk.
Seine Augen waren so rot wie Mutters, aber sein Gesicht nicht mehr so verkrampft wie in der vergangenen Nacht. Beinahe förmlich bat er mich in sein Zimmer. Ein Bett mit sauberer Chenilledecke, ein Gasofen, ein Tisch.
Er begann zu reden und die ungewöhnliche Situation zu überspielen.
»Hübscher Raum, was? Weißt du, es ist gar nicht so einfach, jetzt Zimmer zu kriegen. Der Krieg und so... Betty wohnt auch hier (das war die weiße Prostituierte). Sie hat mir das

Zimmer besorgt. Weißt du Maya... es ist besser so... Ich meine, ich bin ein Mann und muß allein zurechtkommen.«
Ich war wütend, daß er nicht fluche, sein Schicksal oder Mutter verwünschte oder wenigstens das, was passiert war.
»Na ja...« Ich suchte einen Anfang. »Wenn Mutter wirklich eine Mutter wäre, hätte sie...« Er unterbrach mich, indem er seine kleine schwarze Hand hochhielt, als ob ich darin lesen sollte. »Langsam, Maya. Sie hat ja recht. Im Leben eines jeden Mannes kommt die Zeit, da steht er an der Schwelle...«
»Bailey, du bist sechzehn!«
»Nach Jahren schon, ja, aber ich bin schon jahrelang sechzehn. Jedenfalls kommt die Zeit, wo sich ein Mann von den Rockschößen lösen muß, dem Leben selbst ins Gesicht sehen... das habe ich meiner lieben Mutter auch gesagt. Ich bin an dem Punkt...«
»Wann hast du mit Mutter gesprochen?«
»Heute morgen. Ich sagte zu meiner lieben Mutter...«
»Du hast sie angerufen?«
»Ja. Sie kam danach hierher. Wir hatten eine furchtbare Auseinandersetzung.« Er wählte seine Worte so sorgfältig wie ein Lehrer in der Sonntagsschule.
»Sie versteht mich völlig. Es gibt eine Zeit im Leben eines jeden Mannes, da muß er den sicheren Hafen verlassen und sich aufs Meer der Möglichkeiten wagen... Also, sie macht das mit einem Freund in Oakland klar: Ich komme zur *Southern Pacific*. Maya, das ist erst mal ein Anfang. Ich kann als Kellner im Speisewagen anfangen, Steward werden und wenn ich gelernt habe, was man lernen kann, werde ich mich verbessern... Die Zukunft sieht nicht schlecht aus. Wir Schwarzen haben nicht einmal begonnen, an die Front zu gehen. Ich gehe los, auf eigene Faust.«
Sein Zimmer roch nach Speiseöl, Lysol und Moder, nur sein Gesicht bestätigte seine mutigen Worte. Ich brachte es nicht übers Herz, ihn auf die schlechte Wirklichkeit unseres Lebens hinzuweisen.
Im Zimmer nebenan legten sich die Huren als erste hin und standen als letzte wieder auf. Unten wurden Hähnchen gegrillt und die Glücksspiele liefen 24 Stunden am Tag. Seeleute und Soldaten auf dem unglückseligen Weg in den Krieg warfen Scheiben ein und brachen Schlösser auf. Sie wollten wenigstens an einem Gebäude oder in der Erinnerung eines Opfers

eine Spur hinterlassen. Gelegenheit, Opfer eines Verbrechens zu werden, gab es genug. Bailey saß da, von jugendlicher Entschlossenheit ganz benebelt. Kein Vorschlag von mir wäre durch seine traurige Rüstung zu ihm vorgedrungen.
»Ich bin deine Schwester, und wenn ich etwas für dich tun kann, werde ich es tun.«
»Maya, mach dir keine Sorgen um mich. Mehr verlange ich nicht von dir. Wird schon schiefgehn.«
Ich ging. Es gab nicht mehr zu sagen. Unausgesprochenes, unformulierbare Gedanken blieben im Zimmer zurück, hart und schwer.

34

Danach hatte mein eigenes Zimmer die Gemütlichkeit eines Kerkers und die Helligkeit einer Gruft. Ich konnte nicht bleiben, nicht gehen. Nach meiner Erfahrung in Mexiko und dem Monat auf dem Schrottplatz war Abhauen langweilig. Ich hatte das Bedürfnis nach einer Veränderung, dem sich im Zentrum meines Denkens eine Straße bahnte, mit der Gewalt eines Bulldozers.
Das war es! Die Lösung kam plötzlich, wie ein Zusammenstoß. Ich wollte arbeiten gehen. Mutter war sicher leicht dafür zu gewinnen; schließlich war ich in der Schule ein Jahr voraus und Mutter war vom Wert der Selbstversorgung fest überzeugt. Daß ich soviel von ihrem Charakter hatte, soviel Grips, mußte ihr einfach Freude machen. Nannte sie sich doch ein echtes *Do it yourself*-Mädchen.
Nachdem ich mich erst einmal entschlossen hatte, einen Job zu suchen, mußte ich nur noch herausfinden, wofür ich geeignet war. Mein Intellektuellenstolz hielt mich von Maschineschreiben, Steno und Ablageführen ab. Das gab es auch im Unterrichtsangebot. Also keine Bürotätigkeit. Für Werften und Betriebe der Kriegswirtschaft brauchte man die Geburtsurkunde. Aus meiner ging hervor, daß ich erst fünfzehn war und nicht beschäftigt werden durfte. Die gutbezahlten Kriegsjobs fielen also auch weg. Aber auch in den Straßenbahnen hatten Frauen die Männer als Schaffner und Fahrer ersetzt. Ich fantasierte davon, in einer dunkelblauen Uniform mit dem Geldwechsler am Gürtel über die Hügel von San Francisco zu schweben.

Mit Mutter war es so einfach, wie ich mir gedacht hatte. Die Welt drehte sich schnell, es wurde viel Geld gemacht. In Guam und Deutschland starben soviele Menschen, daß ganze Horden von Fremden über Nacht gute Freunde wurden. Das Leben war billig und der Eintritt zum Tod war frei. Warum sollte sie sich Zeit nehmen, über meine akademische Karriere nachzudenken?

Sie fragte nach meinen Plänen und ich antwortete, daß ich einen Job bei der Straßenbahn wollte. Sie kommentierte diese Absicht mit den Worten: »Sie nehmen keine Farbigen bei der Straßenbahn.«

Am liebsten hätte ich einen Wutanfall bekommen, um meine noble Absicht kundzutun, mit dieser Tradition zu brechen. Aber in Wahrheit war meine erste Reaktion Enttäuschung. Ich hatte mir ausgemalt, wie ich in meiner engen blauen Uniform dastand und der Geldwechsler lustig an die Hüfte schlug. Ich lächelte allen Fahrgästen zu und verschönte ihren Arbeitstag. Nach der Enttäuschung kam auf meiner Gefühlsleiter Verachtung, schließlich Halsstarrigkeit. Ich war verbissen wie die Zähne einer wütenden Bulldogge.

Ich wollte bei der Straßenbahn arbeiten und eine blaue Uniform tragen! Mutter unterstützte mich. Sie bemerkte kurz und bündig: »Du willst es also unbedingt machen. Na gut, versuchs. Zeig, was du kannst. Es geht nicht, heißt immer: es geht mich nichts an. Hab ich dir oft genug gesagt. Taugt beides nichts.«

Übersetzt: Es gibt nichts, was man nicht tun kann und nichts, worum man sich nicht kümmern sollte. Eine größere Ermutigung konnte es für mich nicht geben.

Die Empfangsdame im Bürogebäude der *Market Street Railway Company* schien überrascht, mich zu sehen. Mich hingegen überraschte, wie schäbig die Inneneinrichtung und wie eintönig das Dekor waren. Ich hatte Parkettböden und Teppiche erwartet. Vielleicht hätte ich mich auf der Stelle entschlossen, nicht für einen so armselig ausstaffierten Konzern zu arbeiten, aber ich stieß auf Widerstand. Ich redete nicht lange um die Sache herum, sondern sagte ihr, daß ich einen Job suchte. Sie fragte, ob mich eine Agentur geschickt habe. Als ich verneinte, behauptete sie, es würden nur Bewerber von Agenturen eingestellt. Ich erinnerte sie daran, daß die Stellenanzeigen für Fahrerinnen und Mechanikerinnen in jeder Morgen-

zeitung standen. Sie sah mich so verblüfft an, daß ich Verdacht schöpfte.
»Ich will mich um den Job bewerben, der in der Morgenausgabe des *Chronicle* angeboten wird. Ich möchte den Leiter der Personalabteilung sprechen.«
Ich sprach so herablassend und musterte so verächtlich den Raum, als hätte ich eine Ölquelle zu verkaufen. In den Achseln spürte ich ein Stechen wie von tausend heißen Nadeln. Sie hatte einen Ausweg gefunden.
»Er ist nicht da. Er ist heute den ganzen Tag weg. Rufen Sie doch morgen mal an. Wenn er da ist, können Sie sicher mit ihm sprechen.« Dann drehte sie sich auf ihrem rostigen Drehstuhl herum. Sie gab zu verstehen, daß das Gespräch beendet war.
»Darf ich seinen Namen wissen?«
Sie drehte sich halb herum, überrascht, daß ich immer noch da war.
»Seinen Namen? Wessen Namen?«
»Den Namen des Personalchefs.«
Es war der Höhepunkt der Heuchelei. Wir spielten Komödie.
»Ach so, der Personalchef. Das ist Mr. Cooper. Ach, ich bin gar nicht sicher, ob er morgen da ist. Er ... Sie können es natürlich versuchen.«
»Vielen Dank.«
»Keine Ursache.«
Ich verließ den muffigen Raum und ging durch die noch muffigere Vorhalle nach draußen. Die Empfangssekretärin und ich wandelten auf ausgetretenen, vertrauten Pfaden. Zwar hatte ich eine solche Situation noch nie erlebt und sie vermutlich ebensowenig. Aber wir waren Schauspieler, die das Stück auswendig kannten und der alten Tragödie Neues abgewannen und spontan über ihre Komik lachen konnten.
Mit mir hatte diese miserable kleine Auseinandersetzung nichts zu tun, um so mehr mit dieser verrückten Angestellten. Es war ein Traum, den die dummen Weißen sich vor langer Zeit ausgedacht hatten und der uns in alle Ewigkeit heimsuchte. Die Sekretärin und ich: Hamlet und Laertes in der Schlußszene, zum Duell auf Leben und Tod gezwungen. Weil die Vorfahren sich Leid zugefügt hatten und das Stück irgendwo enden mußte. Später verzieh ich ihr. Wir waren Marionetten in der Hand desselben Puppenspielers.
In der Straßenbahn steckte ich mein Fahrgeld in den Kasten

und die Schaffnerin sah mich wie üblich an: aus kalten Augen weißer Verachtung. »Einsteigen, einsteigen bitte.« Sie bediente ihren Geldwechsler.
Ihr nasaler Südstaatenakzent wühlte etwas in mir auf. Ich versank tief in Gedanken. Alles Lügen, alles bequeme Lügen. Weder die Empfangsdame war unschuldig noch ich. Die ganze Scharade, die wir in dem schäbigen Zimmer gespielt hatten, hatte unmittelbar mit ihr als Weiße und mir als Schwarze zu tun.
Ich stieg nicht ganz in die Straßenbahn ein, sondern stand frech auf dem Trittbrett, oberhalb der Schaffnerin. In mir war ein energischer Aufschrei. Die Adern schwollen an und ich mußte die Lippen fest aufeinanderpressen.
ICH WERDE DEN JOB BEKOMMEN! ICH WERDE SCHAFFNERIN SEIN UND EINEN GEFÜLLTEN GELDWECHSLER AM GÜRTEL TRAGEN! ICH WERDE ES TUN!
Die nächsten drei Wochen verbrachte ich wie in einer Honigwabe. Die Tage waren angefüllt mit Terminen und Entscheidungen. Die Negerorganisation, die ich um Unterstützung bat, schob mich wie einen Federball hin und her. Warum bestand ich ausgerechnet auf diesem Job? Es gab neueröffnete Firmen, die um Arbeitskräfte bettelten und fast das Doppelte im Monat zahlten. Die unteren Funktionäre, die ich dazu bringen konnte, mich anzuhören, hielten mich für verrückt.
Downtown San Francisco war kalt, wurde mir fremd. Die Straßen, die ich geliebt hatte wie Familienangehörige, verwandelten sich in fremde Schluchten voller Bosheit. Die alten Rokoko-Fassaden, die Erinnerungen an den Goldrausch wachgerufen hatten, an Diamond Lil, Robert Service, Sutter und Jack London, waren zu drohenden Gebilden geworden. Sie dienten nur dem gemeinen Zweck, mich auszuschließen. Ich erledigte meine Fahrten zum Straßenbahnbüro mit der Regelmäßigkeit einer bezahlten Arbeit. Der Kampf weitete sich aus. Ich kämpfte nicht nur mit der Firma, kämpfte auch mit der Marmorhalle des Gebäudes, in dem ihre Büros waren, mit den Fahrstühlen und ihren Führern.
In dieser strapaziösen Phase machten Mutter und ich die ersten Schritte auf dem langen Weg, der zum gegenseitigen Respekt unter Erwachsenen führt. Sie verlangte nie einen Bericht und ich erzählte ihr keine Einzelheiten. Aber jeden Morgen machte sie mir Frühstück, gab sie mir Geld für die Fahrt und für

Mittagessen und verhielt sich ganz so, als ob ich zur Arbeit ginge. Sie wußte, daß das Leben so pervers ist, daß Kämpfen Freude macht. Es war ihr klar, daß ich nicht aus Ruhmsucht handelte und alle Möglichkeiten ausschöpfen mußte, bevor ich aufgab.
Eines Morgens, als ich das Haus verließ, sagte sie: »Das Leben gibt dir nur das, was du hineinlegst. Bete und mach alles mit ganzem Herzen. Dann kannst du auch warten.« Ein andermal erinnerte sie mich an ein Sprichwort: »Hilf dir selbst, dann hilft dir Gott.«
Ihr Vorrat an Aphorismen war unerschöpflich. Seltsam, so sehr Klischees mich sonst langweilten, bei ihr brachten sie mich eine Zeitlang zum Nachdenken.
Ich konnte später nie genau sagen, wie ich den Job bekommen habe. Ich weiß nur, daß ich an einem der ermüdenden Tage im Büro der Straßenbahngesellschaft saß und demonstrativ wartete. Die Empfangssekretärin rief mich an ihren Schreibtisch und schob mir einen Stapel Papiere zu. Es waren Bewerbungsformulare. Sie sagte, ich solle sie dreifach ausfüllen. Ich kam nicht dazu, mir zu überlegen, ob ich nun gewonnen hatte. Schon bei den Standardfragen merkte ich, daß ich geschickt lügen mußte. Wie alt war ich? Was hatte ich für Jobs gehabt? Wieviel hatte ich verdient und warum hatte ich meine Stellung verloren? Außerdem brauchte ich zwei Bürgen, die keine Verwandten sein durften.
Ich saß an einem Nebentisch und dachte mir ein Märchen aus Halbwahrheiten und kompletten Lügen aus. Mit ungerührtem Gesicht (eine alte Kunst) schrieb ich schnell die Fabel der Marguerite Johnson. Alter achtzehn Jahre, ehemals Mitarbeiterin und Fahrerin von Mrs. Annie Henderson, einer weißen Dame in Stamps, Arkansas.
Ich mußte Blutproben über mich ergehen lassen, Reaktions- und Rohrschachtests. Und eines gesegneten Tages wurde ich als erste Negerin bei der Straßenbahn von San Francisco eingestellt.
Mutter gab mir Geld, damit ich mir die schwarze Uniform schneidern lassen konnte. Ich lernte Arbeitspläne auszufüllen, den Geldwechsler zu bedienen und Fahrkarten zu knipsen. Die Zeit drängte sich und eines Abends turnte ich hinten auf dem ärmenden Trolley herum und forderte die Fahrgäste breit lächelnd auf, nach vorne durchzugehen.

Ein ganzes Semester lang segelte ich mit der Straßenbahn über die leuchtenden Hügel San Franciscos. Während ich so über die Market Street holperte, vorbei an den Herbergen für heimatlose Seeleute, der ruhigen Oase des *Golden Gate Park* und weiter zu den abweisenden Wohnhäusern im *Sunsetdistrict*, ließ mein Bedürfnis nach dem Schutz des schwarzen Getto nach.
Hinter der willkürlichen Einteilung meiner Schichten steckten offensichtlich die schlechten Absichten meiner Vorgesetzten. Als ich diesen Verdacht Mutter gegenüber aussprach, sagte sie: »Mach dir darüber keine Sorgen. Verlang, was du willst und zahl, was du kriegst. Und geteilte Last wiegt halb so schwer, das werde ich dir beweisen.«
Sie blieb wach, um mich morgens um halb fünf zum Straßenbahndepot zu fahren und holte mich am Feierabend kurz vor Einbruch der Dunkelheit wieder ab. Sie kannte die Gefahren des Lebens. In dem öffentlichen Verkehrsmittel hielt sie mich für sicher, aber sie dachte nicht daran, »einem Taxifahrer mein Baby anzuvertrauen«.
Als im Frühjahr das neue Semester begann, setzte ich meine Ausbildung fort. Ich war älter und klüger geworden, viel unabhängiger mit einem eigenen Bankkonto. Ich trug Kleider, die ich von meinem eigenen Geld gekauft hatte. Ich kannte die magische Formel, die mich am bunten Leben meiner Zeitgenossen teilnehmen ließ, da war ich sicher.
Aber keine Spur! Innerhalb weniger Wochen mußte ich erkennen, daß meine Schulkameraden auf Pfaden wandelten, die meinen diamtral entgegengesetzt waren. Sie gerieten über Footballspiele in Aufregung, während ich noch in jüngster Vergangenheit im Ausland ein Auto einen dunklen Berg hinuntergesteuert hatte. Ihr Interesse galt Fragen wie, wer wird Präsident der Studentenschaft, wann kommen meine Zahnklammern raus. Ich erinnerte mich daran, daß ich einen Monat lang in einem Autowrack geschlafen und als Schaffnerin in einem Straßenbahnwagen gearbeitet hatte. Ohne es zu wollen, war ich so wach geworden, daß Gleichgültigkeit mich störte. Das schlimme war, daß ich mit diesem Bewußtsein nichts anfangen konnte. Ich wußte, daß ich noch viel zu lernen hatte, aber es war klar, daß es nichts davon im Unterrichtsangebot der *George Washington High School* gab.
Ich fing an zu schwänzen. Ich ging im *Golden Gate Park* spazieren und trieb mich vor den glänzenden Ladentischen de

Emporium Department Store herum. Als Mutter dahinterkam erklärte sie, wenn ich keine Lust hätte, zur Schule zu gehen, sollte ich zu Hause bleiben. Es sei denn, es würden Arbeiten geschrieben. Sie sagte, sie wolle nicht erleben, daß irgendeine weiße Frau sie anrufe und ihr Dinge über ihr Kind erzähle, von denen sie nichts wisse. Sie wolle nicht gezwungen werden, eine Weiße zu belügen. Ich sei Frau genug, offen zu reden. Das setzte meiner Faulenzerei ein Ende. Aber die Düsternis der Schultage blieb.

Immer klagt die ältere Generation die nachfolgende wegen ihrer Jugend und Unerfahrenheit an, obwohl sie sich vor nicht langer Zeit der gleichen Anklage ausgesetzt sah. Es wurde immer leichter die Anklage zu ertragen. Der Zwang erwachsen zu werden ist leichter zu ertragen als der gesichtslose Schrekken der schwankenden Vorsätze in der Jugend. Nun waren die hellen Stunden der Rebellion gegen die untergehende Sonne einer 24-Stunden-Periode gewichen, die sich Tag nannte, eine Nummer und Namen trug.

In ihren zarten Jahren wird die schwarze Frau von allen Kräften der Natur heimgesucht. Sie gerät in ein dreifaches Kreuzfeuer von Vorurteilen: des unlogischen weißen Hasses, der schwarzen Ohnmacht und des männlichen Chauvinismus.

Mit Erstaunen, Widerwillen, ja sogar Feindseligkeit wird zur Kenntnis genommen, daß eine erwachsene schwarze Frau einen ausgeglichenen Charakter hat. Selten wird erkannt, daß dies ein Ergebnis schwerer innerer Kämpfe ist. Sie verdient Achtung, wenn nicht begeisterten Applaus.

35

Brunnen der Einsamkeit war für mich gleichermaßen eine Einführung in lesbische Liebe und in das, was ich für Pornographie hielt. Das Buch bedrohte und lockte mich monatelang. Ich bekam einen Eindruck von der geheimnisvollen Welt der Perversen. Es stimulierte mich und gab über die Probleme dieser Menschen Aufschluß. Ich war sicher, daß ich keinen Perversen kannte. Die *Jolly Sissies* zählten nicht, sie waren manchmal bei uns im Haus und kochten enorme Essen mit acht Gängen. Der Schweiß lief ihnen in Strömen über die geschminkten Gesichter. Alle akzeptierten sie, sie waren selbstbewußt. Ihr Gelächter war echt und ihr Leben eine Komödie, die von Kostümwechseln und dem Schminken unterbrochen wurde.

Aber meine Fantasie wurde von den echten *Freaks* in Anspruch genommen, ja strapaziert: von den Frauen, die miteinander Liebe machten. Dem Buch zufolge wurden sie von ihren Familien verstoßen, von ihren Freunden verachtet und in jeder Gesellschaft verfemt. Für eine physische Anlage, über die sie keine Macht hatten, wurden sie so bitter bestraft.

Nachdem ich *Brunnen der Einsamkeit* zum dritten Mal gelesen hatte, blutete mir das Herz für die unterdrückten, unverstandenen Lesbierinnen. Ich nahm *Lesbe* als Synonym für *Hermaphrodit*. Wenn ich mir nicht gerade Kopfschmerzen über einen derart bedauernswerten Zustand machte, fragte ich mich, wie sie mit einfachen Körperfunktionen zurechtkamen. Konnten sie die Organe, die sie benutzen wollten, frei wählen, benutzten sie sie abwechselnd oder bevorzugten sie nur eins? Ich versuchte mir vorzustellen, wie zwei Hermaphroditen sich liebten. Ich war ganz verwirrt. Wenn sie alles doppelt hatten, war es wahrscheinlich am besten, überhaupt nicht an Liebe zu denken.

Während ich mich solchen Überlegungen hingab, merkte ich, wie tief meine eigene Stimme geworden war. Sie lag drei oder vier Töne niedriger als Stimmen meiner Schulfreundinnen. Meine Hände und Füße waren alles andere als feminin und zierlich. Vor dem Spiegel untersuchte ich unvoreingenommen meinen Körper. Für eine Sechzehnjährige war mein Busen bedauerlich unterentwickelt. Selbst bei großzügigen Maßstäben war er nur eine Hautschwellung. Vom Hals bis zu den Knien eine gerade Linie ohne Ausbuchtungen. Ich kannte jüngere Mädchen, die damit prahlten, daß sie sich unter den Armen rasieren mußten, meine Achselhöhlen waren kahl und weich wie mein Gesicht. Hinzu kam ein mysteriöses Gewächs am Körper, das ich mir nicht erklären konnte. Es sah völlig nutzlos aus. Insgeheim begann ich, mich zu fragen, wie Lesbisch-Sein anfängt, welche Symptome es gibt. Meine Informationen aus der Bibliothek bezogen sich auf ausgewachsene Lesbierinnen, sie waren oberflächlich genug. Aber über ihr Heranwachsen gab es gar nichts. Zwar entdeckte ich, daß es einen Unterschied zwischen Lesbierinnen und Hermaphroditen gab – letztere wurden so geboren –, aber ich konnte nicht

herausfinden, ob sich Lesbierinnen langsam entwickelten oder ob es plötzlich aus ihnen hervorbrach. Vielleicht erschraken sie über sich selbst ebensosehr, wie die Gesellschaft sie verachtete.
Ich rieb mich an den unzulänglichen Büchern auf, mein Kopf war leer und ich fand keine Ruhe, keine Aufklärung. Meine Stimme sperrte sich inzwischen gegen die hohen Register, auf die ich sie eingestimmt hatte und meine Schuhe mußte ich in der Abteilung *Komfort für ältere Damen* besorgen.
Ich fragte Mutter.
Eines Abends, als Daddy Clidell im Club war, setzte ich mich an ihr Bett. Sie wachte auf und war wie üblich sofort hellwach. (Gähnen und Strecken gibt es bei Vivian Baxter nicht. Sie ist entweder wach oder schläft.)
»Mutter, ich muß mit dir reden ...« Es brachte mich fast um, daß ich sie fragen mußte. Allein die Frage konnte Zweifel an meiner Normalität wecken. Ich kannte sie gut genug und wußte, daß sie mich nicht verstoßen, sondern beschützen würde. Vorausgesetzt, ich sagte die Wahrheit über meine Verbrechen. Aber der Verdacht, daß ich lesbisch wurde? Wie würde sie reagieren? Und Bailey?
»Frag mich, aber gib mir eine Zigarette.«
Ihre Ruhe konnte mich keine Minute täuschen. Ihre Lebensweisheit war, »mit dem Schlimmsten rechnen und das Beste hoffen«. So konnte sie nichts überraschen. Das war in den meisten Fällen angebracht, aber wenn die eigene Tochter...
Sie richtete sich auf und schüttelte das Federbett. »Komm Baby, leg dich ins Bett. Sonst bist du erfroren, bevor du deine Frage gestellt hast.« Mir schien es besser, zu bleiben, wo ich war.
»Mutter ... meine Muschi ...«
»Ritie, du meinst deine Vagina. Laß diese Wörter aus dem Süden. An dem Wort *Vagina* ist nichts verkehrt. Es ist die klinische Bezeichnung. Also, was ist damit?« Der Rauch sammelte sich unter der Lampe und verteilte sich im Raum. Ich bereute meine Frage sehr.
»Na los ... Hast du Filzläuse?«
Die Frage verwirrte mich. Ich wußte nicht, was das war, Filzläuse, vielleicht hatte ich sowas, dann war es schlecht, nein zu sagen. Aber wenn ich ja sagte, log ich vielleicht.
»Ich weiß nicht, Mutter.«

»Juckt es? Juckt deine Vagina?« Sie stützte sich auf den Ellbogen und drückte ihre Zigarette aus.
»Nein, Mutter.«
»Dann hast du auch keine Filzläuse. Wenn du welche hättest, würdest du es der halben Welt erzählen.« Ich wußte nicht, ob ich froh oder traurig sein sollte, daß ich keine hatte. Ich nahm mir vor, in der Bibliothek unter *Filzläuse* nachzuschlagen.
Sie sah mich ernst an. Nur wer sie kannte, konnte wahrnehmen, wie sich ihre Muskeln entspannten und dies als Anzeichen von Sorge deuten.
»Aber du hast keine Geschlechtskrankheit, oder?« Die Frage war nicht ernst gemeint. Aber wie ich Mutter kannte, bestürzte mich schon die Tatsache, daß sie sie stellte. »Aber Mutter, natürlich nicht. Das ist eine schreckliche Frage.« Ich wäre am liebsten in mein Zimmer gegangen und mit meinen Ängsten alleingeblieben.
»Setz dich, Ritie, gib mir noch 'ne Zigarette.« Einen Moment lang hatte ich den Eindruck, sie wolle lachen. Dann wäre das Maß voll gewesen. Wenn sie mich auslachte, wollte ich nie wieder was erzählen. Ihr Gelächter würde es mir erleichtern, meine Absonderlichkeit und die soziale Isolation zu ertragen. Aber sie lächelte nicht einmal. Sie zog einfach nur den Rauch ein, hielt ihn in aufgeblasenen Backen und stieß ihn wieder aus.
»Mutter, irgendwas wächst da auf meiner Vagina.« Nun war es endlich raus. Gleich würde ich erfahren, ob ich die längste Zeit ihre Tochter gewesen war oder ob sie mich zur Operation in ein Krankenhaus bringen würde.
»Wo auf deiner Vagina, Marguerite?«
Hu. Es war also schlimm. Sie sagte nicht »Ritie«, »Maya« oder »Baby«, sie sagte »Marguerite«.
»Auf beiden Seiten, innendrin.« Ich brachte es einfach nicht fertig, ihr zu sagen, daß es fleischige Hautlappen waren, die da unten seit Monaten wuchsen. Das mußte sie für mich herausfinden.
»Ritie, hol den großen *Webster* und bring mir 'ne Flasche Bier.«
Plötzlich schien alles nicht mehr so ernst. Ich war wieder »Ritie« und sie fragte nach einem Bier. Wäre es so schrecklich, wie ich glaubte, hätte sie Scotch mit Wasser verlangt. Ich brachte ihr das riesige Wörterbuch, das sie Daddy Clidell zum Geburtstag geschenkt hatte, und legte es aufs Bett. »Setz dich

Baby und lies das.« Ihre Finger deuteten auf VULVA. Ich begann zu lesen. Sie sagte: »Lies es laut vor.« Es war alles sehr klar und klang nicht absonderlich. Während ich las, trank sie ihr Bier. Als ich fertig war, erklärte sie mir alles noch einmal in der Umgangssprache. Ich war erlöst. Die Angst verflüssigte sich zu Tränen.
Hastig richtete Mutter sich auf und umarmte mich.
»Du mußt keine Angst haben, Baby. Das passiert jeder Frau. Das ist einfach die menschliche Natur.« Ich konnte mein schweres, schweres Herz erleichtern. Ich schlug den Ellbogen vors Gesicht und schluchzte: »Ich dachte, daß ich vielleicht lesbisch werde.«
Sie ließ mich los und lehnte sich zurück.
»Lesbisch? Wie zum Teufel kommst du darauf?«
»Diese Dinger, die da auf... auf meiner Vagina wachsen und meine Stimme ist so tief und meine Füße sind so groß und ich habe keine Hüften und keinen Busen und so und meine Beine sind so mager.«
Jetzt lachte sie. Ich wußte sofort, daß sie nicht über mich lachte, besser gesagt so über mich lachte, weil ich ihr gefallen hatte. Sie hatte Rauch im Mund und mußte husten. Ich mußte auch ein wenig lachen, obwohl ich mich ganz und gar nicht amüsierte. Aber sie schüttelte sich vor Lachen und steckte mich an. Ich mußte ihr zeigen, daß ich ihre Freude verstand.
Sie drehte sich zu mir und rieb sich die Augen. »Ich habe es vor langer Zeit so eingerichtet, daß ich einen Jungen und ein Mädchen bekam. Bailey ist mein Junge und du bist mein Mädchen. Der da oben macht keine Fehler. Er gab mir ein Mädchen und das bist du. So, jetzt wasch dir dein Gesicht, trink ein Glas Milch und geh schlafen.«
Das tat ich. Doch schon bald mußte ich feststellen, das die wiedergewonnene Sicherheit nicht ganz gegen die alte Schwermut ankam. Der Kopf klapperte mir wie eine Sammelbüchse. Ich hütete mein Selbstbewußtsein wie einen Schatz, doch kaum zwei Wochen später war es ganz nutzlos geworden.
Ich hatte eine Mitschülerin, die mit ihrer Mutter in einem Damenpensionat lebte. Eines Abends hatte sie sich verspätet. Das Haus war abgeschlossen, sie kam nicht hinein. Sie rief mich an und fragte, ob sie bei mir übernachten könne. Mutter war unter der Bedingung einverstanden, daß sie ihre Mutter telefonisch verständigte.

Als sie kam, stand ich aus dem Bett auf, wir gingen nach oben in die Küche und machten uns heiße Schokolade. In meinem Zimmer tratschten wir über unsere Freundinnen, kicherten über die Jungen, jammerten über die Schule und die Langeweile im Leben. Die Situation war außergewöhnlich. Abgesehen von meinen Großmüttern hatte ich noch nie mit jemandem in einem Bett geschlafen. Da saßen wir mitten in der Nacht und kicherten. Meine Freundin hatte nichts, was sie zum Schlafen anziehen konnte. Ich gab ihr eins meiner Nachthemden und sah ihr ohne Neugier oder Interesse zu, wie sie sich auszog. Erst hatte ich gar kein Bewußtsein für ihren Körper. Dann sah ich ihre Brüste. Ich war wie betäubt.
Wie die kleinen Plastikbrüste im *Five-and-ten-cent-store*, aber echt! Die Aktgemälde, die ich im Museum gesehen hatte, erwachten zum Leben. Mit einem Wort: sie war schön. Zwischen ihr und mir lag ein Universum: sie war eine Frau.
Mein Nachthemd war ihr zu eng und viel zu lang. Sie versuchte über ihren lächerlichen Anblick zu spotten, aber mich hatte der Humor verlassen und schien nicht mehr wiederkommen zu wollen.
Wäre ich älter gewesen, hätte ich vielleicht die Ursachen meiner Betroffenheit erkannt: Sinn für Ästhetik und Neid.
Aber als es nötig gewesen wäre, kam ich nicht auf diese Gedanken. Ich wußte nur, daß mich der Anblick einer Frau erregt hatte. Mutters ruhige und eher beiläufige Bemerkungen vor ein paar Wochen und Noah Websters klinische Begriffe waren vergessen. Mit mir war grundlegend etwas nicht in Ordnung. Ich kroch tiefer ins warme Nest meines Elends.
Ich unterzog mich einer quälenden Selbstprüfung. Nach allem, was ich über kesse Väter gelesen hatte, konnte ich keinen der einschlägigen Charakterzüge entdecken. Weder trug ich Hosen noch hatte ich breite Schultern. Ich trieb keinen Sport und trat nicht wie ein Mann auf. Ich hatte nicht einmal das Bedürfnis, eine Frau anzufassen. Ich wollte selbst Frau sein, aber zu dieser Welt schien mir der Zutritt für alle Ewigkeit verwehrt.
Ich brauchte einen Freund. Ein Freund konnte meine Einstellung zur Welt und zu mir selbst ändern. Seine Anerkennung würde mich in das fremde exotische Land des Flitters und der Weiblichkeit führen. Unter meinen Bekannten kam niemand in Frage. Verständlicherweise standen die gleichaltrigen Jungen aus meiner sozialen Umgebung auf hellhäutige Mädchen

mit behaarten Beinen, weichen kleinen Lippen und Haaren »wie Pferdemähnen«. Selbst die attraktiven Mädchen wurden nur gefragt: »Sag mir wann und wo oder laß es.« In einem populären Song dieser Zeit heißt es: »Wenn du nicht lächeln und ja sagen kannst, sag nein und bitte weine nicht.« Wenn selbst den Schönheiten nichts andres übrig blieb, als sich hinzugeben und jemandem zu »gehören«, was konnte da eine unattraktive Frau schon tun? Sie stand aussichtslos an der wechselhaften Peripherie des Lebens und mußte bei Tag und Nacht ein Kumpel sein. Großzügig sein, wenn die hübschen Mädchen nicht zur Verfügung standen.
Ich glaube, die meisten unscheinbaren Mädchen haben eine feste Moral, weil sie gar nicht anders können. Ihre Unnahbarkeit, die nach einer gewissen Zeit Anerkennung findet, ist Abwehr. Ich selbst konnte mich nicht hinter einem Vorhang freiwilliger Anständigkeit verstecken. Ich wurde von zwei unerbittlichen Kräften zerdrückt: dem schweren Verdacht, keine normale Frau zu sein und dem Erwachen sexueller Wünsche.
Ich beschloß, die Dinge selbst in die Hand zu nehmen. (Eine unglückliche, aber treffende Formulierung.)
Auf derselben Straßenseite, nur weiter oben auf dem Berg wohnten zwei stattliche Brüder, die begehrenswertesten jungen Männer in der Nachbarschaft. Wenn ich schon begann, meine Sexualität zu erleben, dann wollte ich meine Experimente schon mit den Besten vom ganzen Haufen durchführen. Meine Erwartung ging nicht soweit, daß ich mit beiden eine Dauerbeziehung anknüpfen konnte, aber einen wollte ich mir doch für einige Zeit angeln.
Ich entwarf einen Verführungsplan, der mit einem Überraschungseffekt arbeitete. Eines Abends stieg ich den Hügel hinauf und litt am unbestimmten Elend der Jugend (ich wußte einfach nicht, was ich tun sollte). Mein Auserwählter kam mir direkt über den Weg gelaufen.
»Hallo, Marguerite.« Er war schon fast vorbei.
Ich setzte meinen Plan in Szene. »He!« Ich spielte alles oder nichts. »Würdest du gerne Geschlechtsverkehr mit mir haben?« So hatte ich mir das gedacht. Sein Mund stand offen wie ein Scheunentor. Den Vorteil nutzte ich aus.
»Laß uns irgendwohin gehn.«
Seine Antwort war bar jeder Würde. Ich gebe aber fairerweise zu, daß ich wenig Anlaß zu Höflichkeiten bot.

Er fragte: »Du meinst, du willst 'ne Nummer machen?«
Genau das wollte ich. Noch während des Dialogs erkannte ich
seine Ambivalenz. Er glaubte, ich wolle ihm etwas geben, aber
ich hatte die Absicht, etwas zu nehmen. Er sah gut aus, war
beliebt und eingebildet: An die zweite Möglichkeit dachte er
gar nicht.
Wir gingen in ein möbliertes Zimmer, das ein Freund von ihm
bewohnte. Er begriff die Situation sofort, nahm seinen Mantel
und ließ uns allein. Mein Liebhaber machte sofort das Licht
aus. Ich hätte es lieber angelassen, aber ich wollte nicht
aggressiver erscheinen, als ich ohnehin schon war.
Ich war aufgeregt, nicht nervös, zuversichtlich, nicht ängstlich.
Ich hatte mir die Liebe nicht so nüchtern vorgestellt. Keine
langen, seelenvollen Zungenküsse, kein zärtliches Streicheln.
Die harten Knie, die gegen meine Beine drückten, die behaarte
Haut, die sich an meinen Hüften rieb, daran war kein Stück
Romantik.
Es gab nichts Gemeinsames. Es war ein unsanftes, anstrengendes Gefummel, Ziehen, Zerren und Stoßen. Kein Wort wurde
gesprochen.
Daß unsere gemeinsame Erfahrung den Höhepunkt schon
überschritten hatte, merkte ich daran, daß mein Partner
aufstand. Seine Hauptsorge war, schnell nach Hause zu kommen. Vielleicht hatte er gespürt, daß ich ihn nur benutzt hatte,
vielleicht konnte ich ihn nicht befriedigen. Beides war mir egal.
Auf der Straße gingen wir schnell auseinander. »Okay, bis
bald.«
Dem Erlebnis mit Mr. Freeman vor neun Jahren verdankte ich,
daß mir Deflorationsschmerzen erspart blieben. Romantik kam
nicht auf und keiner von uns hatte das Gefühl, daß viel passiert
war.
Zu Hause überdachte ich die Situation. Was hatte ich falsch
gemacht? Ich hatte einen Mann gehabt. Er hatte mich gehabt.
Ich hatte aber nicht nur keinen Spaß gehabt, meine Normalität stand immer noch in Frage. Wo blieb das Mondlicht-auf-
der-Prärie-Gefühl? Was war verkehrt an mir, daß ich nicht
nachfühlen konnte, worauf die Dichter ihre Reime machten,
was Richard Arlen befähigte, der Eiswüste der Arktis die Stirn
zu bieten und Veronica Lake, die westliche Welt zu verraten?
Es schien keine Erklärung für meine innere Unsicherheit zu

geben. Als Produkt einer Südstaatenerziehung (sollte ich lieber »Opfer« sagen?) tröstete ich mich damit, »es nach und nach besser zu verstehen«. Ich ging schlafen.
Drei Wochen später, in denen ich kaum an die merkwürdig leere Nacht gedacht hatte, stellte ich fest, daß ich schwanger war.

36

Das Ende der Welt war gekommen und ich war der einzige Mensch, der es wußte. Die Leute gingen durch die Straßen und das Pflaster zerbröckelte unter ihren Füßen. Sie taten so, als ob sie atmeten, dabei wußte ich genau, daß Gott mit einem gespenstischen Atemzug alle Luft eingesaugt hatte. Aber nur ich erstickte an diesem Alptraum.
Die kleine Freude, die ich der Tatsache abgewinnen konnte, daß ich offensichtlich nicht lesbisch war, denn ich bekam ein Baby, kroch in den hintersten Winkel meines Gehirns. Ich war beherrscht von massiver Furcht, Schuldgefühlen und Selbstbestrafung. Eine Ewigkeit war ich das unglückliche, willenlose Opfer des Schicksals und böser Geister gewesen, doch diese Katastrophe hatte ich selbst ausgelöst. Den Unschuldigen, dem ich aufgelauert hatte, um Liebe mit ihm zu machen, konnte ich nicht verantwortlich machen. Um abgrundtief unehrlich zu sein, muß man zwei Eigenschaften haben: Skrupellosen Ehrgeiz oder ungebrochene Egozentrik. Man muß glauben, daß man alle Menschen und Dinge zu Recht den eigenen Zwecken unterordnet, daß man nicht nur der Mittelpunkt der eigenen Welt, sondern auch der der anderen ist. Das konnte ich nicht, so mußte ich die Last meiner Schwangerschaft auf die eigenen Schultern laden. Da gehört sie hin. Ich war sechzehn Jahre und, zugegeben, die Last ließ mich schwanken.
Schließlich schrieb ich einen Brief an Bailey, der bei der Handelsmarine war. Er antwortete und warnte mich davor, Mutter über meinen Zustand zu informieren. Wir wußten beide, daß sie Abtreibungen entschieden ablehnte und sehr wahrscheinlich hätte sie mich von der Schule genommen. Bailey vermutete, es sei unmöglich, auf die Schule zurückzugehen, wenn ich sie ohne Abschluß verließ.
Erst wenige Wochen vor der Niederkunft konnte ich Schwangerschaft mit Baby-Haben in Zusammenhang bringen. Die

ersten drei Monate waren ein nebelhafter Zeitraum, die Tage schienen unter Wasser zu liegen und nie ganz aufzutauchen.
Zum Glück war Mutter fest an die Wellen des eigenen Lebens gebunden. Wie üblich lag ich für sie außerhalb des Blickfelds ihrer eigenen Existenz. Solange ich gesund blieb, lächelte, und ordentlich angezogen war, gab es keinen Grund für sie, sich um mich zu kümmern. Sie lebte ihr eigenes Leben, erwartete dasselbe von ihren Kindern und machte darum nicht viel Aufhebens.
Unter ihrer lockeren Aufsicht wuchs und gedieh ich. Meine braune Haut wurde weicher und feinporig wie ein Pfannkuchen, der auf einem Blech ohne Öl gebraten wird. Noch ahnte sie nichts. Mein Verhaltenskodex stand seit einigen Jahren fest. Eine Regel war, nicht zu lügen. Der Grund war mein Stolz. Ich wollte nicht überführt werden und wie ein kleines Kind dastehn. Da Mutter wußte, daß ich über Lügen und Ausreden erhaben war, nahm sie an, ich sei auch jenseits der Arglist. Sie täuschte sich.
Ich spielte ein unschuldiges Schulmädchen, das keine anderen Sorgen hat, als seine Prüfung. Seltsam genug, daß ich in dieser Rolle fast die typische Launenhaftigkeit eines Teenagers erreichte. Nur manchmal konnte ich nicht verleugnen, daß sich in meinem Körper etwas sehr Wichtiges abspielte.
Morgens in der Straßenbahn wußte ich nie, ob ich nicht gleich aussteigen mußte. Ich wurde schnell seekrank. Auf dem festen Boden außerhalb des schwankenden Fahrzeugs fand ich das Gleichgewicht wieder und wartete auf die nächste Bahn.
Die Schule gewann ihren verlorenen Reiz zurück. Das erste Mal seit Stamps war der Unterrichtsstoff als solcher interessant. Ich vergrub mich in die Fakten und freute mich an den logischen Lösungen der Mathematik.
Ich wußte damals nicht, daß ich etwas gelernt hatte. Mein neues Verhältnis zur Schule führte dazu, daß ich in dieser kritischen Zeit nicht völlig niedergeschlagen war. Die Arbeit rettete mich. Ich ging weiter, weder verfolgt, noch Verfolger. Ich dachte an nichts anderes, als aufrecht zu bleiben und meine Gleichgewichtsstörungen zu verstecken.
Etwa vier Monate vor meiner Niederkunft kam Bailey nach Hause. Er brachte mir ein silbernes Armband aus Südamerika mit, Thomas Wolfes »Schau heimwärts, Engel« und einen Haufen schmutzige Witze.

Als ich in den sechsten Monat kam, verließ Mutter San Francisco und fuhr nach Alaska. Sie mußte dort einen Nachtclub eröffnen. Drei, vier Monate plante sie ein, bis der Laden ohne sie lief. Daddy Clidell sollte sich um mich kümmern. Allmählich war ich neugierigen Blicken unserer weiblichen Untermieter ausgesetzt. Mutter verließ die Stadt nach einer fröhlichen Abschiedsparty (schließlich gibt es kaum Neger in Alaska). Ich empfand es als Verrat, daß ich sie gehen ließ, ohne ihr zu sagen, daß sie bald Großmutter sein würde.

Zwei Tage nach Kriegsende, V-Day, nahm die Sommerklasse der *Mission High School* ihre Diplome in Empfang. An diesem Abend, als ich mich in der Familie richtig zu Hause fühlte, enthüllte ich mein angstvoll gehütetes Geheimnis. Tapfer schrieb ich eine Nachricht an Daddy Clidell und legte sie auf sein Bett. »Liebe Eltern, es tut mir leid, der Familie Scherereien zu machen, aber ich bin schwanger. Marguerite.«

Als ich Daddy Clidell erklärte, daß ich mein Baby mehr oder weniger in drei Wochen zur Welt bringen würde, entstand ein Durcheinander wie bei einer Komödie von Molière. Gelächter kam allerdings erst nach Jahren auf.

Daddy Clidell sagte zu Mutter: »Sie ist drei Wochen davor.« Mutter, die mich zum ersten Mal als Frau sah, sagte empört: »Sie ist überhaupt weiter davor als Wochen.« Sie nahmen es hin, daß meine Schwangerschaft weiter fortgeschritten war, als sie zunächst geglaubt hatten. Aber daß ich seit acht Monaten und einer Woche ein Kind austrug, ohne daß sie es gemerkt hatten, das konnten sie nicht fassen.

Mutter fragte: »Wer ist der Vater?«
Ich sagte es ihr. Sie erinnerte ihn vage.
»Willst du ihn heiraten?«
»Nein.«
»Will er dich heiraten?«
Seit dem vierten Monat hatte er nicht mehr mit mir gesprochen.
»Nein.«
»Also alles klar. Hat keinen Sinn, drei Leben zu ruinieren.« Keine offene, keine versteckte Verurteilung. Das war Vivian Baxter Jackson. Hoffte das Beste, rechnete mit Schlimmstem und geriet nie aus der Fassung.

Daddy Clidell versicherte mir, ich brauchte mir keine Sorgen zu machen. »Frauen werden eben schwanger seit Eva und dem

Apfel.« Er schickte eine seiner Kellnerinnen zu *Magnin* und ließ mir Umstandskleider holen. Die nächsten zwei Wochen wirbelte ich in der Stadt herum, bekam bei den Ärzten Vitaminspritzen und Pillen, kaufte Babykleider und freute mich auf das Ereignis. Zum Glück war ich selten allein.
Nach kurzer Anstrengung, die nicht zu schmerzhaft war, wurde mein Sohn geboren. Mir schien, daß der Schmerz der Wehen übertrieben wird. Dankbarkeit und Liebe gingen in meinem wirren Kopf durcheinander, Besitzgefühl mischte sich mit Mütterlichkeit. Ich hatte ein Baby. Es war schön und gehörte mir, gehörte ganz mir. Keiner hatte es mir gekauft. Keiner hatte mir geholfen, die Zeit zu überstehen, graue Krankheitsmonate. Ich hatte Hilfe bei der Empfängnis, aber die Schwangerschaft hatte ich ganz allein bewältigt.
Er war völlig mein Besitz, aber ich hatte Angst, ihn anzufassen. Als wir aus dem Krankenhaus zurück waren, saß ich stundenlang neben seiner Korbwiege und staunte über seine rätselhafte Perfektion. Seine Glieder waren ganz zierlich, irgendwie unfertig. Mutter fiel der Umgang mit ihm leicht, sie hatte den Optimismus einer Säuglingsschwester. Aber ich fürchtete mich vor dem Wickeln. Ich war als Tolpatsch berühmt. Sicher würde ich ihn fallenlassen oder die Finger in die pulsierende Öffnung am Kopf stecken.
Mutter kam an mein Bett und brachte mir mein drei Wochen altes Baby. Sie zog die Decke zurück und sagte mir, ich solle ihn halten, während sie Gummidecken auf mein Bett legte. Er solle jetzt bei mir schlafen.
Ich bettelte umsonst. Ich war sicher, daß ich auf ihn rollen würde, ihn erdrücken oder seine zerbrechlichen Glieder verletzen würde. Sie wollte nichts davon hören. Da lag das schöne goldige Baby in meinem Bett auf dem Rücken und lachte mich an.
Ich lag an der Bettkante, steif vor Angst und wagte nicht, einzuschlafen. Doch der Essen-Schlaf-Rhythmus, der im Krankenhaus begonnen und unter Mutters Diktat fortgesetzt wurde, überwältigte mich. Ich sank weg.
Ich wurde sanft an der Schulter berührt. Mutter flüsterte: »Maya, wach auf. Aber beweg dich nicht.«
Sie machte das Licht an und sagte: »Schau mal, dein Baby.« Ich hörte keine Trauer in ihrer Stimme und überwand meine Angst. Das Baby lag nicht mehr in der Mitte des Betts. Zuerst

glaubte ich, es hätte sich bewegt. Aber dann sah ich, daß ich es war. Ich lag auf dem Bauch, mit angewinkeltem Arm. Das Baby schlief unter dem Zelt, das der Arm mit der Decke bildete, eng an mich geschmiegt. Mutter flüsterte:
»Schau, du mußt nicht nachdenken, ob du das Richtige tust. Am richtigen Platz tust du es, ohne nachzudenken.«
Sie machte das Licht aus. Ich streichelte meinen Sohn und schlief wieder ein.

Die deutschsprachige Originalausgabe der Autobiographie von Maya Angelou ist 1980 bei Stroemfeld/Roter Stern herausgekommen.

Im folgenden informieren wir Sie über weitere Titel aus unserem Programm:

Tahar BenJelloun, Die tiefste der Einsamkeiten. Immigranten
Ilse Braatz, Geschieht ein Hochzeitsfest. Roman
Georg Büchner. Revolutionär, Dichter, Wissenschaftler. Katalog
Kate Chopin, Der Sturm. Ausgewählte Short Stories
Marguerite Duras / Xaviere Gauthier, Gespräche
K. R. Eissler, Goethe. Eine psychoanalytische Studie
Georg K. Glaser, Geheimnis und Gewalt. Ein Bericht
Olympe de Gouges, Schriften aus der frz. Revolution
Georg Groddeck, Vorträge
Karoline v. Günderrode, Sämtliche Werke
Carol Hagemann-White, Frauenbewegung und Psychoanalyse
Klaus Heinrich, Dahlemer Vorlesungen
Friedrich Hölderlin, Sämtliche Werke. Frankfurter Ausgabe
H. v. Kleist, Sämtliche Werke. Berliner Ausgabe
Alexandra Kollontai, Wege der Liebe. Erzählungen
Gertrud Koch, Was ich erbeute, sind Bilder. Zum Diskurs der Geschlechter im Film
Eva Meyer, Zählen und Erzählen. Semiotik des Weiblichen
Mirjana Morokvasic, Jugoslawische Frauen
Ann Oakley, Soziologie der Hausarbeit
Ulrike Ottinger, Madame X. Drehbuch
Renate Schlesier (Hg.), Faszination des Mythos
Clara / Robert Schumann, Briefwechsel, Hg. Eva Weissweiler
Ginka Steinwachs, Mythologie des Surrealismus
Sissi Tax, Marieluise Fleißer: schreiben, überleben. Biographie
Klaus Theweleit, Männerphantasien
Lynne Tillman, Verwunschene Häuser. Roman
Brigitte Wormbs, Über den Umgang mit Natur

Auf Anforderung schicken wir Ihnen gern unsere kostenlose Programminformation.

CH-4007 Basel · Oetlingerstr. 19
D-6000 Frankfurt am Main · Holzhausenstr. 4

Stroemfeld / Roter Stern